U0909838

中国物流科技发展报告
（2017—2018）

REPORT ON LOGISTICS TECHNOLOGY DEVELOPMENT OF CHINA

（2017—2018）

上海海事大学
Shanghai Maritime University
中国物流与采购联合会
China Federation of Logistics & Purchasing
编著

上海浦江教育出版社
Shanghai Pujiang Education Press

图书在版编目(CIP)数据

中国物流科技发展报告.2017—2018/上海海事大学,中国物流与采购联合会编著.—上海:上海浦江教育出版社有限公司,2018.10

ISBN 978-7-81121-575-5

Ⅰ.①中… Ⅱ.①上… ②中… Ⅲ.①物流—科技发展—研究报告—中国—2017—2018 Ⅳ.①F259.22

中国版本图书馆 CIP 数据核字(2018)第 241585 号

编委会

顾　　问　何黎明

主任委员　黄有方

委　　员　戴定一　任豪祥　蔡　进　贺登才　王　波　叶伟龙　李厚圭　包起帆
黄远成　施　欣　严　伟　陈伟炯　郑　苏　杨　斌　顾亚竹

编写组

主　　编　陈伟炯　吕长红

副 主 编　张运鸿　李宝奕　陈祥燕　李军华　郑艳红
刘宇航　石　亮　刘晓琴　燕　翔　张善杰

主要成员　陆亦恺　黄崇韧　陈立欣　梁伟波　周文平　张　旭
王　慧　高　娟　李　慧　何彦陶　陈　灏　袁　倩

上海浦江教育出版社出版

地址:上海临港新城海港大道1550号上海海事大学校内　　邮编:201306

电话:021-38284910/12(发行)　38284923(总编室)　38284910(传真)

E-mail:cbs@shmtu.edu.cn　　URL:http://www.pujiangpress.cn

上海商务联西印刷有限公司印装　　上海浦江教育出版社发行

幅面尺寸:210 mm×285 mm　　印张:10.5　　插页:1　　字数:288 千字

2018 年 10 月第 1 版　　2018 年 10 月第 1 次印刷

责任编辑:丁　慧　　封面设计:张　旭

定价:380.00 元

序

物流业是支撑经济社会发展的基础性、战略性产业，市场需求巨大，发展空间广阔。加快物流业发展是推进供给侧结构性改革、增加公共产品和公共服务供给的重点方向，是扩大有效投资、促进城乡居民消费的重要手段，更是消除瓶颈制约、补齐薄弱短板、提升国民经济整体运行效率的重要途径。

提升中国物流科技业发展水平，无论是对直接从事物流工作的相关人员，还是对企业、社会以及国家来说都是一个重要议题。

由上海海事大学（物流情报研究所、教育部科技查新工作站（G12））与中国物流与采购联合会（科技信息部）联合编著的《中国物流科技发展报告（2017—2018）》，十年如一日研究物流业与新技术的共生发展状态与趋势，责无旁贷地站在现代物流业转型升级过程中不可或缺的科技情报"C位"。

智能机器人、智能快递柜、无人驾驶汽车、无人机、智能包装、智能仓储等现代物流技术的发展离不开高度智能化的物流装备和物流系统。在物流业不断智能化的今天，与其他多数行业一样，物流业正处在凤凰涅槃中，机遇与挑战并存。如何应对新技术、新业态、新商业模式层出不穷的挑战？如何面对这样一个日新月异的新物流时代？本报告将与读者分享独家观点。

《中国物流科技发展报告（2017—2018）》聚焦"中美贸易战""自由贸易港"等重大事件对物流科技业变革的推动作用；利用专利情报文献挖掘中国高铁业取得进步的关键原因；剖析新零售、区块链环境下物流业商业模式的演变；展望数字孪生、脑机接口、深度学习等前沿技术对物流业的影响。同时本报告继续系统深入地揭示中国物流学术研究的现状和研究热点，展望研究趋势；可在为未来的物流领域学术研究提供方向性借鉴等方面，发挥独特的情报支撑和引领作用。

在中国经济进行调结构、稳杠杆、转型升级的关键时期，中国物流业的发展也跨入了科技大变革的时代，物流业的发展将更加依赖科技驱动。《中国物流科技发展报告（2017—2018）》就是为促进我国物流业更好地实施科技创新发展而来的！

黄有方

目　录

0 引　　言

当前中国经济发展面临的环境复杂多变。国际上,贸易保护主义等引发的不稳定、不确定性有增无减;国内,经济发展不平衡、不充分问题依然突出。2018年3月以来,中美贸易战愈演愈烈,美国对中国加征关税的矛头直指"中国制造2025"中的高科技产业,这是美国对中国创新发展的"绞杀战"和对中国崛起的"围堵战"。

由于全球价值链的形成与发展,国家间的分工已经从产业内部分工发展到产品内部的分工。以中国为代表的新兴经济体大部分是基于科技应用,虽享受了全球价值链深化所带来的贸易投资福利,但总体而言,在价值链中获利微薄和话语权不足的局面并没有得到实质性改善。中国的产业转型升级和在全球价值链中的地位攀升已经迫在眉睫。

在经济发展新常态下,中国产业亟需在核心技术和品牌上奋力拓展,依靠创新向价值链高端转移。物流业是支撑国民经济和社会发展的重要基础性、战略性产业,其技术创新变革将为经济结构优化升级和提质增效注入强大动力,对加快推进物流科技创新具有重大意义。

《中国物流科技发展报告(2017—2018)》(以下简称《报告》)以"剖析物流产业、科技进步大趋势,挖掘科技创新、产业发展新机会"为目标,从物流领域科技论文、专利、典型科技成果、热点技术、前沿技术以及重大事件等多种维度,紧密跟踪、深度挖掘和揭示物流科技发展现状、面临的影响和发展趋势,并提出针对性应对策略,努力打造成为一个支撑我国物流科技业政策决策、引领产业发展的智库生态系统。

《报告》第1章首先简要回顾2017年国内外宏观经济状况,随后对现阶段中国物流业所处的经济环境、政策环境以及其运行情况进行总结回顾。

物流学术科研情况反映物流领域科研人员的研究内容和成果,物流业的发展需要物流学术理论研究作为支撑。《报告》第2章以物流领域合作协同研究的视角,根据国内外主要科研基金对物流领域的资助、物流类研究论文发表和物流类科研成果获奖等情况,采用文献计量方法,分析近年中国物流研究的特点,归纳中国物流学术研究的现状及未来趋势。

专利信息是集科技、经济、法律于一体的综合性、基础性、战略性资源,专利技术为物流行业的发展提供了强有力的支撑。《报告》第3章基于专利情报分析,结合全球最具权威的专利数据库——德温特专利数据库,分析高铁技术的专利发展趋势、专利市场布局、热点技术领域、重要专利等内容,并对典型公司进行专利分析,通过分析中国高铁的技术赶超和产业跨越的成功做法,为物流业的发展提供启迪与思考。

当下,物流科技正处于一个爆发性增长的阶段。物流科技多点渗透,覆盖运输、仓储、配送等全部作业流程。《报告》第4章介绍与推广过去一年中在物流技术与装备、物流技术应用领域、行业进步及社会发展等方面有突出贡献的创新产品,以促进中国物流技术与装备的发展,鼓励行业应用创新成果,推动中国物流业与社会的和谐发展。在第4章第2部分,选取“2017年度中国物流与采购联合会科学技术奖”获奖的部分企业的科技应用案例,集中展示在全国物流与采购以及生产资料流通领域中的技术发明与科学技术进步成果。

在互联网扩张风潮之下,新经济的风口瞬息万变。“区块链”“新零售”成为社会热点新名词的同时也已成为物流行业的热点。在此过程中,大数据与科技将发挥无与伦比的力量,在未来,物流行业将以新的模式、面貌发展演变,给物流运营带来丰富的想象空间。《报告》第5章从揭示“区块链”和“新零售”的内涵开始,分析它们与“新物流”的碰撞和融合,旨在揭示中国物流业正在激活哪些最赚钱的商业模式,并探讨物流企业又该如何通过技术性创新和组织性博弈来寻求最优。

当前,中国及全球物流产业正处在新技术、新业态、新模式的转型升级之际,在做大、做强、做精、做细的同时,更需要进一步成为拉动经济增长的新动能。技术新红利正在重塑中国物流价值链和物流产业新格局,再造中国经济新支撑。《报告》第6章聚焦数字孪生、脑机接口、深度学习等热门前沿技术,分析其发展历程和应用现状,重点剖析这些技术对物流业发展可能产生的影响。

最后,《报告》第7章聚焦“中美贸易战”“自由贸易港”等国内外重大事件,研究其对物流科技发展产生的影响,并提出策略建议,以期为中国物流科技发展指引方向,提升中国物流科技发展水平。

1 2017 年中国物流行业运行态势

物流业涉及生产商、制造商、批发商、零售商、消费者等众多参与主体，同时也是支撑国民经济和社会发展的基础性、战略性产业。随着新技术、新模式、新业态不断涌现，物流业也为经济结构优化升级和提质增效注入了强大动力。实现物流业的高效化，提升中国物流科技业发展水平，无论是对于直接从事物流工作的相关人员，还是对人民群众、对企业、对国家来说都是一个重要议题。

本章从中国物流科技业大环境着眼，回顾2017年国内外宏观经济环境，分析中国物流业态势，概述中国物流科技发展现状。

1.1 2017年国内外经济运行概述

在经历了2008年的全球金融危机，2010年的欧洲主权债务危机及持续不断的各种广泛的经济危机和负面冲击后，全球经济在2017年迎来了强力反弹。

1.1.1 2017年世界经济运行情况

2017年，世界经济迎来逐步向好局面。全球经济增速和增长预期提升，发达经济体经济增长势头良好，新兴市场和发展中经济体增速企稳回升。一年中，全球贸易和投资回暖，金融市场预期向好，大宗商品价格回升但起伏波动仍较大。

1.1.1.1 世界经济增速温和增长

2017年下半年，全球投资和贸易继续回升。国际货币基金组织（IMF）预计2017年全球GDP增长率达到3.8%（见表1.1），是2011年以来增长最快的一年。在依然有利的金融环境下，预计2018年和2019年的全球GDP增长率将升至3.9%。2017年的经济活动有一个可喜的结局——受投资复苏的支持，下半年的增长率超过4.0%，是2010年下半年以来最快的增速。

表1.1 全球主要国家/地区GDP增长趋势（2017—2019年） %

国家/地区	2017年	2018年（预估）	2019年（预估）
世界	3.8	3.9	3.9
发达经济体	2.3	2.5	2.2
美国	2.3	2.9	2.7
欧元区	2.3	2.4	2.0
英国	1.8	1.6	1.5
日本	1.7	1.2	0.9
新兴市场和发展中经济体	4.8	4.9	5.1
印度	6.7	7.4	7.8
中国	6.9	6.6	6.4

数据来源：IMF,《世界经济展望》,2018年4月；Wind数据库

1.1.1.2 世界贸易快速增长，波罗的海干散货运价指数（BDI）大幅反弹

根据世界贸易组织（WTO）发布的《全球贸易数据与展望》报告（2018年4月12日），2017年BDI的全球贸易额增长预期由此前的3.2%大幅上调至4.4%，受全球各地区尤其是亚洲地区进口需求增长推动，2017年全球贸易量增长4.7%，为2011年以来的最大增幅。WTO同时表示，这一预测基于过去几个

月全球经济的强劲表现和对 2018 年全球经济增速的乐观预期，并未将近期部分成员间贸易摩擦可能升级纳入考虑。

2017 年 BDI 报收于 1 366 点，较 2016 年末 961 点，上升 42.1%。2017 年 BDI 最低点 685 点，最高点 1 743 点，中位数 1 134 点，平均值 1 145.23 点，较 2016 年平均值 673 点上升 70.2%。

1.1.2　2017 年中国经济运行情况

十九大后，中国经济增长 L 型态势仍将延续，初步核算，2017 年 GDP 827 122 亿元，比 2016 年增长 6.9%。其中：第一产业增加值 65 468 亿元，增长 3.9%；第二产业增加值 334 623 亿元，增长6.1%；第三产业增加值 427 032 亿元，增长 8.0%。第一产业增加值占 GDP 的比重为 7.9%，第二产业增加值占 GDP 的比重为 40.5%，第三产业增加值占 GDP 的比重为 51.6%。全年最终消费支出对 GDP 增长的贡献率为 58.8%，资本形成总额贡献率为 32.1%，货物和服务净出口贡献率为 9.1%。全年人均 GDP 59 660 元，比 2016 年增长 6.3%。全年国民总收入 825 016 亿元，比 2016 年增长 7.0%。

1.1.2.1　中国对外贸易总额保持稳定

2017 年货物进出口总额 277 923 亿元，比 2016 年增长 14.2%。其中：出口 153 321 亿元，增长 10.8%；进口 124 602 亿元，增长 18.7%。货物进出口差额（出口减进口）为 28 719 亿元，比 2016 年减少 4 734 亿元。对“一带一路”沿线国家进出口总额为 73 745 亿元，比 2016 年增长 17.8%。其中：出口 43 045 亿元，增长 12.1%；进口 30 700 亿元，增长 26.8%。

2017 年中国出口集装箱运价指数报收于 770.64 点，全年最低点 763.14 点，最高点 877.89 点，平均值 820.08 点，中位数 818.99 点。2017 年中国出口集装箱运价指数平均值较 2016 年的 710.71 点上涨 15.4%，中位数较 2016 年的 705.40 点上涨 16.1%，相较于历史（2002—2016 年）均值 1 027.25 点，历史中位数 1 053.70 点分别下跌 20.2%和 22.3%。数据显示，该指数处于历史低位。

1.1.2.2　中国制造业采购经理人指数（PMI）小幅增长

2017 年中国制造业 PMI 平均值 51.61%、中位数 51.60%（见表 1.2），较 2016 年中国制造业 PMI 平均值 50.32%小幅增长 2.56%，中位数 50.15%增长 2.89%，较历史（2005—2016 年）中国制造业 PMI 平均值 52.03%下降 0.8%，较历史（2005—2016 年）中国制造业 PMI 中位数 51.40%上涨 0.4%。

表 1.2　2017 年 1—12 月的中国制造业 PMI　　%

月度指标	1 月	2 月	3 月	4 月	5 月	6 月	7 月	8 月	9 月	10 月	11 月	12 月
PMI	51.3	51.6	51.8	51.2	51.2	51.7	51.4	51.7	52.4	51.6	51.8	51.6
生产量指数	53.1	53.7	54.2	53.8	53.4	54.4	53.5	54.1	54.7	53.4	54.3	54.0
新订单指数	52.8	53.0	53.3	52.3	52.3	53.1	52.8	53.1	54.8	52.9	53.6	53.4
新出口订单指数	50.3	50.8	51.0	50.6	50.7	52.0	50.9	50.4	51.3	50.1	50.8	51.9
在手订单指数	46.3	46.0	46.1	45.0	45.4	47.2	46.3	46.1	47.4	45.6	46.6	46.3
产成品库存指数	45.0	47.6	47.3	48.2	46.6	46.3	46.1	45.5	44.2	46.1	46.1	45.8
采购量指数	52.6	51.4	53.4	51.9	51.5	52.5	52.7	52.9	53.8	53.2	53.5	53.6
进口指数	50.7	51.2	50.5	50.2	50.0	51.2	51.1	51.4	51.1	50.3	51.0	51.2
出厂价格指数	54.7	56.3	53.2	48.7	47.6	49.1	52.7	57.4	59.4	55.2	53.8	54.4
主要原材料购进价格指数	64.5	64.2	59.3	51.8	49.5	50.4	57.9	65.3	68.4	63.4	59.8	62.2

表 1.2(续表)

月度指标	1月	2月	3月	4月	5月	6月	7月	8月	9月	10月	11月	12月
原材料库存指数	48.0	48.6	48.3	48.3	48.5	48.6	48.5	48.3	48.9	48.6	48.4	48.0
从业人员指数	49.2	49.7	50.0	49.2	49.4	49.0	49.2	49.1	49.0	49.0	48.8	48.5
供应商配送时间指数	49.8	50.5	50.3	50.5	50.2	49.9	50.1	49.3	49.3	48.7	49.5	49.3
生产经营活动预期指数	58.5	60.0	58.3	56.6	56.8	58.7	59.1	59.5	59.4	57.0	57.9	58.7
数据来源：国家统计局												

制造业 PMI 是衡量制造业景气程度的指标，为领先指标中一项重要数据，2017 年的数据反映了中国制造业整体上处于历史低位，反衬出中国正处于经济结构转型期。

1.2 2017 年中国物流业运行情况

2017 年中国物流业运行总体平稳，物流需求结构优化，社会物流总费用与 GDP 的比率持续下降，物流运行质量提升，物流领域“降成本”取得了积极成效。

1.2.1 物流领域“降成本”取得实效

随着供给侧结构性改革的深入推进，为进一步推进物流降本增效，国务院连续两年出台推进物流业降本增效的文件，物流领域“降成本”取得成效。2017 年社会物流总费用与 GDP 的比率为 14.6%（见图 1.1），比 2016 年下降 0.3 个百分点。即每万元 GDP 所消耗的社会物流总费用为 1 460 元。社会物流总费用与 GDP 的比率进入连续回落阶段。

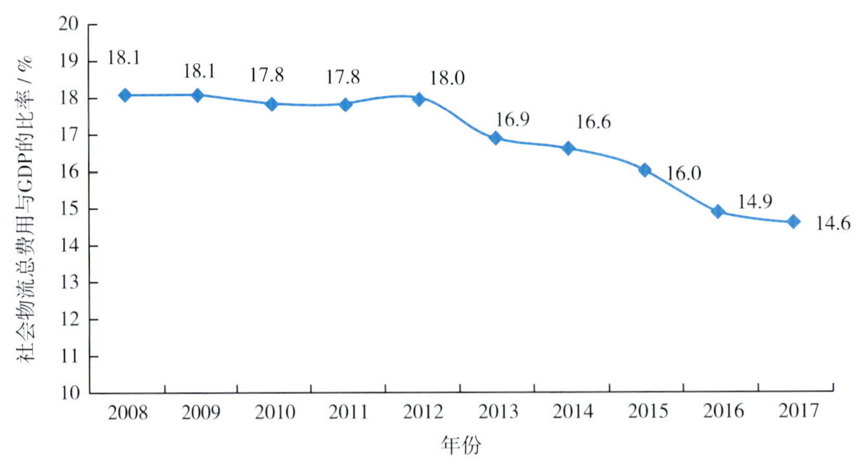

数据来源：中国物流与采购联合会

图 1.1 2008—2017 年社会物流总费用与 GDP 的比率

从构成看，物流降本增效、货畅其流取得初步成效，物流各环节的协同性不断增强。在 2017 年社会物流总费用中：运输费用 6.6 万亿元，占总费用的 54.7%，同比提高 0.9 个百分点；保管费用 3.9 万亿元，占总费用的 32.4%，下降 0.8 个百分点；管理费用 1.6 万亿元，占总费用的 12.9%，下降 0.1 个百分点。从变化情况看，运输环节费用在社会物流总费用中的比重持续提高，保管环节费用则连续下降，表明当前物流流转速度提升，库存、资金占用时间及成本有所下降。

1.2.2　物流业需求稳中向好

2017 年，全国社会物流总额 252.8 万亿元，按可比价格计算，比 2016 年增长 6.7%，增长率比 2016 年提高 0.6 个百分点（见图 1.2）。

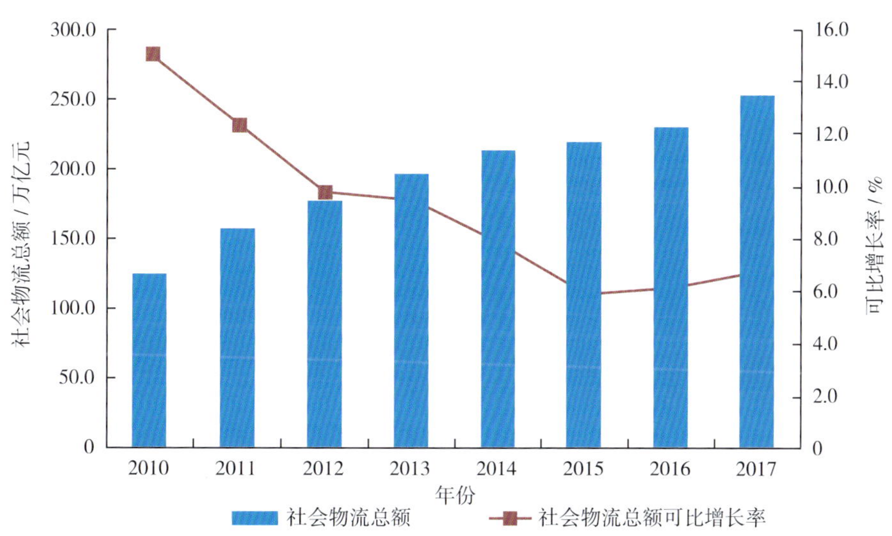

数据来源：中国物流与采购联合会

图 1.2　2010—2017 年社会物流总额及可比增长情况

分季度看：全国社会物流总额一季度 56.7 万亿元，增长 7.1%；上半年 118.9 万亿元，增长 7.1%；前三季度 184.8 万亿元，增长 6.9%；全年社会物流总额呈现稳中向好的发展态势。总之，物流需求结构性改革取得了重要进展。

（1）物流需求新旧动能的转换加快。从不同产业来看，新兴产业继续保持强劲增长趋势，传统产业转型升级。从结构看，1—12 月高新技术产业 PMI 均值达 53%以上，消费品行业和装备制造业 PMI 均值接近 53%，较 2016 年同期均有提升；同时，基础原材料等高耗能行业 PMI 均值仍在 50%以下，物流需求低于工业平均水平。

（2）消费与民生领域物流需求成为物流需求增长的重要驱动力。从结构看，消费与民生领域高速增长对物流需求的贡献率持续提高。全年单位与居民物品物流总额同比增长 29.9%，高于社会物流总额增长 23.2 个百分点，成为物流需求增长的重要驱动力。

其中，网络消费驱动的物流需求在 2016 年高增速的基础上继续快速增长，全年实物商品网上零售额规模超过 5 万亿元，增长 28%，带动快递及电商物流需求高速增长。

（3）进口物流需求形势较好。全球经济温和复苏，内需稳中向好。在内外需求总体向好的带动下，进口物流需求保持较快增长，全年增长 8.7%，比 2016 年提高 1.6 个百分点。

1.2.3　中国物流业景气指数微升

中国物流业景气指数（LPI）主要由业务总量、新订单、库存周转次数、设备利用率、从业人员、平均库存量、资金周转率、主营业务成本、主营业务利润、物流服务价格、固定资产投资完成额、业务活动预期等 12 个分项指数（见表 1.3）和 1 个合成指数构成。其中合成指数由业务总量、新订单、库存周转次数、设备利用率、从业人员等 5 项指数加权合成。LPI 反映物流业经济发展的总体变化情况，以50%作为经济强弱的分界点：高于50%时，反映物流业经济扩张；低于50%，则反映物流业经济收缩。

表1.3 2016—2017年LPI 12个分项指数平均值对比 %

LPI各分项指数	2016年	2017年	增长率
业务总量	55.23	55.30	0.13
新订单	54.60	56.38	3.26
库存周转次数	53.80	53.76	-0.07
设备利用率	54.68	53.71	-1.77
从业人员	50.50	51.29	1.56
平均库存量	53.91	53.02	-1.65
资金周转率	51.38	53.63	4.38
主营业务成本	56.20	56.98	1.39
主营业务利润	49.85	51.56	3.43
物流服务价格	49.94	49.56	-0.76
固定资产投资完成额	52.17	52.99	1.57
业务活动预期	59.90	60.11	0.35
数据来源：中国物流与采购联合会			

LPI调查结果基本反映了中国物流业发展运行的总体情况，与货运量、快递业务量、港口货物吞吐量等物流相关指标，以及工业生产、进出口贸易、固定资产投资、货币投放等相关经济指标具有较高的关联性。

从LPI表现来看，物流市场较为活跃，整体呈现稳中向好的基本态势。2017年全年LPI业务总量平均水平55.30%，高于2016年0.07个百分点。物流企业盈利水平有所好转，主营业务利润增加3.43%，说明2017年物流企业需求较为活跃，物流企业盈利能力有所好转。

1.3 2017年中国物流科技发展状况

推动物流业降本增效，推进物流业转型升级，提升行业整体发展水平的关键还是要借助物流科技，物流科技是指在物流活动中所运用的各项技术手段。本节分别从中国物流科技相关政策支持、中国物流科技相关指数（中国电商物流时效指数、中国仓储库存周转次数指数、华为全球联接指数等）运行情况概述中国物流科技发展状况。

1.3.1 中国物流科技相关政策支持

物流业作为新常态经济转型升级过程中的重要推动力，国家有关主管部门陆续推出多项物流业发展专项规划（见表1.4），以及关乎物流业科技创新发展的系列规划，如"十三五"国家信息化规划、"十三五"国家科技创新规划等，都将对中国物流业提出新的要求，作为支撑物流业更好发展的物流科技也将受到一系列重大战略的推动。

表 1.4　物流科技相关政策

发文机构	文件名称	发文时间
国家标准化管理委员会等	物流标准化中长期发展规划(2015—2020 年)	2015 年 11 月
国务院办公厅	物流业发展中长期规划(2014—2020 年)	2014 年 9 月
	关于深入实施“互联网+流通”行动计划的意见	2016 年 4 月
	物流业降本增效专项行动方案(2016—2018 年)	2016 年 9 月
	“十三五”国家科技创新规划	2016 年 7 月
	“十三五”国家信息化规划	2016 年 12 月
	“十三五”现代综合交通运输体系发展规划的通知	2017 年 2 月
	新一代人工智能发展规划	2017 年 7 月
	关于积极推进供应链创新与应用的指导意见	2017 年 10 月
国家发展和改革委员会	“互联网+”高效物流的实施意见	2016 年 7 月
交通运输部	交通运输信息化“十三五”发展规划	2016 年 5 月
	综合运输服务“十三五”发展规划	2016 年 7 月
	关于推进供给侧结构性改革促进物流业“降本增效”的若干意见	2016 年 8 月
	关于推进改革试点加快无车承运物流创新发展的意见	2016 年 9 月
商务部	全国电子商务物流发展专项规划(2016—2020 年)	2016 年 7 月
	商贸物流发展“十三五”规划	2017 年 2 月
邮政局	推进快递业绿色包装工作实施方案	2016 年 8 月
	邮政业“十三五”规划	2016 年 12 月
	快递业发展“十三五”规划	2017 年 2 月
资料来源：中国物流与采购联合会、阿里巴巴研究院、各政府网站		

1.3.2　中国物流科技相关指数运行情况

中国电商物流时效指数是一套立足电商物流活动，依托电商物流平台，快速、准确反映电商物流运行状况和变化趋势的综合评价指标体系。中国仓储库存周转次数指数是一套立足于仓储企业，通过快捷的调查方式，以翔实、动态的数据信息，反映仓储行业经营和国内市场主要商品供求状况与变化趋势的指标体系。华为全球联接指数反映了信息技术发展的步伐。物流相关基础设施投资则反映物流科技发展基础环境。

1.3.2.1　中国电商物流时效指数

中国电商物流时效指数持续提升。在简政放权、信息化应用、交通运输基础设施建设等多项举措带动下，运输环节时效持续提升。特别是电商物流等重点领域持续高效运行，2017 年中国电商物流时效指数平均为 121.2 点，比 2016 年提高 6.4 点(见图 1.3)。

数据来源：中国物流与采购联合会，Wind数据库

图 1.3　2016—2017 年中国电商物流时效指数走势

1.3.2.2　中国仓储库存周转次数指数

中国仓储库存周转次数保持较高水平。在去产能的大背景下，社会库存整体保持较低水平，库存周转效率保持高位。2017 年平均库存周转次数指数为 52.1%（见图 1.4），全年均处在扩张区间，表明仓储物流企业周转效率持续保持较快增长。

数据来源：中国物流与采购联合会

图 1.4　2016—2017 年中国仓储库存周转次数指数走势

1.3.2.3　华为全球联接指数

华为全球联接指数（GCI）是根据四大经济要素（供给、需求、体验、潜力）和五大使能技术（宽带、数据中心、云计算、大数据、物联网），共 40 个指标，对所研究的经济体进行评估、分析、预测，旨在全面客观量化其数字经济转型的进程。以互联网、大数据、云计算、物联网等现代信息技术提升物流智能化程度，已成为共识，华为全球联接指数可以从侧面很好地反映现代信息技术在物流业的使用程度。中国在 2018 年的 GCI 排名中名列第 27 位，较 2017 年上升 2 位。

中国的光纤和 4G 网络覆盖率较 2017 年有大幅提升。随着更多用户可以享受到优质优价的互联网服务，固定宽带用户数、移动宽带用户数、云化率、智能手机渗透率以及电子商务交易量等相关指标也有所改善。

1.3.2.4　物流相关基础设施投资

物流相关固定资产投资保持较快增长。2017 年物流相关固定资产投资结构质量不断提升，围绕促转型、补短板等方面有效投资保持较快增长。全年交通运输、仓储和邮政业完成投资 6.1 万亿元，增长 14.8%，增长率比 2016 年提高 5.3 个百分点，全年均保持 10%以上的增长率。

物流基础设施进一步完善。一是物流运输设施网持续优化。2017 年铁路营业里程达到 12.7 万公里，公路总里程 477.35 万公里，内河航道条件持续改善，通江达海干支衔接的航道网络进一步完善，民航运输机场达 229 个。各种运输方式一体化衔接协同性改善，综合货运枢纽、物流园区、港口集疏运铁路公路系统建设积极推进。二是物流基础设施短板进一步补强。从重点区域看，中西部铁路建设有所加快，郑万、银西、杭温等铁路建设稳步推进；农村物流基础设施明显改善，新改建农村公路 20 万公里。从重点领域看，冷链物流发展迅速，全国冷库总容量预计达到 4 775 万吨，折合 11 937 万立方米，同比增长 13.7%；全国冷藏车总量预计达到 13.4 万辆，全年增加 1.9 万辆。

1.4 小结

全球贸易冲突加剧叠加中国经济自身结构调整的大环境下，中国经济正在转为依靠优化经济结构和产业创新为核心驱动力来保持可持续发展，也迫使中国物流业摒弃依靠成本粗放式价格竞争的发展模式，进入以转型升级、创新发展为依托的新阶段。

未来，中国物流业仍将处于大有作为的战略机遇期，但同时也将面临一系列矛盾和问题的严峻挑战，如何把握物流科技业战略方向，如何促进物流科技业发展，如何提升物流科技业核心竞争力，成为本报告的主要议题。

2 物流领域学术科研发展状况

物流领域的科研内容和成果，主要通过基金项目、科研论文、成果奖励等形式展现，是物流领域科研和科技发展状况的历史记载。本章在项目立项、论文发表、科技奖励视角下，采用文献计量方法，对物流领域中外学术研究进展进行分析，以期较为准确地反映中外物流学术研究的现状、热点及前沿。

2.1 基于项目立项视角的中外物流科学研究现状

在科学研究和技术开发活动中，科技项目立项资助的目的是解决科技创新和社会生产中的科学技术问题。国家级科学基金的立项和资助，瞄准学科研究前沿和国家战略需求，处于学科知识演化与社会价值需求的交汇处，具有鲜明的学术权威性和需求导向性。因此，基金项目的内容主题能很好地反映学科领域的研究进展。

本节选择美国国家科学基金会(NSF)物流类资助项目、中国国家自然科学基金物流类立项项目、中国国家社会科学基金物流类立项项目、中国教育部人文社科基金物流立项项目，以及中国物流学会、中国物流与采购联合会研究课题等作为分析对象，对中外物流科学研究现状进行分析。

2.1.1 国外主要基金项目视角下的物流科学研究现状

以美国 NSF 2008—2017 年间资助的项目为研究对象，基于 CiteSpace 和 VOSviewer 分析工具分别绘制知识图谱，用以客观反映近 10 年美国物流研究关注的重点领域和热点。

1）总体资助格局

2008—2017 年，美国 NSF 共资助在研和完成的物流项目 459 项①。由表 2.1 可见，2016 年，美国 NSF 资助物流项目数量、资助金额和资助强度均达到近 10 年最高值。2017 年，美国 NSF 资助物流项目 45 项，总资助金额 1 590.8 万美元，平均每项资助金额 35.4 万美元，比 2016 年分别下降29.69%，34.88%和 52.86%。

表 2.1 2008—2017 年美国 NSF 物流项目资助情况

项目情况	年份										总计
	2008	2009	2010	2011	2012	2013	2014	2015	2016	2017	
项目数量/项	49	42	58	30	31	39	44	57	64	45	459
资助金额/万美元	1 143.7	1 258.4	1 648.0	904.6	704.7	1 077.2	1 123.6	2 382.9	2 442.9	1 590.8	14 276.8
平均每项资助金额/万美元	23.3	30.0	28.4	30.2	22.7	27.6	25.5	41.8	38.2	35.4	31.1

其中，工程学部(Engineering，ENG)资助 282 项，占总量的 61.44%，其余分别为计算机信息科学与工程(Computer & Information Science & Engineering，CSE)76 项，社会、行为和经济学(Social, Behavioral & Economic Sciences，SBE)35 项，地球科学(Geosciences，GEO)27 项，教育与人力资源(Education & Human Resources，EHR)18 项，数学和物理学(Mathematical & Physical Sciences，MPS)14 项。此外，还有 7 项涉及透支退款(OverDraft Refund，O/D)。这种资助情况体现了 NSF 在物流领域的学科布局特点，即聚焦在工程领域，同时与信息、社会、经济、地球科学、数学、物理等多学科形成不同程度的交叉关系。

① 通过美国国家科学基金会网站资助项目检索系统(http://www.nsf.gov/awardsearch/)，分别以“logistics(物流)”和“supply chain(供应链)”为关键词检索，时间跨度为2008—2017 年，共得检索结果 821 项。人工去重和删除与物流无关的项目，得到美国 NSF 共资助在研和完成的物流项目 459 项(检索时间：2018－06－20)

2）美国 NSF 物流项目研究计划

美国 NSF 每年会发布 12 个分支的研究计划（Program），征集研究者提交的研究项目（Project）申请。美国 NSF 某一研究计划的制订一般可代表该领域当前研究前沿或热点，或重点关注的领域和亟需解决的问题，因此绘制 NSF 项目研究计划的知识图谱对掌握某一研究领域所关注的重点具有重要的价值。

（1）物流项目研究计划分布和聚类情况

2008—2017 年共有 149 项与物流相关的研究计划，体现了物流研究的跨学科性，其中研究计划项目数量排名前 10 的见表 2.2 和图 2.1。图 2.1 标签越大说明该计划所含项目数量越多，在物流领域占重要地位，标签之间的连线说明了研究计划之间的共现关系。

表 2.2　2008—2017 年美国 NSF 物流项目数量排名前 10 的研究计划

名称	项目数量/项	简介
运筹研究（Operations Research）计划	44	支持适用于制造、服务或其他复杂系统的决策优化或近似优化的创新性数学模型、分析和算法基础研究，传统研究领域包括离散和连续优化，以及随机建模和分析，新的研究领域包括可观测、学习和适应变化环境的模拟优化和自优化系统
制造业系统（Manfg Enterprise System）计划	41	支持制造业营运的设计、规划和控制，特别支持的主题包括供应链优化和管理、产品规划和调度、制造过程检测与控制、维护保养等。目前该研究计划已经结束
小企业第一阶段（Small Business Phase Ⅰ）计划	38	致力于促进小企业个体的技术创新，增强研究成果的商业应用，同时鼓励效益不好或女性创办的小企业参与研究，主题包括教育技术与应用、信息技术、半导体和光子、网络设备和材料、电子硬件机器人和无线技术、先进制造和纳米技术等
校企合作研究中心（Industry/Univ Coop Res Center）计划	30	致力于支持企业、大学和政府间发展长期的合作关系，强调通过综合研究和教育，进行国家基础设施方面的基础性研究工作，提升工程和科技工作者的数量，并适当支持国际合作
服务业系统（Service Enterprise System）计划	29	支持提高服务业整体效益，并减少与决策相关的设计、规划和商业运营费用，该计划已经结束
创新企业（Innovation Corp）计划	21	目的是使科学家和工程师们将重点放在大学实验室之外，并加速 NSF 资助的基础研究项目的经济和社会效益的实现，使项目向商业化迈进做好准备
大学与企业联络授予机会（Grant Opportunities for Academic Liaison with Industry）计划	19	通过提供项目资金或奖学金/培训生来促进大学与企业的伙伴关系，以支持企业与大学的联系。同时特别支持：教师、博士后和学生在企业环境中进行研究和获取经验，企业科学家和工程师将行业的视野和综合技能带到学术界，跨学科的大学企业团队进行项目研究
小企业第二阶段（Small Business Phase Ⅱ）计划	18	提供对 Small Business Phase Ⅰ的补充资金，支持工程研究中心（ERC）的教师、研究人员和研究生，加强团队研究能力，加快技术转换
安全可靠的网络空间（Secure & Trustworthy Cyberspace）计划	18	目标是保护和维持网络系统不断增长的社会和经济效益，同时确保安全和隐私。主要支持对网络安全成功研发至关重要的 6 个领域：①科学基础；②风险管理；③人的方面；④将成功的研究转化为实践；⑤劳动力发展；⑥加强研究基础设施
运营工程（Operations Engineering）计划	12	支持对改进复杂决策驱动环境中运营的高级分析方法进行基础研究，分析方法包括但不限于确定性和随机建模、优化、决策和风险分析，数据科学和模拟。鼓励开展可能对工程应用产生重大影响的问题的方法论研究。特别重视跨学科的研究，利用专业知识开展定量分析

图 2.1　物流项目研究计划可视化网络

对网络进行聚类得到 6 个主题①，选择项目大于等于 10 的 4 个聚类进行分析。这 4 个聚类分别是聚类#0 校企合作研究中心（Industry/Univ Coop Res Center）计划、聚类#1 制造业系统（Manfg Enterprise System）计划、聚类#2 软硬件基础（Software & Hardware Foundation）计划和聚类#3 计算研究基础设施（Computing Res Infrastructure）计划（见图 2.2）。

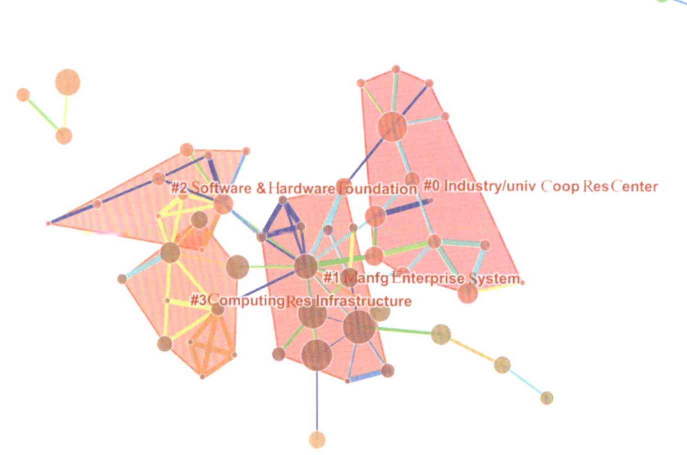

图 2.2　物流项目研究计划网络聚类

#0 聚类共包含 14 个研究计划，结合聚类中其他计划名称分析可知，过去 10 年，NSF 在物流领域的校企合作、协同研究、促进创新和环境的可持续发展上持续不断的资助，反映了美国更加关注物流研究的合作性、应用性和实用性，体现了其应用性学科的特性。

#1 聚类共包含 14 个研究计划，结合聚类中其他计划名称分析发现，服务业和制造业联动发展仍然

① 聚类标签词为项目研究计划名称，使用 LLR 算法，Modularity 值为 0.787 6，网络的同质性检验值 Silhouette 为 0.328 8，反映整个网络的聚类结果很好

是美国 NSF 关注的重点之一。

#2 聚类和#3 聚类分别包含 10 个研究计划，这两类均聚焦在计算机信息技术在物流领域的应用，结合聚类中其他计划名称分析发现，随着大数据、云计算和人工智能的发展，软件、硬件及计算等基础性研究，对物流发展起着至关重要的作用。

（2）物流项目研究计划关注热点时间演化

2008—2009 年，美国 NSF 项目以运筹研究（Operations Research）计划、制造业系统（Manfg Enterprise System）计划、校企合作中心（Industry/Univ Coop Res Center）计划、小企业阶段Ⅰ（Small Business Phase Ⅰ）计划、小企业阶段Ⅱ（Small Business Phase Ⅱ）计划和服务业系统（Service Enterprise System）计划为主，反映出美国对制造业和物流业联动、小企业发展以及校企协同问题的关注。

2010—2015 年，美国 NSF 项目以计算机信息科学与工程特别项目（Special Projects Cise）计划、算法基础（Algorithmic Foundation）计划、安全可靠的赛博空间（Secure & Trustworthy Cyberspace）计划、计算研究基础设施（Computing Res Infrastructure）计划、创新企业（I Corp）计划等涉及现代信息科技、智能算法、信息基础建设等为主，反映出这一段时间美国大力发展智能物流，节约物流成本。

2016—2017 年，除了运营工程（Operations Engineering）计划外，没有发现其他频次较高的计划，反映最近 2 年物流项目研究热点比较分散。

3）NSF 物流项目研究主题词

通过 Citespace 提取 2008—2017 年美国 NSF 资助的物流项目题名和摘要中的主题词，聚类效果可分析性不强。因此选取 VOSviewer 进行项目研究主题词的聚类分析①，美国 NSF 物流项目的共词网络聚类结果见表 2.3 及图 2.3 和 2.4。高频主题词自身可代表某一领域研究频次较多的背景、方法或对象，而基于高频主题词之间的关系强弱所形成的聚类则可以表示该领域的主流研究分支。研究分支内部主题词关系较强，研究分支之间主题词关系较弱。

如图 2.3 所示，VOSviewer 聚类算法共识别出 5 个聚类。266 个高频主题词在 5 个聚类内部的分布情况见表 2.3。通过对每个聚类内部关键词分析，可将 5 个主题群的研究内容总结如下：①物流服务能力和市场研究。主要研究物流服务能力、物流市场、用户、商业潜力、物流数据监测等问题，以提高物流服务效率，降低成本，提高企业利润，增强物流业竞争力。②物流业与制造业协同发展研究。主要研究物流业与制造业协同发展、协同平台建设、知识融合、合作关系和信息交换等技术问题。③智能物流算法与供应链优化研究。主要包括优化算法、不确定情况下的决策、模拟建模等基础研究。④物流对环境和气候的影响研究。主要研究现代物流对环境的影响、对人的身体健康的影响、对气候变化的影响等。⑤物流业的社会影响研究。主要涉及物流业各利益攸关方的影响、社交网络和社交媒体对物流的影响、自然灾害对物流的影响等。

此外，聚类结果还为研究热点的识别提供了一定的参考。一方面，就 5 个研究主题而言，物流服务能力和市场研究、物流业与制造业协同发展研究、智能物流算法与供应链优化研究这 3 个聚类包含的关键词较多，表明这三个方向的研究成果较为丰富，是物流领域三大研究热点；另一方面，VOSviewer 还能从整体网络结构及关系权重识别研究热点，在图 2.3 中，算法、优化、协同、方法、决策等关键词图标最大，出现频次高，且在整个网络中处于中心位置，属于各主题群中的研究热点。

① 将 WoS 格式的文件导入 VOSviewer，提取题名和摘要中的主题词，统计方法采用 Binary Couting，共得到 24 029 个主题词，选取词频大于等于 10 的 651 个主题词，选取相关度前 60%的 391 个主题词，经过人工筛选删除无关主题词之后，最终选定 325 个主题词进行聚类分析

表 2.3 2008—2017 年美国 NSF 物流项目研究主题聚类的分组

聚类	主题词(频次)
物流服务能力和市场研究(84)	service(83),ability(74),user(70),market(65),person(64),communication(60),concept(60),device(60),sensor(57),commercial potential(50),processing(48),security(48),reduction(47),requirement(46),monitoring(43),module(42),internet(39),identification(38),action(36),lower cost(36),combination(35),safety(35),computer science(33),equipment(33),interface(32),detection(30),step(29),investment(27),machine learning(27),unit(27),robotic(26),temperature(26),advancement(25),stem(23),worker(23),educator(22),exploration(22),good(22),maintenance(22),commercialization(21),construction(21),turn(21),completion(20),corps(20),node(20),tracking(20),waste(20),accuracy(19),expansion(19),route(19),synergy(19),automation(18),demonstration(18),physics(18),real time(18),robustness(18),circuit(17),classroom(17),warehouse(17),human(16),load(16),light(15),thing(15),origin(14),promise(14),scalability(14),self(14),transition(14),developer(13),labor(13),agriculture(12),american recovery(12),cyber physical system(12),hospital(12),information technology(12),public law(12),regard(12),reinvestment act(12),rfid(12),autonomy(11),battery(11),direct benefit(11),human activity(11),cloud(10),open source(10)
物流业与制造业协同发展研究(78)	collaboration(117),center(98),support(98),manufacturing(88),company(79),transportation(78),platform(73),software(68),society(63),website(62),expertise(52),effectiveness(51),diversity(47),agency(46),partnership(46),skill(46),laboratory(44),intellectual merit(43),healthcare(42),sustainability(40),engineer(39),procedure(38),hand(37),logistics(36),practitioner(36),computer(35),paradigm(32),professional(32),finance(30),increase(30),presentation(30),adoption(29),attack(29),expert(29),view(29),initiative(28),instance(28),consideration(27),logistical support(27),environmental impact(24),fund(24),integrated circuit(24),workforce(24),woman(23),collaborator(22),exchange(22),limitation(22),involvement(21),minority(21),suite(21),pool(20),repository(20),art(19),defense(19),excellence(18),forum(17),vision(17),competition(16),carbon footprint(15),educational activity(15),california(14),capture(14),preparation(14),source code(14),academia(13),realization(13),recruitment(13),cyber(11),diverse group(11),environmental sustainability(11),effective tool(10),engineering student(10),establishment(10),first time(10),hardware security(10),information sharing(10),learner(10),whole(10)
智能物流算法与供应链优化研究(73)	algorithm(157),optimization(119),methodology(92),decision making(85),insight(84),uncertainty(82),risk(76),supply chain management(60),simulation(52),business(46),firm(43),variable(42),case(41),customer(41),inventory(41),constraint(40),formulation(37),connection(35),economic(34),enterprise(33),account(32),supplier(32),case study(31),consumer(31),decision maker(30),parameter(29),competitiveness(26),manufacturer(26),emission(25),literature(25),models(25),price(25),computation(24),scheduling(24),tradeoff(24),treatment(24),choice(22),patient(22),plant(22),error(21),mathematical model(21),retailer(21),situation(21),subject(21),agent(20),medicine(20),presence(20),data analysis(19),incentive(19),profit(19),statistic(19),chemical(18),rule(18),telecommunication(18),game(17),us economy(17),wide variety(17),fact(16),computational tool(15),global supply chain(14),hypothesis(14),new technology(14),complex system(13),convergence(13),face(13),recent advance(13),chance(12),examination(12),industrial engineering(12),efficient algorithm(11),graduate course(11),operations management(11),supply chain performance(10)
物流对环境和气候的影响研究(48)	training(93),team(90),interaction(81),response(77),generation(73),change(71),location(67),region(67),facility(66),site(63),access(61),supply(61),event(60),complexity(55),perspective(54),dynamic(50),point(49),rate(45),stage(44),period(39),degree(37),earth(36),evolution(35),productivity(35),variation(35),series(33),climate change(32),sample(31),variability(29),medium(28),record(28),storage(28),water(28),shift(26),date(24),extent(23),strength(23),trend(23),core(20),extension(20),phenomena(18),citizen(16),correlation(16),lecture(14),length(13),timing(13),drilling(11),environmental change(11)

表 2.3(续表)

聚类	主题词(频次)
物流业的社会影响研究(40)	question(73), measurement(38), experiment(36), stakeholder(35), individual(34), observation(31), evidence(29), disaster(25), image(25), content(24), interview(24), formation(22), loss(22), public(22), failure(21), station(21), difference(20), influence(20), antarctica(19), estimate(19), force(19), pattern(19), better understanding(18), threat(17), ground(16), share(16), third(16), meter(14), vulnerability(14), big data(13), continent(13), division(13), hundred(12), social network(12), social science(12), united state(12), critical infrastructure(11), non governmental organization(11), rapid(11), social medium(11)

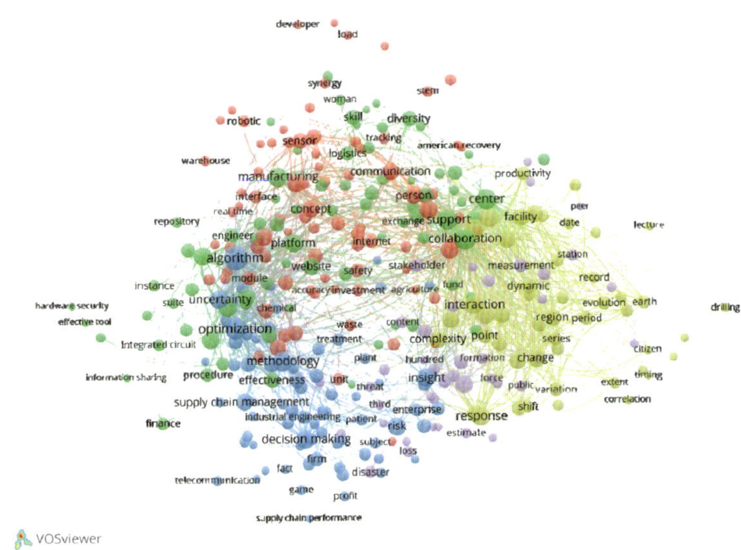

图 2.3 2008—2017 年美国 NSF 物流项目研究主题分布

图 2.4 是 2008—2017 年美国 NSF 物流项目研究主题网络和时间叠加示意,图中图标颜色随时间远近由冷色调(蓝色)逐渐变为暖色调(红色),可用于判断主题演进情况。从中可以发现,硬件安全、机器学习、社交媒体、大数据、地球环境、气候变化等主题是近期主要研究主题。

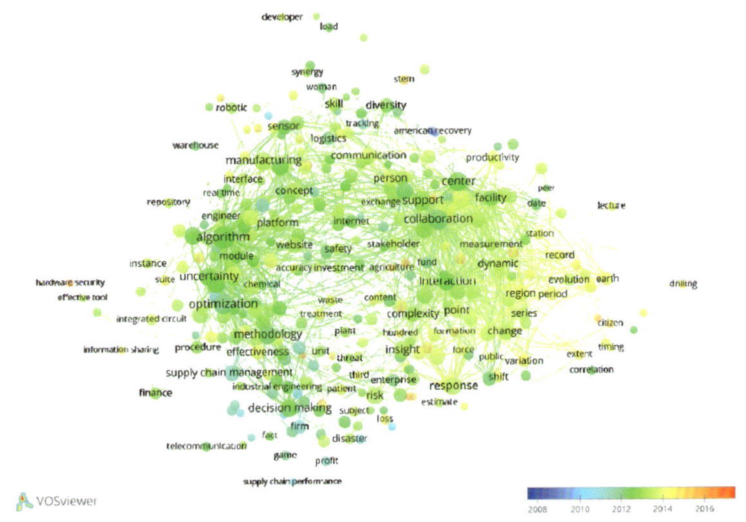

图 2.4 2008—2017 年美国 NSF 物流项目研究主题网络和时间叠加示意

4）小结

采用 Citespace 和 VOSviewer 软件对美国 NSF 物流项目分别绘制研究计划和主题词聚类的知识图谱，能够客观反映 2008—2017 年间美国物流研究整体状况。基于 Citespace 的美国 NSF 资助物流项目研究计划分析，可一定程度反映过去 10 年美国物流研究聚焦在制造业系统、运营研究、校企合作、小微企业和服务业系统等重点领域，且经历了从过去关注制造业与服务业联动发展，到近年来重点关注人工智能、信息技术的应用，再到关注物流对社会发展影响的时间演变过程。

另外，通过利用 VOSviewer 软件对美国 NSF 物流项目主题词进行聚类发现，过去 10 年，物流服务能力和市场研究、物流业与制造业协同发展研究、智能物流算法与供应链优化研究、物流对环境和气候的影响研究、物流业的社会影响研究等是美国物流领域研究的热点主题。

2.1.2 国内基金项目视角下的物流科学研究现状

作为中国物流科学研究的重要载体之一，基金项目具有引导中国物流科学研究方向和前沿热点的重要意义。本节通过对 2008—2017 年 10 年期间的国家自然科学基金、国家社会科学基金、教育部人文社科基金等三大基金项目中物流类项目的全面梳理和认真总结，对中国物流学术研究现状和发展脉络进行分析与阐述。

2.1.2.1 三大基金物流立项情况

1）三大基金物流项目资助情况

2008—2017 年间，三大基金物流立项总数基本呈增长趋势（见表 2.4），2016 年最多（201 项），2013 年和 2017 年均出现不同程度的下降。2017 年三大基金物流类立项课题 170 项，比 2016 年减少 15.42%。其中，国家自然科学基金、国家社会科学基金物流类立项课题分别为 109 项和 22 项，比 2016 年减少 21.01% 和 12%。

表 2.4 2008—2017 年三大基金物流类立项课题数量 项

基金项目	年份										合计
	2008	2009	2010	2011	2012	2013	2014	2015	2016	2017	
国家自然科学基金	35	39	51	69	95	91	104	126	138	109	857
国家社会科学基金	5	8	15	18	13	27	14	19	25	22	166
教育部人文社科基金	12	37	76	58	55	34	39	45	38	39	433
总计	52	84	142	145	163	152	157	190	201	170	1 456

2）三大基金物流项目资助领域分布

从立项项目资助领域的角度划分，三大基金物流项目可以分为管理类、工程类、经济类以及交叉学科类。划分的主要依据是研究方法。管理类主要使用案例研究、机制设计、对策研究等方法；工程类主要使用运筹学、仿真与优化等方法；经济类则从物流经济的角度进行分析。

如表 2.5 所示，在 2008—2017 年国家自然科学基金物流项目中，属于工程类和管理类的项目分别为 424 项和 305 项，分别占立项总数的 49.47% 和 35.59%，说明国家自然科学基金物流立项项目更突出模拟、试验和模型研究，更系统运用自然科学方法去探索物流。在 2008—2017 年国家社会科学基金物流项目中，属于管理类和经济类的项目数量分别为 98 项和 59 项，分别占立项总数的 59.04% 和 35.54%。在 2008—2017 年教育部人文社科基金物流项目中，属于管理类的项目数量为 315 项，占立项总数的 72.75%。可见，国家社科基金和教育部人文社科基金项目偏重经验、干预、定量研究，多从经济学和管理学的视角，运用社会科学方法去发掘物流发展规律。三大基金各有擅长和特点，共同发力关注物流发展规律和产业改革路径，为物流发展提供基础研究支持。

此外，随着物流研究的发展，学科融合趋势也越来越明显，很多研究很难界定它所属的学科领域。如表 2.5 所示，近 10 年来，属于交叉学科/综合研究类的物流项目有 150 项，占立项总数的 10.3%，并且也呈逐年增加的趋势。可以预见，未来从数学、地理学和信息科学的角度，利用这些学科领域的理论和技术来解决物流问题具有较大的潜力。

表 2.5 2008—2017 年按资助领域划分的三大基金物流项目数量 项

资助领域	国家自然科学基金项目	国家社会科学基金项目	教育部人文社科基金项目	总计
管理类	305	98	315	718
交叉学科/综合研究类	68	9	73	150
经济类	60	59	45	164
工程类	424	0	0	424
合计	857	166	433	1 456

2.1.2.2 基于国家自然科学基金项目的物流科学研究进展

1981 年开始设立的国家自然科学基金对于推动中国基础科学、技术科学以及交叉科学研究，培养具有良好科研素质和较高创新能力的高层次人才，发挥着日益重要的作用。国家自然科学基金各类项目除了资助自然科学领域的前沿课题外，对于具有综合性和交叉性的物流领域也给予了极大关注。

本节以 2008—2017 年国家自然科学基金 857 项物流资助项目为分析对象。一方面，对包括项目数量、项目负责人依托单位及所在区域的研究结构特征进行分析，了解该领域的总体资助格局、核心研究主体和空间分布；另一方面，基于项目自身所带的关键词，辅以人工标注，利用词频统计方法，在知识单元和知识关联的层面对项目关键词进行研究，展示和挖掘物流领域的研究热点和主题领域。

1）总体资助格局

2008—2017 年国家自然科学基金物流项目为 857 项（见表 2.4），占三大基金物流项目总数的 58.9%，表明中国高水平物流研究主要以国家自然科学基金资助为主。近 10 年来，国家自然科学基金物流项目呈现出增长态势，857 个项目的资助总额共计 35 294.65 万元，平均单项资助金额为 41.2 万元（见表 2.6）。

表 2.6 2008—2017 年国家自然科学基金物流项目资助情况

项目情况	年份										合计
	2008	2009	2010	2011	2012	2013	2014	2015	2016	2017	
立项数/项	35	39	51	69	95	91	104	126	138	109	857
资助金额/万元	802.5	837.6	1 212.7	1 841.9	3 812.8	3 962.8	8 006.6	5 547	5 694.3	3 576.45	35 294.65
平均每项资助金额/万元	22.9	21.5	23.8	26.7	40.1	43.5	77.0	44.0	41.3	32.8	41.2

从立项数量看，2016 年国家自然科学基金物流项目共计 138 项，为历年来最高，占近 10 年物流立项总数的 16.1%。从资助金额和资助强度看，2014 年国家自然科学基金物流项目的资助总额和平均每项

资助金额均达到历史最高，分别是 8 006.6 万元和 77.0 万元。尽管 2017 年立项数、资助金额和平均每项资助金额均有所下滑，但不影响物流研究的受重视程度。

从申请代码角度，对近 10 年来 857 项国家自然科学基金物流项目进行统计分析，如表 2.7 所示，2008—2017 年立项项目最多的是管理科学部，资助项目多为基础研究，涉及管理科学与工程（412 项）、工商管理（301 项）、经济科学（60 项）和宏观管理与政策（4 项）。其中，管理科学与工程的资助总额和平均每项资助金额最高，分别为 18 462.75 万元和 44.81 万元，重点研究决策理论与方法、博弈理论与方法、预测理论与方法、管理系统工程、工业工程与管理、物流与供应链理论等。工商管理分别以 11 600.56 万元和 38.54 万元的资助总额和平均每项资助金额排名第二，重点研究企业信息管理、电子商务、运营管理与项目管理等领域。在经济科学方面，主要涉及博弈论与信息经济、计量经济与经济计算、经济发展与贸易等领域。宏观管理与政策领域的立项数量和资助金额较少，可见，物流宏观管理与政策领域的研究还处在规模较小、比例偏低的水平。

此外，以互联网为核心的信息通信快速发展和广泛应用，对现有物流和供应链理论和体系产生较大影响，但同时也为探索物流企业管理实践提供了丰富的研究主题，为学界构建具有中国本土特色的物流与供应链理论提供了难得的机遇。信息科学领域的物流项目有 43 项，主要涉及计算机科学、系统科学与系统工程、人工智能与知识工程等领域；属于数理科学、地球科学、工程与材料科学的物流项目均有 12 项，重点研究运输过程中的车辆路径等问题，重点布局人文地理以及机械工程等领域。

表 2.7　2008—2017 年国家自然科学基金物流项目申请代码统计

申请代码		立项数/项	资助总额/万元	平均每项资助金额/万元
A（数理科学部）	A01（数学）	10	339.00	33.90
	A02（力学）	2	57.00	28.50
D（地球科学部）	D01（地理学）	12	531.00	44.25
E（工程与材料科学部）	E04（冶金与矿业）	1	80.00	80.00
	E05（机械工程）	6	201.00	33.50
	E08（建筑环境与结构工程）	3	94.00	31.33
	E09（水利科学与海洋工程）	2	83.00	41.50
F（信息科学部）	F02（计算机科学）	11	512.00	46.55
	F03（自动化）	32	1 144.00	35.75
G（管理科学部）	G01（管理科学与工程）	412	18 462.75	44.81
	G02（工商管理）	301	11 600.56	38.54
	G03（经济科学）	60	2 002.30	33.37
	G04（宏观管理与政策）	4	142.00	35.50
L（其他学部）	L05	1	46.00	46.00

2）依托机构及区域分布分析

2008—2017 年国家自然科学基金物流项目涉及高等院校、中国科学院系统以及中国社会科学院等不同性质的依托机构。216 所高等院校共承担了 843 项，占比 98.37%，资助金额 32 879.6 万元，占比 93.16%，是物流基金项目研究的主力军。

统计项目依托机构所在的省/自治区/直辖市，可了解物流学术研究的空间分布。857 项国家自然科学基金物流项目的依托机构分布在 28 个省/自治区/直辖市（见表 2.8）。国家自然科学基金物流立项主要受区域发展不平衡性制约，北京以 107 项（资助金额 6 275.1 万元）雄踞榜首，紧跟其后的江苏（95 项，3 361.3 万元）、上海（94 项，4 002.1 万元）也是项目产出的重要区域。获得资助项目的不平衡性也表现在人才聚集差异上，北京市、江苏省从事物流领域研究的人才众多，依托单位也多。北京市、江苏省 2008—2017 年间获得资助的项目中，依托单位分别有 29 个和 27 个。

物流立项数最少的地区则主要分布于经济欠发达、科研实力较薄弱、物流人才聚集度严重不足的西部地区和边远地区。此外，2008—2017 年，吉林、西藏、青海没有获得物流领域的立项资助。

加快推进物流大通道建设，促进多式联运加快发展，将推动物流业整体效率的提升。中西部地区以独特的资源优势、产业特色和区位优势，决定了其强大的物流需求及广阔的物流发展空间，而物流与供应链管理是非常重要的理论和实践问题。建议国家自然科学基金主管机构在统一协调项目研究力量和项目分布时，可适当加大对中西部地区的倾斜，加大基金资助强度，扩大覆盖面；教育、财政等行政部门也应采取有力措施，加强对这些地区高等学校科研资源和学科建设的倾斜和扶持，培养和扶植欠发达地区科技人员开展创新性科学研究，以稳定和凝聚地区优秀人才。

表 2.8　2008—2017 年国家自然科学基金物流项目依托机构区域分布

序号	省/自治区/直辖市	立项数/项	资助金额/万元	序号	省/自治区/直辖市	立项数/项	资助金额/万元
1	北京	107	6 275.10	15	云南	21	668.60
2	江苏	95	3 361.30	16	湖南	18	822.00
3	上海	94	4 002.10	17	福建	15	439.00
4	湖北	56	2 425.20	18	黑龙江	13	446.30
5	广东	54	2 230.70	19	河南	13	347.70
6	辽宁	53	2 780.20	20	广西	9	282.00
7	四川	45	1 455.30	21	内蒙古	6	168.00
8	天津	41	1 267.20	22	海南	5	134.00
9	浙江	40	1 709.50	23	甘肃	5	130.00
10	山东	39	2 087.00	24	贵州	4	120.30
11	安徽	38	1 597.40	25	山西	4	119.40
12	陕西	27	902.10	26	新疆	2	65.00
13	重庆	27	752.60	27	河北	1	28.00
14	江西	24	662.68	28	宁夏	1	16.00

3）基于词频分析法的物流学术研究热点

关键词作为学科学术话语体系建构的基础，具有鲜明的学科身份特征，也是学术共识的重要表达方式之一，而高频关键词则可以在一定程度上反映当前学科的研究热点。表 2.9 列出了 2008—2017 年排名前 20 的国家自然科学基金物流项目高频关键词。

表 2.9 2008—2017 年国家自然科学基金物流项目高频关键词

排序	2008—2010 年		2011—2013 年		2014—2017 年	
	关键词	频次	关键词	频次	关键词	频次
1	供应链	107	供应链	49	供应链	40
2	供应链管理	81	供应链管理	32	供应链管理	23
3	供应链协调	45	库存管理	17	供应链协调	22
4	博弈论	35	供应链金融	15	博弈论	16
5	闭环供应链	29	供应链协调	11	城市物流	14
6	协调机制	24	协调机制	10	闭环供应链	13
7	风险管理	17	闭环供应链	10	协调机制	12
8	再制造	14	激励机制	10	库存管理	11
9	供应链网络	12	供应链优化	9	电子商务	10
10	资金约束	12	博弈论	8	定价策略	9
11	信息不对称	11	冷链物流	8	农产品供应链	9
12	供应链契约	11	风险管理	7	启发式算法	8
13	实证研究	11	复杂网络	7	碳减排	8
14	网络优化	10	风险控制	7	供应链网络	8
15	物流配送	10	风险偏好	7	数据驱动	8
16	逆向物流	10	行为运作管理	7	物流管理	7
17	信息共享	9	农产品	6	车辆路径问题	7
18	应急物流	9	碳排放	6	供应链融资	7
19	集成优化	8	鲁棒优化	6	多式联运	7
20	变分不等式	6	生鲜农产品	6	供应链协同	7

（1）研究对象

近 10 年来，物流领域的研究对象主要集中在“供应链”“供应链管理”以及“闭环供应链”。这体现了供应链管理是目前物流发展的趋势，未来前景广阔。闭环供应链的理念强调从全生命周期的角度实施产品管理，即企业不仅需从事新产品的生产和分销，还应承担旧产品的回收再造。由于有助于实现环境保护和资源可持续发展的双重目标，闭环供应链成为近年来的研究热点之一。

2014—2017 年，以城市物流为研究对象的立项数量排名第 5。城市物流以城市为依托，在服务城市内部经济系统的同时联系城市与外部区域。由于城市物流的重要作用及其与其他物流形式的显著区别，城市物流日渐成为物流研究的重要方向。

（2）研究内容

近 10 年，以供应链协调及协调机制研究为主，同时还有库存管理。说明协调问题是供应链管理中的核心问题，供应链协调是供应链合作关系的关键，而供应链协调机制是为了使供应链整体利润达到最优的解决方法。此外，供应链的库存管理不是简单的需求预测与补给，而是要通过库存管理获得用户服务与利润的优化。

2014—2017 年，以定价策略和碳减排为研究内容的项目数量较多。一方面，供应链定价策略研究是一个热点问题,并且随着电子商务的飞速发展,供应链定价及产品定价的研究变得更复杂;另一方面,面对政府已出台或即将出台的碳交易政策及消费者对碳减排的要求,供应链企业面临新的运作环境。

(3) 研究方法

在研究方法上呈现出相对集聚的特点,近10年多数项目采用了博弈论。博弈论在供应链管理领域的应用主要有从单位购买成本固定的库存博弈,带数量折扣的库存博弈,生产和定价博弈,关于其他属性的博弈,库存、生产、定价和其他属性综合决策的博弈等。

在供应链管理的过程中会涉及一系列的管理问题,例如生产决策、产地决策、运输决策、合作伙伴的选择决策等,决策的好坏与否决定了供应链的效率高低。供应链管理决策优化技术是通过数学建模的方式来为企业管理者提供更好的数据服务的一种技术。在这种情况下,2014—2017年以启发式算法进行求解为主。启发式算法利用关于给定决策问题的经验方法对可行解空间进行智能搜索,试图为决策问题快速地找到一个较好的解,这些可能是特定性问题和一般性问题。

2.1.3 中国物流学会、中国物流与采购联合会研究课题视角下的国内物流科学研究现状

中国物流学会、中国物流与采购联合会围绕物流业发展大局,整合各方力量,坚持理论联系实际,积极引导物流理论创新、管理创新和技术创新,努力推动相关政策的出台和落实,为中国物流业健康发展提供了人才保障、理论准备和智力支撑。中国物流学会、中国物流与采购联合会研究课题设立的目的是为热衷于物流学术理论研究的各界人士,提供一个新的平台,发挥学会既有优势,整合社会研究力量,协调和引导研究方向,推进学术理论创新,促进产学研相结合。

1) 中国物流学会、中国物流与采购联合会研究课题基本呈增长趋势

自2006年设立研究课题以来,已完成2 007项研究课题,其中1 018项获奖。部分成果被有关政府部门、行业或企业采纳,取得了明显的社会经济效益。表2.10列出2006—2017年中国物流学会、中国物流与采购联合会研究课题计划和完成情况。

表2.10 2006—2017年中国物流学会、中国物流与采购联合会研究课题计划和完成情况统计 项

年份	2006	2007	2008	2009	2010	2011	2012	2013	2014	2015	2016	2017
计划课题数	58	88	128	138	219	208	227	267	278	277	289	239
当年完成课题数	43	59	103	112	186	198	182	247	229	197	241	210
数据来源:中国物流学会网站												

从表2.10中可以看出,2006—2017年研究课题基本呈增长趋势。2010年计划课题数和当年完成课题数较2009年有显著增加,主要是2009年3月国务院出台《物流业调整和振兴规划》在学术界掀起一轮物流研究热潮。2017年计划课题数和当年完成课题数分别为239项和210项,分别比2016年减少17.3%和12.9%。

2017年,239项计划课题的依托机构分布在23个省/自治区/直辖市(见表2.11)。江苏省以31项课题雄踞榜首,北京(25项)、山东(24项)、浙江(23项)列第二梯队。此外,西藏、吉林、青海、山西、广西、贵州、江西、内蒙古等8个省/自治区没有获得研究课题立项。

表 2.11　2017 年中国物流学会、中国物流与采购联合会计划课题依托机构区域分布

序号	省/自治区/直辖市	立项数/项	序号	省/自治区/直辖市	立项数/项
1	江苏	31	13	云南	5
2	北京	25	13	陕西	5
3	山东	24	15	安徽	4
4	浙江	23	15	四川	4
5	辽宁	19	17	甘肃	3
5	广东	19	17	重庆	3
7	湖南	17	19	海南	1
8	天津	15	19	河北	1
9	黑龙江	12	19	河南	1
10	湖北	11	19	宁夏	1
11	上海	8	19	新疆	1
12	福建	6			

2）主题词统计

按照立项课题的研究主题和研究目标来划分，中国物流学会、中国物流与采购联合会研究课题可以分为 16 个主题（见表 2.12）。2006—2017 年研究课题中，区域物流资源配置研究项目最多，为 359 项，对于优化区域资源配置和提高区域竞争力有重要作用。以钢铁物流、农产品物流、药品物流、汽车物流为代表的专项物流课题 337 项，表明专项物流服务发展空间巨大。物流企业系统整合、兼并重组与转型发展、成本控制等领域的研究课题 246 项，表明物流实务研究受重视。以上 3 个领域是研究课题立项 12 年以来中国物流学术研究的重点领域。同时，在立项课题中也呈现出多个研究主题相交叉的特点。

表 2.12　按研究主题划分的中国物流学会研究课题数量（2006—2017 年）　　项

研究内容	年份												总计
	2006	2007	2008	2009	2010	2011	2012	2013	2014	2015	2016	2017	
区域物流	8	21	27	20	37	26	26	35	30	33	53	43	359
电子商务	2	0	3	2	6	5	5	10	22	19	34	35	143
专项物流	3	15	25	22	44	21	23	36	37	41	36	34	337
信息技术	5	5	1	9	15	7	7	25	20	16	54	31	195
军事物流	10	5	8	4	9	14	14	19	18	18	21	19	159
绿色物流	0	2	1	3	13	13	18	10	12	2	8	18	100
供应链	6	15	8	10	20	19	26	35	20	21	17	16	213
冷链物流	1	0	1	4	12	7	9	10	10	13	22	16	105
人才培养	2	1	11	6	9	9	3	22	17	25	20	14	139
物流企业	1	15	17	19	19	13	36	32	20	27	34	13	246
物流金融	0	0	0	3	4	3	5	5	7	10	9	11	57

表 2.12(续表)

研究内容	年份												总计
	2006	2007	2008	2009	2010	2011	2012	2013	2014	2015	2016	2017	
应急物流	4	4	5	7	14	7	13	11	10	3	3	8	89
逆向物流	2	3	2	3	10	2	4	18	4	3	6	8	65
物流园区	2	1	5	8	2	6	5	5	10	12	13	6	75
港口物流	3	4	6	5	12	9	11	13	9	11	10	3	96
第三方物流	1	1	4	8	3	10	2	9	7	3	2	3	53

经过30多年高速发展的中国物流业正进入转型升级的重要发展阶段。世界经济复苏缓慢,不稳定、不确定因素增加。我国工业化、信息化、城镇化、市场化、国际化深入发展,物流业面临新的机遇和挑战。物流实践的发展,为学术理论研究提出了新的课题。

2017年,中国物流学会、中国物流与采购联合会研究课题认真贯彻党的十八大和十八届三中、四中、五中、六中全会以及国务院《物流业发展中长期规划》精神,按照创新、协调、绿色、开放、共享的发展理念,根据供给侧结构性改革的需要,紧紧围绕行业发展的重点、难点、热点问题,突出科学性、创新性和应用性。

(1) 智慧物流竞争加速

智慧物流作为现代物流发展的一个重要方向,对于推动物流降本增效、促进物流高质量发展具有重要意义。2017年,239项中国物流学会、中国物流与采购联合会研究课题中,有10项课题与智慧物流相关,主要涉及智慧物流中心建设模式和路径,基于物联网技术的智慧物流管理模式,基于智慧物流的物流安全系统及预警和决策体系,基于物联网的智慧物流信息平台建设等。其中"'智慧物流'发展战略与政策研究"被列为2017年度中国物流学会、中国物流与采购联合会重大研究课题之一。

(2) 推进供给侧结构性改革、培育物流业发展新动能

供给侧改革是适应和引领经济新常态的必然要求。物流业作为社会经济发展的基础性、战略性产业,是供给侧结构性改革的重点,其关键任务在于增加有效供给引领需求、淘汰无效供给调整结构、降本提效提高物流企业综合实力。具体到物流企业层面,就是要基于国家对物流业的全方位布局,提升自身服务质量,提高企业效率,有效降低成本。不同类型和规模的物流企业应切实根据自身特性和资源,找准定位,选择适宜的发展方式和路径。239项计划课题中,13项课题涉及物流企业运营模式研究,8项课题与供给侧结构性改革背景相关,"供给侧结构性改革环境下物流企业运营模式研究"被列为2017年度中国物流学会、中国物流与采购联合会重大研究课题之一。

(3) 民生物流是城市物流系统重要的组成部分

民生物流是指包括城市配送、快递物流、封闭供应链、医药物流等城市物流配送系统以及新型服务模式、农产品质量安全、药品生产流通秩序的物流领域,是城市物流系统重要的组成部分。民生物流研究能够为我国物流新兴领域的发展提供政策指导。2017年239项计划课题中,65项课题与民生物流相关,占总立项数的27.2%。

(4) 绿色物流推行任重道远

我国已经成为网络购物最发达的国家,但是在生产、流通、仓储、消费和回收等环节还存在着大量的资源能源消耗、浪费现象。推行绿色供应链管理,推进绿色包装、绿色采购、绿色物流、绿色回收,大幅减

少生产和流通过程中的资源消耗和污染物排放已经显得尤为紧迫和重要。2017 年,绿色物流相关课题有 18 项,比 2016 年增加 125%。

2.2 基于文献计量视角的中外物流学术研究比较

科睿唯安(原汤森路透知识产权与科技事业部)的 Science Citation Index Expanded(SCIE),Social Science Citation Index(SSCI)数据库涵盖了国内外物流领域的重要科研成果。本节以 SCIE,SSCI 数据库中物流领域的论文作为数据源,运用文献计量分析工具 VOSviewer,DDA,并结合进一步的文献调研和信息挖掘,对 2003—2017 年物流领域的 14 051 篇①文献的发文数量、研究力量、研究主题等进行分析,系统地研究该领域学术科研的现状和趋势,并且着重分析中国大陆物流科技的发展情况和主要科研机构的物流科技成果,为国内外物流科技领域的科研人员和机构了解物流学术发展、开展学术研究提供借鉴。

2.2.1 期刊论文数量

如图 2.5 所示,2003—2017 年,全球物流科技领域的论文数量呈现逐步增长的趋势。2003—2007 年,物流论文数量较少,每年 200~500 篇论文,平均每年 362 篇论文。但在 2008 年及其之后,论文数量增长加快,2012 年超过 1 000 篇。2008—2012 年,平均每年论文数量 844 篇,而 2013—2017 年的年均论文量大约是它的 2 倍,达到 1 604 篇。总体来看,物流科技是一个非常活跃的研究领域,研究成果数量稳定增长。

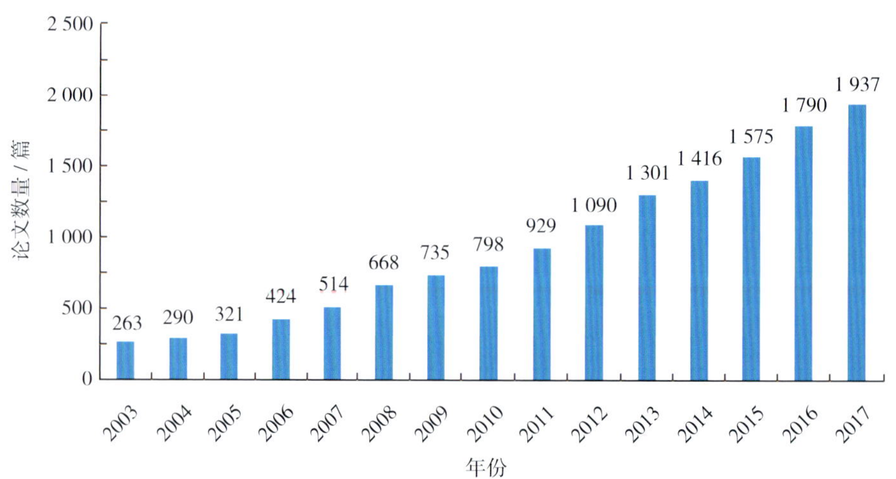

图 2.5 2003—2017 年全球物流科技领域的论文数量

在 2003—2017 年期间,中国大陆作者发表论文 2 523 篇,占全球论文数量的 18%。从图 2.6 可知,2003—2008 年中国大陆论文数量仅占全球论文数量的 9%~11%,2010 年之后论文数量和比重均逐年增加,且最近几年超过 20%,2017 年论文数量达到 474 篇,占全球论文数量的比重达到 24%。

① 检索式为 TS=("logistics" or"supply chain *"),时间跨度为 2003—2017 年,数据库为 SCI-EXPANDED, SSCI,文献类型为 ARTICLE OR REVIEW OR PROCEEDINGS PAPER,研究方向为 ENGINEERING OR TRANSPORTATION

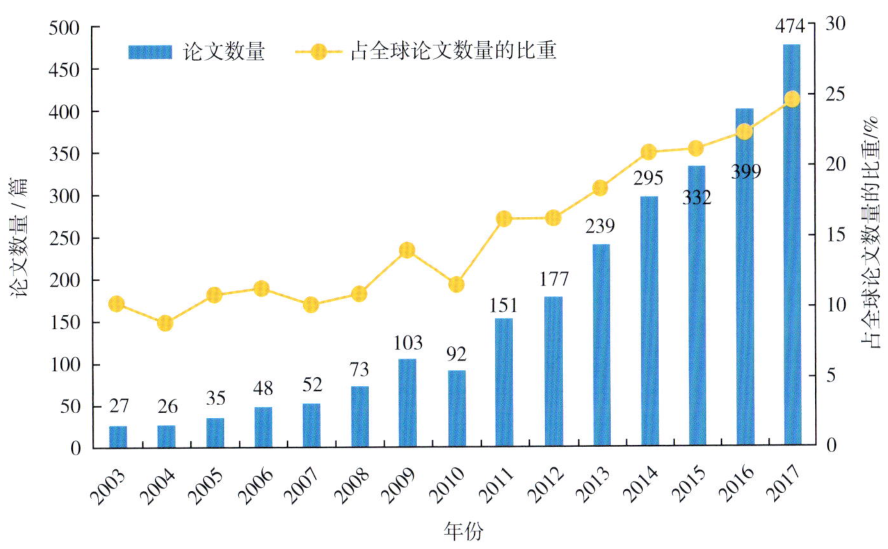

图 2.6　2003—2017 年中国人陆物流科技领域的论文数量及其所占全球论文数量的比重

2.2.2　研究力量分布

2.2.2.1　国家/地区

通过对不同国家/地区物流科技领域的论文产出情况的分析,可以了解国家/地区的整体科研实力和学术影响力;通过分析国家/地区之间的合作网络,了解区域之间的合作特征。

1）国家/地区论文数量

从各个国家/地区的物流科技领域论文数量来看,论文数量前 10 名的国家/地区论文总量为 10 342 篇,占全球论文总量的 73.6%,而其他国家/地区的论文数量占到 26.4%,表明物流科技领域的研究论文主要集中在以上这 10 个国家/地区(见表 2.13)。与其他国家/地区相比,美国在物流科技领域拥有绝对优势,论文数量为 3 730 篇,占全球论文总量的 26.55%,且总被引频次位列第一、篇均被引频次位列第二,说明美国在物流科技领域也有很高的学术影响力。中国大陆的论文量和总被引频次位列第二,但是篇均被引频次排名第九,说明中国大陆的科研实力日益提高,但是国际影响力上还有待加强。英国、中国台湾、德国、加拿大等国家/地区紧随其后,也有较多的论文数量。

表 2.13　论文量 TOP 10 国家/地区的论文情况

国家/地区	论文		总被引		篇均被引	
	数量/篇	排名	频次	排名	频次	排名
美国	3 730	1	84 098	1	22.55	2
中国大陆	2 523	2	40 286	2	15.97	9
英国	1349	3	28468	3	21.1	3
中国台湾	935	4	16 877	4	18.05	7
德国	738	5	14 467	6	19.6	4
加拿大	719	6	16 865	5	23.46	1
伊朗	654	7	10 106	9	15.45	10
意大利	634	8	12 236	7	19.3	5

表 2.13（续表）

国家/地区	论文		总被引		篇均被引	
	数量/篇	排名	频次	排名	频次	排名
印度	632	9	11 966	8	18.93	6
法国	547	10	9 165	10	16.76	8

将表 2.13 中论文量 TOP 10 国家/地区的数据转化为气泡图，如图 2.7 所示。可以看出，美国在论文数量和总被引频次上远远领先其他国家/地区，位于图的右上角。中国大陆发文数量仅次于美国，也远高于其他国家/地区，但是篇均被引频次较低，排名第九，位于图的中间位置。加拿大的篇均被引频次最高，为 23.46，但是论文量和总被引频次较低。最后，英国的论文数量、篇均被引频次、总被引频次均排名第三，说明英国在物流科技领域也有较强的科研实力。其余 6 个国家/地区在图中的位置相近，在数据上相差不明显，德国和意大利的篇均被引频次较高。

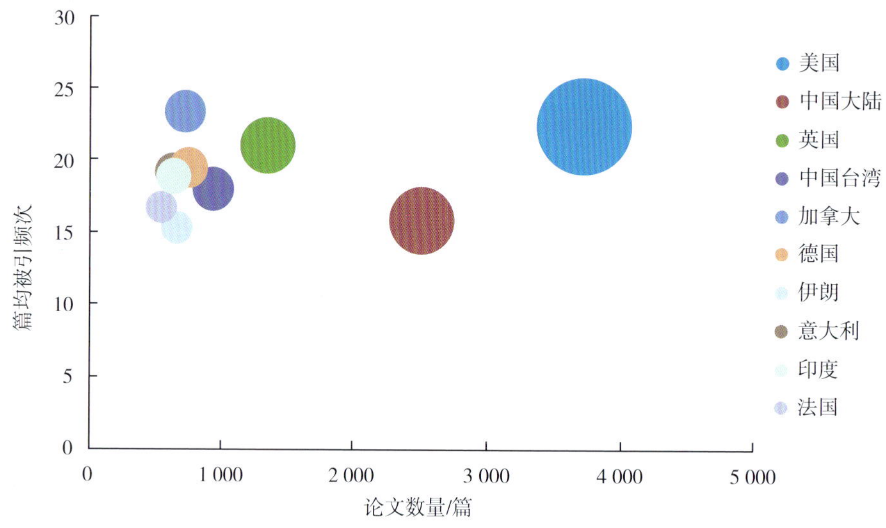

图 2.7　论文量 TOP 10 国家/地区的论文量、篇均被引频次、总被引频次对比

2）国家/地区合作情况

利用分析软件 DDA 和 VOSviewer，绘制国家/地区间的合作网络（见图 2.8）。整体上看，在物流科技领域，国家/地区之间合作紧密，合作频次较高。其中合作频次最多的是美国和中国大陆，连线最明显，二者合作产出论文达到 475 篇，占美国论文总量的 12.73%，占中国大陆论文总量的 18.83%。除中国大陆之外，美国主要的合作者有英国（159 篇）、加拿大（125 篇）、韩国（117 篇）；除美国之外，中国大陆的主要合作者有英国（192 篇）、加拿大（92 篇）、澳大利亚（74 篇）。同时，英国在合作网络中也表现突出，是仅次于美国和中国大陆的具有较强合作强度的国家/地区。可以看出，发文量较高的国家/地区之间普遍存在着合作关系，整体上看物流科技领域跨国家/地区的学术交流与合作十分活跃。

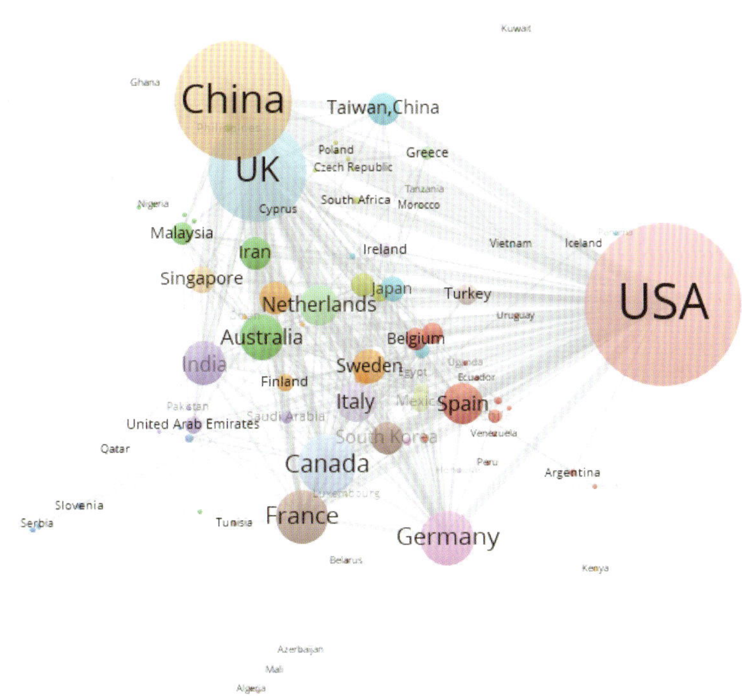

注：网络节点表示国家/地区，连线表示国家/地区之间的合作关系，节点大小代表国家/地区与其他国家/地区总的合作强度

图 2.8　物流科技领域国家/地区合作网络

3）主要国家/地区的研究主题分布

通过对发文量 TOP 10 国家/地区关注的研究主题(见表 2.14)来看,运筹学与管理科学、工业工程、制造工程是各个国家/地区发文最多的学科分类。此外,运输、计算机科学-跨领域应用、土木工程是美国发文较多的学科分类,而计算机科学-跨领域应用、工程-跨领域、数学-跨学科应用是中国大陆发文较多的学科分类,环境科学和环境工程是英国、德国、意大利发文较多的学科分类。在最受关注的关键词方面,库存管理(Inventory Management)、可持续性(Sustainability)、优化(Optimization)、射频识别技术(RFID)、逆向物流(Reverse Logistics)、供应链协调(Supply Chain Coordination)、博弈论(Game Theory)、信息共享(Information Sharing)、仿真模拟(Simulation)等研究主题是多数国家/地区共同且最为关注的,但是各个国家/地区的关注程度却不尽相同,这在一定程度上反映了各个国家/地区研究的研究领域与方向。除去共同关注的主题外,美国比较关注可持续性、风险管理、再制造、闭环供应链、生命周期评价、工业生态学等物流产业转型升级问题。中国大陆比较关注的主题有中国、定价、遗传算法、物联网、双通道等,主要涉及物流研究方法和技术,以及中国经济发展中物流业问题,如双通道。

表 2.14　论文量 TOP 10 的国家/地区研究主题分布

序号	国家/地区	Web of Science 类别	最受关注的关键词
1	美国	运筹学与管理科学(1855)、工业工程(1539)、制造工程(1523)、运输(521)、计算机科学-跨领域应用(406)、土木工程(279)等	Inventory Management, Sustainability, Optimization, RFID, Risk Management, Simulation, Game Theory, Remanufacturing, Supply Chain Coordination, Reverse Logistics, Closed-Loop Supply Chain, Life Cycle Assessment, Information Sharing, Supplier Selection, Stochastic Programming, Pricing, Outsourcing, Uncertainty, Industrial Ecology

表 2.14(续表)

序号	国家/地区	Web of Science 类别	最受关注的关键词
2	中国大陆	运筹学与管理科学(1256)、工业工程(1149)、制造工程(1037)、计算机科学-跨领域应用(320)、工程-跨领域(315)、数学-跨学科应用(253)等	Game Theory, Supply Chain Coordination, Inventory Management, China, Pricing, RFID, Genetic Algorithm, Closed-Loop Supply Chain, Remanufacturing, Reverse Logistics, Risk Management, Dual-Channel, Sustainability, Information Sharing, Simulation, Internet of Things, Supplier Selection, Uncertainty, AHP
3	英国	运筹学与管理科学(684)、工业工程(679)、制造工程(627)、环境工程(179)、环境科学(173)、运输(133)等	Sustainability, Inventory Management, Risk Management, Case Study, Optimization, Simulation, RFID, Reverse Logistics, Uncertainty, Life Cycle Assessment, Remanufacturing, AHP, Supply Chain Coordination, Genetic Algorithm, Performance, SMEs, Bullwhip Effect, Supply Chain Integration, Agility, Lean
4	中国台湾	运筹学与管理科学(463)、工业工程(405)、制造工程(359)、计算机科学-跨领域应用(148)、工程-跨领域(128)、计算机科学-人工智能(110)等	Inventory Management, Genetic Algorithm, Fuzzy Set Theory, RFID, Pricing, Supplier Selection, Trade Credit, Analytic Network Process, Reverse Logistics, Deteriorating Items, Optimization, AHP, Green Supply Chain Management, Structural Equation Modeling, Remanufacturing, Outsourcing, Particle Swarm Optimization
5	德国	工业工程(332)、运筹学与管理科学(315)、制造工程(311)、环境科学(114)、环境工程(113)、运输(72)等	Sustainability, Inventory Management, Simulation, RFID, Modelling, Risk Management, Reverse Logistics, Life Cycle Assessment, Optimization, Case Study, Scheduling, Automotive Industry, Closed-Loop Supply Chain, Integrated Inventory, Production Planning And Control, Modularity
6	加拿大	运筹学与管理科学(403)、工业工程(359)、制造工程(316)、计算机科学-跨领域应用(96)、运输(95)、运输科学和技术(73)等	Reverse Logistics, Inventory Management, Sustainability, Supply chain Coordination, Remanufacturing, Closed-Loop Supply Chain, Pricing, Game Theory, Vehicle Routing, City Logistics, Risk Management, Consignment Stock, Heuristics, Performance, Supply Chain Design
7	伊朗	制造工程(238)、工业工程(222)、运筹学与管理科学(219)、工程-跨领域(155)、计算机科学-跨领域应用(118)、自动化及控制系统(109)等	Inventory Management, Genetic Algorithm, Supplier Selection, Robust Optimization, Closed-Loop Supply Chain, Uncertainty, Supply Chain Coordination, Pricing, Game Theory, Multi-Objective Optimization, Cross-Docking, Metaheuristics, Simulated Annealing, Reverse Logistics, Data Envelopment Analysis, Vehicle Routing, Reliability, Fuzzy Set Theory
8	意大利	工业工程(301)、运筹学与管理科学(295)、制造工程(271)、环境工程(105)、环境科学(102)、运输(73)等	Sustainability, Inventory Management, Life Cycle Assessment, Case Study, Optimization, RFID, Bullwhip Effect, Consignment Stock, City Logistics, Vehicle Routing, Performance, Literature Review, Carbon Footprint, Heuristics, Environmental Sustainability, Freight Transport

表 2.14（续表）

序号	国家/地区	Web of Science 类别	最受关注的关键词
9	印度	工业工程（336）、制造工程（329）、运筹学与管理科学（291）、计算机科学-跨领域应用（89）、环境工程（87）、环境科学（85）等	Sustainability, AHP, Reverse Logistics, Inventory Management, Supply Chain Coordination, Genetic Algorithm, Closed-Loop Supply Chain, Risk Management, Remanufacturing, India, Supplier Selection, Simulation, Vendor Managed Inventory, Performance, Lean Manufacturing, Fuzzy AHP, Optimization, Green Supply Chain Management
10	法国	运筹学与管理科学（318）、制造工程（294）、工业工程（275）、计算机科学-跨领域应用（75）、运输（52）、环境工程（50）等	Sustainability, Inventory Management, Closed-Loop Supply Chain, Optimization, RFID, Reverse Logistics, Remanufacturing, Multi-Agent Systems, Life Cycle Assessment, Coordination, Uncertainty, Production Planning, Mixed Integer Linear Programming, Information Sharing, Multi-Objective Optimization, Genetic Algorithm, Risk Management

2.2.2.2 机构

通过研究机构产出和机构合作分析可以发现本领域的重要机构，从而了解本领域内主要研究机构的科研实力以及影响力，为学者寻求合作、跟踪目标提供参考。

1）机构论文数量

本节统计了物流科技领域论文量 TOP 20 的机构论文情况（见表 2.15）。论文量 TOP 20 的机构中，中国有香港理工大学、香港大学、上海交通大学、香港城市大学、清华大学、中国科学院 6 所机构，可以看出香港地区高校是我国物流科技领域的重要研究机构，尤其是香港理工大学发文量遥遥领先。

美国的得克萨斯 A&M 大学、宾夕法尼亚州立大学、佐治亚理工学院、普渡大学 4 所大学进入 TOP 20 的机构。美国物流科技领域论文数量最多，而且研究机构也很多，因此高论文量的机构比较分散，除表 2.15 的名单之外，密歇根州立大学、卡内基梅隆大学、亚利桑那州立大学、加州大学伯克利分校等发文量也比较高。

印度理工学院的论文量和被引频次都位列第二，在物流科技领域拥有较强的科研实力，但是篇均被引频次较低。伊朗的大学在物流科技领域也占据了重要地位，德黑兰大学、伊斯兰自由大学、阿米尔卡比尔理工大学、伊朗科技大学都有较高的发文量，但是篇均被引频次均在 10 名之后，说明学术影响力还需假以时日。

英国的诺丁汉大学、卡迪夫大学也有较高的论文数量和被引频次，是物流科技领域科研实力较强和影响力较高的研究机构。新加坡的新加坡国立大学、南洋理工大学的物流学术研究也一直保持在较高水平。除此之外，意大利的米兰理工大学发文量也名列表 2.15 之中。

表 2.15　论文量 TOP 20 的机构论文情况

机构	论文		被引		篇均被引	
	数量/篇	排名	频次	排名	频次	排名
香港理工大学	407	1	10 220	1	25.11	5
印度理工学院	240	2	4 630	2	19.29	12
香港大学	161	3	3 701	4	22.99	8

表 2.15（续表）

机构	论文		被引		篇均被引	
	数量/篇	排名	频次	排名	频次	排名
德黑兰大学	143	4	2 622	11	18.34	15
诺丁汉大学	137	5	2 968	6	21.66	9
伊斯兰自由大学	135	6	2 107	15	15.61	18
卡迪夫大学	126	7	3 196	5	25.37	4
新加坡国立大学	125	8	2 389	12	19.11	14
阿米尔卡比尔理工大学	124	9	2 161	13	17.43	17
得克萨斯 A&M 大学	119	10	2 082	16	17.50	16
上海交通大学	117	11	2 851	8	24.37	7
南洋理工大学	111	12	2 939	7	26.48	3
宾夕法尼亚州立大学	109	13	2 682	10	24.61	6
香港城市大学	105	14	2 119	14	20.18	10
清华大学	105	15	1 605	19	15.29	19
中国科学院	104	16	4 131	3	39.72	1
佐治亚理工学院	103	17	2 728	9	26.49	2
米兰理工大学	103	18	1 979	17	19.21	13
普渡大学	101	19	1 951	18	19.32	11
伊朗科技大学	99	20	1 143	20	11.55	20

2）每五年发文量 TOP 10 的机构

表 2.16 统计了 2003—2017 年期间，每五年发文量 TOP 10 的机构，论文量在 3 个阶段呈现不断增长的趋势，香港理工大学一直保持在论文量第一的位置。印度理工学院由 2003—2007 年的第四位发展到第二位，是近年来最为活跃的研究机构。美国的机构在 2003—2007 年表现突出，得克萨斯 A&M 大学、普渡大学、亚利桑那州立大学等机构入榜，但是之后随着其他机构论文量的不断增长，美国高产量的机构相对较少。2013—2017 年，中国 4 所机构、伊朗 4 所机构进入发文量 TOP 10 的名单，是物流科技领域科研活动最为活跃的国家和机构。

表 2.16　每五年发文量 TOP 10 的机构论文情况

排名	2003—2007 年		2008—2012 年		2013—2017 年	
	机构	论文数量	机构	论文数量	机构	论文数量
1	香港理工大学	54	香港理工大学	158	香港理工大学	195
2	卡迪夫大学	38	印度理工学院	75	印度理工学院	136
3	香港大学	38	香港大学	52	伊斯兰自由大学	116
4	印度理工学院	29	香港城市大学	45	德黑兰大学	113
5	新加坡国立大学	26	阿米尔卡比尔理工大学	43	诺丁汉大学	97

表 2.16(续表)

排名	2003—2007 年		2008—2012 年		2013—2017 年	
	机构	论文数量	机构	论文数量	机构	论文数量
6	得克萨斯 A&M 大学	26	卡迪夫大学	43	南丹麦大学	83
7	普渡大学	23	新加坡国立大学	40	阿米尔卡比尔理工大学	78
8	亚利桑那州立大学	22	卡内基梅隆大学	38	上海交通大学	78
9	佐治亚理工学院	22	诺丁汉大学	37	天津大学	78
10	宾夕法尼亚州立大学	21	台湾交通大学	36	中国科学院	74

3）机构的合作情况

图 2.9 展示了物流科技领域发文量 TOP 50 机构之间的合作关系，并且根据机构之间的合作紧密程度将其划分成 5 个合作群，用不同颜色对机构进行标志，具体分析如下：

（1）蓝色机构合作群。发文量最高的香港理工大学位于该群，此外还有香港城市大学、中国科学院、大连理工大学、上海交通大学、香港大学、东北大学、中国科学技术大学等。该机构群主要由中国机构组成，展示了中国物流科技领域最核心的研究机构。通过图 2.9 可知，该合作群的机构发文数量较多，并且机构之间的合作频次也较高，与其他合作群的机构有较多的合作关系，如印度理工学院、南洋理工大学等。

（2）红色机构合作群。该合作群包含的机构数量最多，主要来自于美国、新加坡、中国、荷兰、英国等国家，体现了物流科技领域活跃的跨国合作关系。主要机构有：美国的佐治亚理工学院、密歇根州立大学、伊利诺伊大学、卡内基梅隆大学，新加坡的南洋理工大学、新加坡国立大学，中国的华中科技大学、香港科技大学、清华大学、天津大学等，荷兰的代尔夫特理工大学，英国的剑桥大学等。该机构合作群中美国机构最多，并且机构之间的合作关系也十分紧密，说明了美国机构在物流科技领域强大的科研实力。

（3）黄色机构合作群。在前文的分析中可知，伊朗的大学在物流科技领域也有较多的科研成果，这些机构主要包括德黑兰大学、伊斯兰自由大学、阿米尔卡比尔理工大学、伊朗科技大学，与其合作较多的有南丹麦大学、印度理工学院。伊朗的大学之间有较多的合作产出，与国外机构合作产出相对较少。印度理工学院除了与本合作群中机构有较多的合作外，与其他合作群的机构也有一定的合作产出，如香港理工大学、诺丁汉大学、新加坡国立大学等，但是合作频次并不高。

（4）绿色机构合作群。该合作群主要由两部分构成：一部分是米兰理工大学、悉尼大学、法国国家科学研究院、帕多瓦大学、卡迪夫大学等机构，另一部分是台湾大学、台湾交通大学、台湾科技大学等中国台湾地区高校，两个合作群共同被划分为一个合作群，说明中国台湾地区机构与欧洲机构保持了较高的合作频次。

（5）紫色机构合作群。该合作群的机构数量较少，但是发文量较高，主要有华南理工大学、浙江大学、西安交通大学、诺丁汉大学、瑞尔森大学等。该合作群体现了中国高产量机构与国外机构的合作关系，并且该群与蓝色机构合作群位置较近，有较多的合作关系。

从整体上看，物流科技领域机构之间广泛的合作研究已经成为普遍现象，中国和美国的机构表现突出。5 个合作群中，包括台湾地区机构在内的中国机构出现在四个合作群中，说明中国机构与国外许多机构开展了学术合作，学术科研实力和影响力正在不断提高。机构合作的地域邻近性在物流科技领域也表现明显，如中国机构、美国机构、伊朗机构、欧洲机构等之间的互相合作。

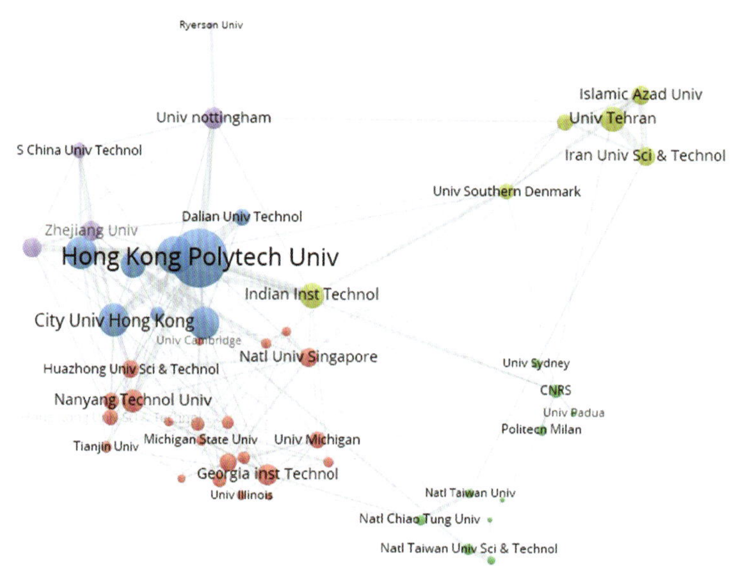

注：图中圆点代表机构，连线代表机构之间的合作关系，圆点大小表示机构的合作强度

图 2.9　物流科技领域机构合作网络示意

4）主要科研机构

结合上文机构的发文数量、被引频次以及合作情况的分析，本节对主要的 5 所科研机构进行具体情况介绍，供学者参考。

（1）香港理工大学的物流科技论文主要来自于物流及航运学系、工业与系统工程学系。

香港理工大学物流及航运学系隶属于工商管理学院，研究内容涵盖了物流科技的各个领域，包括航运、港口、运营管理、质量管理、运输与供应链管理、海事法与航运金融等方面。近年来，物流及航运学系拓展了航空管理和物流方面的研究和教学，为香港国国际航空货运中心提供支持。主要科研人员有 Cheng TCE，Lai KH，Lun YHV 等。

香港理工大学工业与系统工程学系物流工程专业隶属于工程学院，而工程学一直是香港理工大学的主要学科领域之一，物流工程专业拥有一支学术水平高、科研实力强的团队，致力于研究物流与供应链管理，着重于利用数学模型研究物流问题，研究主题有物流与供应链管理、物流系统的仿真模拟、生产管理、运行管理、人工智能优化等。主要科研人员有 Chan FTS，Chung SH，Choy KL，Chan CY 等。

（2）印度理工学院在全印度有多个分校，很多学院从事物流科技研究，其中科研成果产出最多的是卡哈拉格普尔分校的工业与系统工程系的 Tiwari MK，其所在的物流研究团队对企业生产制造、规划及控制方面的运行设计做了很多改进，重点研究了供应链网络设计的复杂性，为离散制造业的物流问题提供了解决方法。主要研究主题有生产系统规划仿真、运筹学、制造与物流中的智能计算等，主要科研人员有 Tiwari MK，Sarmah SP，Kumar Krishna 等。

（3）德黑兰大学的物流科技学术成果主要来自于工程学院工业工程系的物流与供应链工程专业，主要研究领域有供应链协调机制、库存管理、生产调度、供应链建模与仿真、救灾供应链管理等。主要的研究人员有 Tavakkoli-Moghaddam R，Torabi SA，Rahimi Y，Jolai F 等。

（4）新加坡国立大学的物流科技论文来自于该校内的多个部门：①发文量最高的 Karimi IA 是工程学院的化学与生物分子工程专业的一名教授，其主要研究化学品、石油、天然气等化工能源的生产和供应链运输问题；②工程学院的工业与系统工程专业的学者也开展了物流科技研究，该专业主要是利用数学建模研究工程问题，研究重点是物流和供应链系统的建模和分析、航运物流、港口运营，主要科研人员有 Lee LH，Chew EP，Tang LC 等；③新加坡国立大学的亚太物流研究所也有较多的研究成果，该机构是由新加坡国立大学和佐治亚理工学院合作开展的全球物流研究和教育项目，专注于国际物流、信息技术、工业工程和供应链管理研究，期望成为亚太地区领先的物流研究和教育机构，具体研究方向有国防物流、航运物流、航空货运物流和供应链、集装箱港口和多式联运、运输安全和效率、RFID、集成制造服务网络、供应链情报、风险评估等，主要科研人员有 Goh Mark，Zhou Rong，Oh HC 等。

（5）得克萨斯 A&M 大学工程学院是该校最大的学院，其中工业与工程专业是物流科技研究的主要团队之一，其研究内容涉及先进制造和运筹学，主要研究领域为制造工艺和系统、物流和供应链、质量管理，致力于为工业生产提供复杂生产和服务系统，主要科研人员有 Cetinkaya S，Leon VJ，Uster H 等。

2.2.2.3　作者

本节通过作者分析，旨在发现本领域的高产、高影响力作者，并结合进一步的作者调研，挖掘本领域的重要学者，理清合作者群的合作机制及其研究方向，为相关学者之间进行学术交流、开展合作研究提供参考，促进物流科技领域研究的深入和发展。

1）作者论文数量

表 2.17 给出了近 15 年来物流科技领域发文量 TOP 20 的作者及其发文情况。中国学者中，香港理工大学的 Chan FTS，Cheng TCE，香港大学的 Huang GQ 论文量较高。南丹麦大学 Govindan K 紧随 Chan FTS 之后，发文量、被引频次排名第二，ESI 高水平论文数量达到 15 篇，其在绿色供应链、可持续供应链管理、逆向物流、闭环供应链方向具有较强的学术能力和影响力，其中重点关注了印度产业发展的绿色生产问题。美国伍斯特理工学院 Sarkis J 发表论文 49 篇，但是其论文被引频次和篇均被引次均排名第一，ESI 高水平论文有 10 篇，其主要合著者有香港理工大学 Lai KH、上海交通大学朱庆华（原就职于大连理工大学），主要研究方向是绿色供应链、可持续发展、碳排放交易、生态环境和社会责任等。

表 2.17　发文量 TOP 20 的作者论文情况

作者	机构	论文		被引		篇均被引		ESI 高水平论文数量/篇
		数量/篇	排名	频次	排名	频次	排名	
Chan FTS	香港理工大学	87	1	2 488	6	28.60	12	2
Govindan K	南丹麦大学	85	2	3 612	2	42.49	4	15
Gunasekaran A	加州州立大学贝克斯菲尔德分校	69	3	2 859	3	41.43	5	7
Tiwari MK	印度理工学院	63	4	1 184	15	18.79	18	4
Cheng TCE	香港理工大学	61	5	1 546	8	25.34	15	1
Huang GQ	香港大学	61	6	1 286	13	21.08	17	1
You Fengqi	康奈尔大学	54	7	2 499	5	46.28	3	2
Jaber MY	瑞尔森大学	51	8	1 390	10	27.25	13	4
Sarkis J	伍斯特理工学院	49	9	4 441	1	90.63	1	10
Grossmann IE	卡耐基梅隆大学	42	10	1 663	7	39.60	7	0
Lai KH	香港理工大学	41	11	2 546	4	62.10	2	4

表 2.17（续表）

作者	机构	论文		被引		篇均被引		ESI 高水平论文数量/篇
		数量/篇	排名	频次	排名	频次	排名	
Choy KL	香港理工大学	40	13	1 288	11	32.20	10	2
Guillen-Gosalbez G	帝国理工学院	40	12	1 378	12	34.45	11	0
Choi TM	香港理工大学	37	14	927	17	25.05	16	1
Tavakkoli-Moghaddam R	德黑兰大学	37	15	656	19	17.73	19	2
Diabat A	纽约大学阿布扎比分校	36	16	1 461	9	40.58	6	3
Disney SM	卡迪夫大学	35	17	1 266	14	36.17	9	0
Puigjaner L	加泰罗尼亚理工大学	32	18	864	18	27.00	14	0
Sheu JB	台湾大学	31	19	1 123	16	36.23	8	0
Kumar Sameer	圣托马斯大学	30	20	529	20	17.63	20	1
注：ESI 高水平论文包含 ESI 高被引论文和 ESI 热点论文								
数据来源：2018 年 5 月份更新的 ESI 数据库								

2）每五年发文量 TOP 10 的作者

表 2.18 统计了 2003—2017 年间，物流科技领域每五年发文量最高的 10 位作者，可以看出不同阶段高产量作者的分布差别较大。2003—2007 年间，发表论文量最高的是香港理工大学的 Chan FTS、卡迪夫大学的 Disney SM。2008—2012 年间，Chan FTS 依然保持领先位置，Cheng TCE 第二，印度理工学院 Tiwari MK 排名第三。2013—2017 年间，高产量作者的论文量增长明显，表现最为突出的是南丹麦大学 Govindan K，其论文量最高，遥遥领先于其他学者，是近五年论文量和影响力都十分突出的学者；加州州立大学贝克斯菲尔德分校的 Gunasekaran A 近五年发表论文 47 篇，论文量排名第二；康奈尔大学的 You Fengqi，其近五年发文量达到 40 篇，是论文量增长最为明显的学者之一，并且 2016 年受聘于美国康奈尔大学担任终身讲席教授，是物流科技领域最具潜力的学者之一。

表 2.18　每五年发文量 TOP 10 的作者及其论文量

排名	2003—2007 年		2008—2012 年		2013—2017 年	
	作者	论文数量/篇	作者	论文数量/篇	作者	论文数量/篇
1	Chan FTS	19	Chan FTS	42	Govindan K	71
2	Disney SM	19	Cheng TCE	26	Gunasekaran A	47
3	Choy KL	13	Tiwari MK	23	You Fengqi	40
4	Puigjaner L	12	Guillen-Gosalbez G	17	Huang GQ	36
5	Towill DR	11	Lai KH	17	Tiwari MK	35
6	Lee WB	10	Huang GQ	16	Jaber MY	33
7	Espuna A	9	Jaber MY	16	Tavakkoli-Moghaddam R	32
8	Guillen-Gosalbez G	9	Sarkis J	16	Diabat A	30

表 2.18(续表)

排名	2003—2007 年		2008—2012 年		2013—2017 年	
	作者	论文数量/篇	作者	论文数量/篇	作者	论文数量/篇
9	Huang GQ	9	Grossmann IE	15	Cheng TCE	29
10	Gunasekaran A	8	Gunasekaran A	14	Sarkis J	28

3) 主要科研人员

根据研究人员发文情况、合作关系分析,结合进一步的网络调研,对物流科技领域的 10 名重要科研人员进行简单介绍(见表 2.19)。

表 2.19　物流科技领域重要作者简介

作者	所属机构	研究方向	合作对象
Chan FTS	香港理工大学	物流与供应链管理,运营管理,生产管理,配送协调,系统模型建立与模拟,供应商选择,人工智能优化	香港理工大学 Chung SH,Choy KL,英国诺丁汉大学 Chan HK,印度理工学院 Tiwari MK 等
Cheng TCE	香港理工大学	电子商务,信息系统管理,创新与技术管理,运营管理,质量管理,科学调度,供应链管理	香港理工大学 Lai KH,Lun YHV 等,美国伍斯特理工学院 Sarkis J 等
Govindan K	南丹麦大学	逆向物流,闭环供应链,可持续供应链管理,绿色供应链管理	奥尔堡大学 Kannan Devika,印度国立理工学院 Haq A. Noorul,马斯达尔科学与技术研究院 Diabat Ali 等
Gunasekaran A	加州州立大学贝克斯菲尔德分校	敏捷制造,绩效评估,管理信息系统,技术管理,物流与供应链	共生国际大学的 Dubey R,香港理工大学 Ngai EWT,诺丁汉大学 Subramanian N 等
You Fengqi	康奈尔大学	供应链优化和智能物流,不确定性下的工业规划、生产、调度和控制,对页岩气、可再生燃料等能源的供应链模型优化研究	美国西北大学 YueDajun,卡耐基梅隆大学 Grossmann IE,康奈尔大学 Gao Jiyao、Gong Jian 等
Huang GQ	香港大学	基于互联网的创新工业服务系统和智慧平台的研发,产品设计与制造和物流供应链管理	广东工业大学屈挺,香港大学 Zhong Ray Y,中国科学技术大学梁樑等
Tiwari MK	印度理工学院	生产计划与控制,物流与供应链分析,制造与物流中的智能计算,优化与仿真	香港理工大学 Chan FTS,南丹麦大学 Govindan K 等
Jaber MY	瑞尔森大学	供应链中的库存管理、交货能力,逆向物流,双渠道供应链,可持续供应链等问题	意大利布雷西亚大学 Zanoni Simone,瑞尔森大学 El Saadany AMA,ZavanellaLE 等
Tavakkoli-Moghaddam R	德黑兰大学	工业生产与制造,供应链优化,救灾物流,不确定条件下的物流可靠性设计	德黑兰大学 Jolai F,Vahdani B,扎伊尔德大学 Mousavi SM 等
Sarkis J	伍斯特理工学院	企业和工业对生态环境的影响,并着重于工业绿色化驱动力的研究,绿色供应链	香港理工大学 Lai KH,上海交通大学朱庆华等

2.2.2.4 期刊

学术期刊是学术交流、科技传承和科学评价的主要信息载体，通过分析物流科技领域研究论文所在期刊的分布可以确定该领域的重要期刊，指导科研人员投稿，并为该领域研究者对该领域相关文献的搜集和管理提供一定的依据。

在表2.20的20种期刊中，JCR分区Q1区期刊、Q2区期刊分别有13种和4种，占比达到85%，说明期刊整体上质量较高。期刊的研究方向主要集中在经济学、工业生产、运筹与管理科学、交通运输和计算机等领域。

表2.20　2003—2017年物流科技领域载文量TOP 20的期刊信息

序号	期刊名称	论文量/篇	被引频次	篇均被引频次	JCR分区	2年影响因子
1	INTERNATIONAL JOURNAL OF PRODUCTION ECONOMICS	1 879	54 111	28.80	Q1	4.407
2	INTERNATIONAL JOURNAL OF PRODUCTION RESEARCH	1 308	21 890	16.74	Q1	2.623
3	JOURNAL OF CLEANER PRODUCTION	890	20 935	23.52	Q1	5.651
4	COMPUTERS INDUSTRIAL ENGINEERING	575	9 277	16.13	Q1	3.195
5	PRODUCTION AND OPERATIONS MANAGEMENT	412	10 962	26.61	Q2	1.772
6	EXPERT SYSTEMS WITH APPLICATIONS	406	11 024	27.15	Q1	3.768
7	PRODUCTION PLANNING CONTROL	406	4 547	11.20	Q2	2.330
8	TRANSPORTATION RESEARCH PART E LOGISTICS AND TRANSPORTATION REVIEW	392	10 324	26.34	Q1	3.289
9	INTERNATIONAL JOURNAL OF ADVANCED MANUFACTURING TECHNOLOGY	350	5 058	14.45	Q2	2.601
10	INDUSTRIAL MANAGEMENT DATA SYSTEMS	305	4 786	15.69	Q1	2.948
11	MATHEMATICAL PROBLEMS IN ENGINEERING	253	567	2.24	Q3	1.145
12	COMPUTERS OPERATIONS RESEARCH	243	6 749	27.77	Q1	2.962
13	COMPUTERS CHEMICAL ENGINEERING	233	7 280	31.24	Q1	3.113
14	APPLIED MATHEMATICAL MODELLING	224	3 830	17.10	Q1	2.617
15	TRANSPORTATION RESEARCH RECORD	165	644	3.90	Q4	0.695
16	APPLIED ENERGY	155	2 750	17.74	Q1	7.900
17	INTERNATIONAL JOURNAL OF COMPUTER INTEGRATED MANUFACTURING	152	154	10.13	Q2	1.995
18	INDUSTRIAL ENGINEERING CHEMISTRY RESEARCH	147	2 539	17.27	Q1	3.141
19	TRANSPORTATION JOURNAL	137	1 540	11.24	Q3	1.686
20	RESOURCES CONSERVATION AND RECYCLING	131	3 400	25.95	Q1	5.120

发文量最高的两种期刊为 *INTERNATIONAL JOURNAL OF PRODUCTION ECONOMICS*、*INTERNATIONAL JOURNAL OF PRODUCTION RESEARCH*，其刊载物流科技领域的论文量分别为 1 879 篇和 1 308 篇，并且均为 Q1 区期刊，期刊质量较高，是物流科技领域的重要期刊。除此之外，*TRANSPORTATION RESEARCH PART E LOGISTICS AND TRANSPORTATION REVIEW*、*COMPUTERS INDUSTRIAL ENGINEERING*、*JOURNAL OF CLEANER PRODUCTION*、*EXPERT SYSTEMS WITH APPLICATIONS* 也有较高的影响因子和发文量，受到物流科技领域科研人员的关注。

表 2.21 统计了刊载中国大陆论文数量 TOP 10 的期刊信息，其中 9 种期刊是 JCR 分区 Q1 或 Q2 区期刊，该 10 种期刊也进入了表 2.20 的前 11 种期刊，说明中国大陆科研人员发表的论文所在的期刊普遍质量较高，是物流科技领域的主流科技期刊。中国大陆发文量最高的三种期刊是：*INTERNATIONAL JOURNAL OF PRODUCTION ECONOMICS*（398），*INTERNATIONAL JOURNAL OF PRODUCTION RESEARCH*（288），*MATHEMATICAL PROBLEMS IN ENGINEERING*（164）。

表 2.21　2003—2017 年刊载中国大陆论文数量 TOP 10 的期刊信息

序号	期刊名称	论文量/篇	被引频次	篇均被引频次	JCR 分区	2 年影响因子
1	INTERNATIONAL JOURNAL OF PRODUCTION ECONOMICS	398	10 259	25.78	Q1	4.407
2	INTERNATIONAL JOURNAL OF PRODUCTION RESEARCH	288	4 062	14.10	Q1	2.623
3	MATHEMATICAL PROBLEMS IN ENGINEERING	164	289	1.76	Q3	1.145
4	JOURNAL OF CLEANER PRODUCTION	162	3 209	19.81	Q1	5.651
5	COMPUTERS INDUSTRIAL ENGINEERING	117	1 644	14.05	Q1	3.195
6	EXPERT SYSTEMS WITH APPLICATIONS	104	2 581	24.82	Q1	3.768
7	TRANSPORTATION RESEARCH PART E LOGISTICS AND TRANSPORTATION REVIEW	89	1 540	17.30	Q1	3.289
8	INDUSTRIAL MANAGEMENT DATA SYSTEMS	78	808	10.36	Q1	2.948
9	PRODUCTION AND OPERATIONS MANAGEMENT	73	943	12.92	Q2	1.772
10	INTERNATIONAL JOURNAL OF ADVANCED MANUFACTURING TECHNOLOGY	58	1 343	23.16	Q2	2.601

2.2.3　研究主题

本节利用关键词分析物流科技领域的主题分布，旨在揭示一定时期内相关领域国内外研究热点和主题分布，从而帮助相关研究人员把握领域发展状况，寻找研究方向。

2.2.3.1　频次 TOP 30 的关键词

表 2.22 统计了物流科技领域出现频次最高的 30 个关键词，展示了该领域主要的研究方向。

（1）词频较高的关键词与工业生产实践中物流活动有关，如库存管理（Inventory Management）、风险管理（Risk Management）、再制造（Remanufacturing）、生命周期评估（Life Cycle Assessment）、定价（Pricing）、供应商选择（Supplier Selection）、运输（Transportation）、车辆路径（Vehicle Routing）、调度（Scheduling）等，几乎涵盖了物流活动中的各个环节。

（2）物流系统是一个复杂的过程系统，为了实现物流系统的最优化，学者研究了物流系统的规划、设计、实施和管理问题，主要使用的理论与方法有仿真模拟（Simulation）、优化（Optimization）、遗传算法（Genetic Algorithm）、博弈论（Game Theory）、案例研究（Case Study）、层次分析法（AHP）、启发式算法（Heuristics）、混合整数规划模型（Mixed Integer Programming）、随机规划模型（Stochastic Programming）、系统动力学（System Dynamics）等，试图解决的具体问题有不确定性（Uncertainty）、牛鞭效应（Bullwhip Effect）、供应链协调（Supply Chain Coordination）等。

（3）随着社会经济的发展，现代管理思想和方法不断变革，其中绿色发展、客户服务理念渗透到各个行业，而在物流科技领域中可持续性（Sustainability）、逆向物流（Reverse Logistics）、闭环供应链（Closed-Loop Supply Chain）等研究主题也体现了现代物流理念，是学者们竞相研究的方向。

表 2.22　物流科技领域 TOP 30 的关键词及词频

关键词	词频	关键词	词频	关键词	词频
Inventory Management	648	Remanufacturing	252	AHP	161
Sustainability	479	Game Theory	247	Multi-Objective Optimization	154
Reverse Logistics	385	Life Cycle Assessment	221	Bullwhip Effect	148
Optimization	374	Pricing	205	Information Sharing	141
Simulation	364	Supplier Selection	203	Heuristics	137
Supply Chain Coordination	327	Case Study	185	Supply Chain Design	133
RFID	321	Uncertainty	184	Mixed Integer Programming	119
Risk Management	286	Transportation	172	Stochastic Programming	116
Genetic Algorithm	269	Vehicle Routing	170	System Dynamics	114
Closed-Loop Supply Chain	256	Scheduling	163	Production Planning	113

2.2.3.2　每五年频次 TOP 20 的关键词

从表 2.23 可知，2003—2017 年间的三个时间段中，物流科技领域的热点关键词和频次发生了一定的变化，但是一些主题依然是学者关注的重点，如库存管理（Inventory Management）、仿真模拟（Simulation）、优化（Optimization）、逆向物流（Reverse Logistics）、遗传算法（Genetic Algorithm）等。此外，三个时间段物流科技领域的研究特点分析如下：

（1）2003—2007 年，计算机和网络技术的快速发展和应用，给企业生产经营模式带来了很大的变化，而物流科技领域的研究内容也随之有一定的变化，如多代理系统（Multi-Agent Systems）、电子商务（Electronic Commerce）、因特网（Internet）是该阶段比较突出的研究主题，体现了当时物流科技领域的研究热点。

（2）2008—2012 年，物流科技领域的研究内容更加丰富多样，主要集中在物流活动和模型方法上，如风险管理（Risk Management）、供应商选择（Supplier Selection）、定价（Pricing）、启发式算法（Heuristics）等。此外，闭环供应链（Closed-Loop Supply Chain）是 2003 年提出的物流概念，在 2003—2007 年频次比较低，但是 2008—2012 年频次快速增长，受到学者关注，更是在 2013—2017 年达到 189 次。

（3）2013—2017 年，关键词的频次都有了较大幅度的增长，其中最为明显的是可持续性（Sustainability）。随着生态环境的恶化和资源的消耗，供应链的各方利益者越来越关注可持续发展，使得可持续供应链也在学术界备受关注，成为 2013—2017 年频次最高的关键词。与可持续供应链相关的研究主题包括绿色供应链、再制造、环境、闭环供应链、再循环利用、三重底线、碳排放量等。

表 2.23　每五年频次 TOP 20 的关键词

序号	2003—2007 年		2008—2012 年		2013—2017 年	
	关键词	词频	关键词	词频	关键词	词频
1	Inventory Management	88	Inventory Management	235	Sustainability	453
2	Simulation	56	Simulation	147	Inventory Management	325
3	Optimization	51	RFID	146	Optimization	214
4	Reverse Logistics	51	Reverse Logistics	134	Reverse Logistics	200
5	Supply Chain Coordination	36	Genetic Algorithm	114	Closed-Loop Supply Chain	189
6	Genetic Algorithm	32	Supply Chain Coordination	113	Game Theory	188
7	RFID	32	Optimization	109	Risk Management	180
8	Case Study	31	Risk Management	82	Supply Chain Coordination	178
9	Multi-Agent Systems	29	Sustainability	78	Remanufacturing	171
10	Bullwhip Effect	27	Supplier Selection	72	Life Cycle Assessment	167
11	Electronic Commerce	26	Case Study	67	Simulation	161
12	Performance	26	Pricing	64	RFID	143
13	Modelling	25	Scheduling	63	Pricing	132
14	Remanufacturing	25	Performance	60	Genetic Algorithm	123
15	Scheduling	25	Remanufacturing	56	Uncertainty	116
16	Risk Management	24	Closed-Loop Supply Chain	55	Supplier Selection	115
17	Internet	22	Heuristics	55	Multi-Objective Optimization	113
18	Uncertainty	22	Modelling	54	Transportation	110
19	Production Planning	20	Vehicle Routing	53	Vehicle Routing	102
20	Transportation	20	Game Theory	52	AHP	99

2.2.3.3　近五年关键词变化

表 2.24 统计了 2013—2017 年间，物流科技领域每年频次 TOP 10 的关键词和新出现的关键词。

表 2.24　近五年物流科技领域关键词的变化

年份	最受关注的关键词	新出现的关键词
2017	Sustainability, Inventory Management, Closed-Loop Supply Chain, Optimization, Game Theory, Reverse Logistics, Remanufacturing, Supply Chain Coordination, Risk Management, Life Cycle Assessment	Environmental Input-Output Analysis, Live-Cube Compact Storage System, Business Model Innovation, Computational Logistics, Crowd Logistics, Hazardous Waste Management
2016	Sustainability, Inventory Management, Risk Management, Game Theory, Optimization, Life Cycle Assessment, Remanufacturing, Closed-Loop Supply Chain, Pricing, Reverse Logistics	Embodied Energy, Urban Consolidation Centers, Third Party Remanufacturing, Multi-Objective Particle Swarm Optimization, Social Cost, Green Technology Investment, Smart Factory, Supply Chain Learning

表 2.24(续表)

年份	最受关注的关键词	新出现的关键词
2015	Sustainability, Inventory Management, Closed-Loop Supply Chain, Game Theory, Optimization, Simulation, Reverse Logistics, Remanufacturing, Pricing, Supply Chain Coordination	Smart City, Bioproducts, Collaborative Control Theory, Food Aid, Ergonomics, Maritime Inventory Routing, Bibliometric Analysis, Sustainable Supplier Selection
2014	Inventory Management, Sustainability, Supply Chain Coordination, Life Cycle Assessment, Simulation, Optimization, RFID, Remanufacturing, Reverse Logistics, Risk Management	Cloud Computing, Undesirable Output, Eco-Innovation, Two-Stage Stochastic Programming
2013	Inventory Management, Reverse Logistics, Optimization, RFID, Simulation, Closed-Loop Supply Chain, Sustainability, Game Theory, Risk Management, Remanufacturing	Low Carbon, Behavioral Operations Management, Rapid Manufacturing, Carbon Pricing, Sustainable Business Model

从表 2.24 可知,可持续性(Sustainability)一直是近三年物流科技领域频次最高的关键词,是近几年的研究热点;库存管理(Inventory Management)近五年频次一直排在第一或第二位,可以看出虽然企业经营环境和商业模式在不断变化,但是库存管理是企业降低成本、提高效率的重要手段,也是物流科技领域的学者们关注的焦点;而仿真模拟(Simulation)、优化(Optimization)、闭环供应链(Closed-Loop Supply Chain)、逆向物流(Reverse Logistics)、生命周期评估(Life Cycle Assessment)等主题方向,也一直是学者们关注的研究领域。

表 2.24 中新出现的关键词主要归纳了本数据集合中与往年相比,当年新出现的关键词。从表 2.24 中可知,每年都有很多新的关键词出现,说明物流研究领域还在不断发展变化中。主要分析如下:

(1) 新出现的关键词中,出现最多的是与可持续性相关的关键词,如 2017 年的环境投入产出分析(Environmental Input-Output Analysis),2016 年的能量损耗(Embodied Energy)、社会成本(Social Cost)、绿色技术投资(Green Technology Investment),2015 年的生物制品(Bioproducts)、可持续发展供应商选择(Sustainable Supplier Selection),2014 年的生态创新(Eco-Innovation)、不良产出(Undesirable output),2013 年的低碳(Low Carbon)、碳定价(Carbon Pricing)等,说明这些主题方向将是近几年的研究趋势。

(2) 新出现的关键词也体现了物流产业更智慧、更精益的发展需求,如 2017 年的实时立体紧凑型存储系统(Live-Cube Compact Storage System)、2016 年的智慧工厂(Smart Factory)、2015 年的智慧城市(Smart City)、2013 年的快速制造(Rapid Manufacturing)等。

(3) 新的物流理念也不断涌现,比如 2017 年的计算物流(Computational Logistics)、人群物流(Crowd Logistics),2016 年的供应链学习(Supply Chain Learning)等。

(4) 物流产业实际问题一直是学者们创新研究的动力和方向,如有害废弃物管理(Hazardous Waste Management)、城市整合中心(Urban Consolidation Centers)、第三方再制造(Third Party Remanufacturing)等。

(5) 物流领域也在不断使用新的理论和方法,如多目标粒子群优化模型(Multi-Objective Particle Swarm Optimization)、协同控制理论(Collaborative Control Theory)、两阶段随机规划(Two-Stage Stochastic Programming)等。

2.3 物流类科研成果获奖情况

物流类科研成果奖励情况是物流科技与管理创新能力的重要体现。本节对近年来国家级、省部级、社会力量物流类科研成果获奖情况进行统计分析，挖掘我国物流类科研成果的亮点所在，发现当今物流领域的重大科技应用和管理创新。

2.3.1 国家级奖励项目视角下的物流科研现状

国家科学技术奖是为奖励在科学技术进步活动中作出突出贡献的公民、组织，调动科学技术工作者的积极性和创造性，加速科学技术事业的发展，提高综合国力而设，每年评审一次，包括国家最高科学技术奖、国家自然科学奖、国家技术发明奖、国家科学技术进步奖和中华人民共和国国际科学技术合作奖。

2008—2017 年国家科学技术奖获奖项目数量见表 2.25，2011 年获奖数量最多，达到 374 项。2013 年开始，国家精减了国家自然科学奖、国家技术发明奖和国家科学技术进步奖的推荐指标数和评审指标数，突出鼓励自主创新成果和重大的发明创造。2017 年度国家科学技术奖共授奖 271 项成果，为近十年来最低。与 2011 年相比，2017 年国家自然科学奖、国家技术发明奖和国家科学技术进步奖三大奖总数减少 103 项，减幅 27.54%，三大奖的比例结构大体上从原来的 10%，15% 和 75% 分别调整为 13%，24% 和 63%，奖励结构趋于合理。特别是国家科学技术进步奖，从 2011 年的 283 项减少到 2017 年的 170 项，减少 113 项，减幅 39.93%，为 2000 年以来最少。

表 2.25　2008—2017 年国家科学技术奖数量　　项

项目名称	年份										总计
	2008	2009	2010	2011	2012	2013	2014	2015	2016	2017	
国家自然科学奖	34	28	30	36	41	54	46	42	42	35	388
国家技术发明奖	55	55	46	55	77	71	70	66	66	66	627
国家科学技术进步奖	254	282	273	283	212	188	202	187	171	170	2 222
总计	343	365	349	374	330	313	318	295	279	271	3 237

2008—2017 年共有 14 项物流成果获得国家科学技术奖，见表 2.26，其中 2008 年、2011 年和 2013 年最多，均为 3 项。获奖项目名称及获奖级别见表 2.27。

表 2.26　2008—2017 年物流成果获国家科学技术奖数量　　项

获奖情况	年份										总计
	2008	2009	2010	2011	2012	2013	2014	2015	2016	2017	
国家自然科学奖	0	0	0	1	0	0	0	0	0	0	1
国家技术发明奖	0	0	0	0	0	1	0	0	1	0	2
国家科学技术进步奖	3	1	1	2	0	2	0	1	1	0	11
总计	3	1	1	3	0	3	0	1	2	0	14

表 2.27　2008—2017 年物流成果获国家科学技术奖项目

年份	项目名称	获奖级别
2008	大秦铁路重载运输成套技术与应用	科学技术进步奖一等奖
	ZPMC 新一代港口集装箱起重机关键技术研制平台建设	科学技术进步奖二等奖
	大型交通运输工程结构系统可靠性优化设计和风险控制技术及其应用	科学技术进步奖二等奖
2009	武钢物流整体信息化技术自主集成与创新	科学技术进步奖二等奖
2010	烟草物流系统信息协同智能处理关键技术及应用	科学技术进步奖二等奖
2011	基于行为的城市交通流时空分布规律与数值计算	自然科学奖二等奖
	机械 20 000 t×125 m 多吊点桥式起重装备	科学技术进步奖二等奖
	烟大铁路轮渡系统集成技术及应用	科学技术进步奖二等奖
2013	高性能无线射频识别(RFID)标签制造核心装备	技术发明奖二等奖
	离岸深水港建设关键技术与工程应用	科学技术进步奖一等奖
	城市交通智能路网的关键技术及应用	科学技术进步奖二等奖
2015	中国交通建设集团科技创新工程	科学技术进步奖二等奖
2016	国家内河高等级航道通航运行系统关键技术及应用	科学技术进步奖二等奖
	钢铁生产与物流调度关键技术及应用	技术发明奖二等奖

由东北大学完成的“钢铁生产与物流调度关键技术及应用”项目提出钢铁生产与物流调度建模和优化理论，其技术及系统已在多家大型钢铁企业的炼钢、热轧、冷轧、产成品库等不同类型生产与物流产线成功应用并稳定运行，显著提高了资源利用率，降低了能耗、生产及物流成本。

产学研用结合，提高科学研究水平和成果转化能力，推动技术产业化。由华中科技大学为主研发的“高性能无线射频识别(RFID)标签制造核心装备”项目从关键技术发明、核心装备研发到工程创新应用，形成了一整套技术成果，已在中山达华、华工图像、江汉石油等十余家企业获得应用，新增产值 1.19 亿元，新增利税 3 383 万元。华中科技大学的研究团队、东莞华中科技大学制造工程研究院与达华智能等企业合作，有助于提升企业科研水平，同时带动其技术研发，提升核心竞争力。由中国交通建设集团牵头，院士领衔，联合行业内 28 家科研、设计、施工、建设单位的科技人员，开始产、学、研、用联合攻关，“离岸深水港建设关键技术与工程应用”项目破解了我国大型专业化深水码头面临无处可建的困境，其技术总体达到国际领先水平。

2.3.2　省部级奖励项目视角下的物流科研现状

2.3.2.1　各省/自治区/直辖市科学技术奖

各省/自治区/直辖市科学技术奖励评审和表彰工作，对焦重点研发领域、密切关注科技成果转化等核心关键问题，重点选拔和鼓励一批优秀的创新成果和个人，为推动创新驱动发展战略、促进区域产业转型升级作出积极贡献。

各省/自治区/直辖市科学技术奖授予在科学发现、技术发明和促进科学技术进步等方面作出创造性突出贡献的公民或者组织，并对同一项目授奖的公民、组织按照贡献大小排序。一般包括自然科学奖、技术发明奖及科学技术进步奖，有些各省/自治区/直辖市还有科技功臣奖和国际科技合作奖，例如上海市。本报告选取自然科学奖、技术发明奖及科学技术进步奖这 3 项统计各省/自治区/直辖市科学技术奖数量。

2017 年各省/自治区/直辖市科学技术奖数量及物流类成果获奖数量见表 2.28。在各省/自治区/直辖市科学技术奖数量方面，河南省、湖北省、浙江省评奖数量最多，分别是 329 项、321 项和 286 项，海南省、青海省、西藏自治区较少，分别是 37 项、29 项和 20 项。在物流成果获奖数量方面，以上海市最多，5 项；江苏省、广东省、天津市分别为 4 项，3 项和 2 项。

表 2.28　2015—2017 年各省/自治区/直辖市科学技术奖数量、物流类成果获奖数量及其占比情况

省/自治区/直辖市	2017 年			2016 年			2015 年		
	科学技术奖数量/项	物流类成果获奖数量/项	占比/%	科学技术奖数量/项	物流类成果获奖数量/项	占比/%	科学技术奖数量/项	物流类成果获奖数量/项	占比/%
上海	268	5	1.87	253	5	1.98	306	2	0.65
江苏	210	4	1.90	187	0	0	184	0	0
广东	244	3	1.23	237	1	0.42	235	0	0
天津	189	2	1.06	177	2	1.13	199	4	2.01
湖南	206	2	0.97	203	1	0.49	218	0	0
河北	275	2	0.73	273	0	0	275	1	0.36
湖北	321	1	0.31	293	3	1.02	308	2	0.65
安徽	172	1	0.58	178	1	0.56	176	0	0
北京	195	1	0.51	180	1	0.56	188	0	0
辽宁	197	1	0.51	269	1	0.37	276	1	0.36
河南	329	1	0.30	336	1	0.30	337	2	0.59
陕西	251	1	0.40	255	0	0	256	2	0.78
浙江	286	1	0.35	280	0	0	291	1	0.34
云南	192	1	0.52	197	0	0	178	1	0.56
重庆	141	1	0.71	115	0	0	121	1	0.83
广西	148	1	0.68	155	0	0	160	0	0
江西	79	1	1.27	106	0	0	107	0	0
福建	190	0	0	191	2	1.05	190	1	0.53
四川	281	0	0	258	1	0.39	268	2	0.75
黑龙江	273	0	0	274	1	0.36	277	2	0.72
吉林	284	0	0	287	1	0.35	283	1	0.35
甘肃	148	0	0	148	0	0	149	0	0
新疆	143	0	0	142	0	0	146	0	0
山东	143	0	0	133	0	0	139	0	0
贵州	76	0	0	79	0	0	93	0	0
海南	37	0	0	38	0	0	43	0	0
青海	29	0	0	30	0	0	30	0	0

表 2.28(续表)

省/自治区/直辖市	2017 年			2016 年			2015 年		
	科学技术奖数量/项	物流类成果获奖数量/项	占比/%	科学技术奖数量/项	物流类成果获奖数量/项	占比/%	科学技术奖数量/项	物流类成果获奖数量/项	占比/%
宁夏	67	0	0				55	0	0
西藏	20	0	0				20	0	0
内蒙古	99	0	0	124	0	0	100	0	0
山西				196	0	0	188	0	0
总计	5 493	29	0.53	5 274	21	0.40	5 796	23	0.40
注:空白表示该省/自治区/直辖市科学技术奖或未评选,或未公示,或为非评奖年									

2017 年各省/自治区/直辖市科学技术奖物流类成果获奖数量为 29 项(见表 2.29),比 2016 年增加 38.1%,获奖成果有以下主要特点:

表 2.29　2017 年各省/自治区/直辖市科学技术奖物流类成果获奖项目名单

序号	获奖成果	主要完成单位
1	自动化集装箱码头装卸系统关键技术及应用	上海振华重工(集团)股份有限公司
2	上海国际航运中心超大型船舶码头靠泊能力升级的关键技术体系	上海国际港务(集团)股份有限公司
3	密集、高效、智能化仓储物流系统关键技术与工程应用	上海精星仓储设备工程有限公司
4	智能型集装箱龙门起重机绿色成套技术及其工程应用	上海海事大学
5	世界级超大型集装箱港口智能运营系统的研发及应用	上海海勃物流软件有限公司
6	果蔬绿色冷链物流保鲜关键技术	天津科技大学、中华全国供销合作总社济南果品研究院、浙江大学、华东师范大学、天津捷盛东辉保鲜科技有限公司、灵武市果业开发有限责任公司、天津绿新低温科技有限公司
7	紫外杀菌-低温光照果蔬“产贮运销”全程冷链保鲜技术与集成示范	天津商业大学、国家农产品保鲜工程技术研究中心(天津)、天津市傲绿农副产品集团股份有限公司、天津科技大学
8	大型物流中心高效安全与智能化协同关键技术、成套装备及其应用	武汉理工大学、北京起重运输机械设计研究院、上海精星仓储设备工程有限公司、上海睿丰自动化系统有限公司、上海富勒信息科技有限公司、上海精星物流设备工程有限公司
9	面向供应链的医用耗材 SPD 物流系统协同优化模型及其应用支撑平台	合肥工业大学、安徽省立医院、安徽国药医疗信息技术有限公司

表 2.29（续表）

序号	获奖成果	主要完成单位
10	电子商务全产业链服务平台研发与应用	北京京东尚科信息技术有限公司、北京邮电大学、北京京东世纪贸易有限公司、北京京东叁佰陆拾度电子商务有限公司
11	5 000 万吨级大型港口物料装卸系统	衡阳运输机械有限公司
12	基于感应无线的移动机车定位技术及智能库房管理系统研发与应用	湖南千盟工业智能系统股份有限公司、湖南理工学院
13	新一代智能化仓储及物流处理系统	深圳中集天达物流系统工程有限公司
14	基于物联网和随机图像识别的防伪物流管理平台	广东正迪科技股份有限公司
15	港口火车卡智能螺旋平料系统关键技术创新及应用	湛江港（集团）股份有限公司、广州港股份有限公司、武汉理工大学、武汉开锐海洋起重技术有限公司
16	港航物流优化调度方法与决策分析技术应用	大连海事大学、大连口岸物流网有限公司
17	基于车联网的智能物流配送关键技术与应用	河南工业大学
18	绿色物流网络设计优化与供应链需求信息变异管理	西安交通大学、西北工业大学
19	柑橘优质生产与贮藏物流关键技术研究及推广应用	浙江大学、衢州市农业科学研究院、浙江省种植业管理局、临海市特产技术推广总站、衢州市柯城区经济特产站、衢州市柯城区柴家柑桔专业合作社、浙江求是人工环境有限公司
20	高效率装船系统技术研究	神华黄骅港务有限责任公司
21	智能仓储机器人装备关键技术	华北理工大学、唐山昌硕电器有限公司
22	铁路局货运综合查询系统	中国铁路昆明局集团有限公司、中国铁路昆明局集团有限公司信息技术所
23	渝新欧保温集装箱独立蓄热控温关键技术及产业化	中国人民解放军陆军勤务学院、重庆交通运输控股（集团）有限公司
24	轮式起重机智能作业关键技术及应用	徐州重型机械有限公司、北京航空航天大学
25	智慧船舶交通管理系统	中国电子科技集团公司第二十八研究所
26	基于物联网的城市智能交通系统关键技术研发与集成应用	南京城市智能交通股份有限公司、南京三宝科技股份有限公司、东南大学、南京市城市与交通规划设计研究院股份有限公司
27	长征系列火箭多式联运高端物流装备	南通中集特种运输设备制造有限公司、北京航天发射技术研究所
28	西江黄金水道通过能力提升关键技术研究	广西壮族自治区港航管理局、交通运输部珠江航务管理局、交通运输部天津水运工程科学研究院、水利部交通运输部国家能源局南京水利科学研究院、交通运输部水运科学研究所
29	出版物商流物流网络智能化管理系统	江西省新华书店

1）获奖项目大部分是应用研究与产业化项目

2017 年获奖项目主要涉及物流技术应用研究与产业化，主要围绕当地物流业发展中急需解决的关键、共性技术和重点、难点问题，组织科技攻关取得的成果，强调创新性、实用性和前瞻性，具有明显的经济和社会效益，显示了科学技术在促进物流业发展中的支撑和引领作用。

2）物流类高等院校、科研院所占主体地位

物流类高等院校、科研院所的科学研究水平较高，其研究成果整体上达到国内先进水平。2017 年，物流类高等院校、科研院所参与完成的物流成果有 19 项，占物流获奖总数的 65.52%，比 2016 年增加 4 个百分点。

3）企业创新主体地位凸显，产学研协同创新成果占比高

29 项物流获奖成果中，企业参与的获奖成果有 25 项，占 86.21%，表明各省/自治区/直辖市通过政策引导与推动、项目扶持等方式，引导创新资源向物流企业聚集，促进物流企业加强自主创新，企业创新能力持续增强，已逐步成为技术创新的主体。此外，29 项物流获奖成果中，企业、高等院校、科研院所产学研协同创新项目有 14 项，约占 48.28%。由此可见，获奖成果立足行业和企业发展实际，把握发展趋势和要求，紧扣我国物流行业、企业发展的突出矛盾和关键问题，践行“产学研相结合”方针。产学研结合是物流企业与科研院所和高等学校共同创造社会效益和经济利益的重要途径。通过这种结合，物流企业可加速技术创新的步伐，建立物流技术差异化竞争优势，高校和科研院所也可加速科技优势向产业优势的转化。

2.3.2.2 教育部高等学校科学研究优秀成果奖（科学技术）

教育部高等学校科学研究优秀成果奖（科学技术）分设自然科学奖、技术发明奖、科学技术进步奖、科学技术进步奖（推广类）和专利奖。自然科学奖为在自然科学基础研究和应用基础研究领域内取得的发现及阐明自然现象、特性和规律的科学研究成果；技术发明奖为利用自然规律首创的科学技术成果；科技进步奖为自然科学应用技术方面的研究成果；专利奖为专利技术实施后取得了显著效益的科学技术成果。高等学校科学研究优秀成果奖（科学技术）面向全国高等院校，每年评审一次。2008—2017 年教育部高等学校科学研究优秀成果奖（科学技术）数量基本保持平稳（见表 2.30）。其中，物流获奖项目一共 13 项（见表 2.31）。

表 2.30　2008—2017 年教育部高等学校科学研究优秀成果奖（科学技术）数量　　项

获奖情况	年份										总计
	2008	2009	2010	2011	2012	2013	2014	2015	2016	2017	
全部授奖项目	289	292	296	285	293	315	294	293	302	319	2 978
自然科学奖	97	108	128	101	99	123	129	117	114	130	1 146
技术发明奖	34	38	25	28	49	59	43	45	61	37	419
科学技术进步奖	145	135	133	148	140	124	117	123	117	144	1 326
科学技术进步奖（推广类）	10	10	7	7	5	8	3	7	9	8	74
专利奖	3	1	3	1	0	1	2	1	1	0	13
物流类获奖项目	1	2	4	0	1	0	1	2	1	1	13

表 2.31 2008—2017 年教育部高等学校科学研究物流优秀成果(科学技术)

证书编号	奖种名称	等级	项目名称	主要完成单位
2017 - 209	科学技术进步奖	1	多传感器信息融合的智能集装箱物流安全监控关键技术及系统	广东工业大学、中国国际海运集装箱(集团)股份有限公司、深圳中集智能科技有限公司
2016 - 039	自然科学奖	1	基于供应链创新的决策问题研究	中国科学技术大学
2015 - 278	科学技术进步奖	2	电子商务数据处理平台关键技术研究及应用	南京财经大学、南京大学、焦点科技股份有限公司、江苏苏宁易购电子商务有限公司
2015 - 192	科学技术进步奖	1	内河交通运行状态监控与服务关键技术研究及应用	武汉理工大学、长江航道局、长江三峡通航管理局、中国交通通信信息中心、江苏省交通规划设计院股份有限公司、交通运输部水运科学研究所、武汉中原电子集团有限公司、长江海事局信息中心、武汉因博信息技术有限公司
2014 - 134	技术发明奖	1	钢铁生产与物流调度关键技术及应用	东北大学
2012 - 228	科学技术进步奖	2	基于 SaaS 模式的物流软件服务平台研究与应用	东南大学、武汉理工大学、南京丁家庄物流中心有限责任公司、南京医药股份有限公司
2010 - 263	科学技术进步奖	2	面向运输管理的数据仓库与数据挖掘系统关键技术研究与应用	大连海事大学、云南省航务管理局、云南省交通科学研究所
2010 - 215	科学技术进步奖	2	特大城市交通移动资源监控与智能调度关键技术及系统	北京交通大学、北京宏德信智源信息技术有限公司、北京首科软件及系统集成有限责任公司、北京首科中系希电信息技术有限公司、北京交大科技孵化器有限公司
2010 - 179	科学技术进步奖	1	特色果品冷链物流核心技术及其机理研究与应用	浙江大学、仙居县林业特产开发服务中心、宁波市林特科技推广中心、台州市经济作物总站、浙江省农业厅经济作物管理局、台州市环宇园艺技术有限公司
2010 - 043	自然科学奖	1	面向供应链的非平稳系统优化协调理论与方法	中国科学技术大学
2009 263	科学技术进步奖	2	水陆运输信息资源整合及业务协同管理与服务关键技术研究与应用	大连海事大学、云南省交通科学研究所、云南省航务管理局
2009 - 010	自然科学奖	1	面向交通运输系统的复杂网络理论与方法	北京交通大学
2008 - 259	科学技术进步奖	2	基于复杂工况的冷藏集装箱海上运输安全与节能关键技术	上海海事大学、上海交通大学、扬州通利冷藏集装箱有限公司、上海中集冷藏箱有限公司

（1）高等学校物流领域研究成果在科学上取得了突破性的进展，科研成效显著。13 项获奖成果中，7 项获得自然科学奖/科学技术进步奖一等奖的荣誉。获奖成果具有现实性、针对性和较强的决策参考价值，着力推出体现行业水准的研究成果。这表明目前高等学校物流领域科研成效显著，科研管理水平进步明显；物流研究在学术上为国内同类研究的领先水平，并为学术界所公认和广泛引用。

（2）获奖成果体现研以致用。13 项获奖成果中，9 项是由高等院校与物流企业合作完成，获奖成果强调实用性，对物流实践发展具有参考或指导价值，或对我国现代物流理论发展、学科体系和政策法规体系建设具有促进作用。例如获得科学技术进步奖一等奖的“内河交通运行状态监控与服务关键技术研究及应用”成果制定了 3 项国家行业标准，获得授权发明专利 9 项、公开 17 项，获得软件著作权 53 个，发表高水平论文 140 余篇。该成果已在 8 项内河交通运行监控与服务信息化工程中实施，已广泛应用于航运、通航、航道、海事等部门和单位，取得重大的经济和社会效益。

2.3.2.3 教育部高等学校科学研究优秀成果奖（人文社会科学）

1995 年，教育部设立了中国高校人文社会科学研究优秀成果奖。2008 年，经国务院批准，更名为“高等学校科学研究优秀成果奖（人文社会科学）”。该奖项每三年评选一次，迄今已成功评选了 7 届，共有 4 228 项优秀成果获奖。由于组织严密、程序公正，历届获奖成果都具有较高的公信力和影响力，高校普遍将其视为哲学社会科学领域的最高奖项。

奖项分著作、论文和研究咨询报告三类，按一级学科设立一等奖、二等奖、三等奖，根据需要设立特等奖或荣誉奖。高等院校文科系统是中国社会科学研究的主体力量，其授奖的优秀成果反映了中国高教文科系统社会科学研究的水平。

2008—2017 年共评选了 3 届教育部高等学校科学研究优秀成果奖（人文社会科学）。如表 2.32 所示，近年来获奖成果数量逐年增加。2015 年 12 月，教育部公布第七届高等学校科学研究优秀成果奖（人文社会科学），奖励名额总计 908 项。

表 2.32　2008—2017 年教育部高等学校科学研究成果奖（人文社会科学）获奖情况　　项

获奖情况	第七届（2011—2013 年）	第六届（2008—2010 年）	第五届（2005—2007 年）	合计
总计	908	830	648	2 386
一等奖	50	45	38	133
二等奖	251	250	205	706
三等奖	596	518	392	1 506
普及奖	11	17	13	41
物流类成果	9	8	1	18

2008—2017 年，共有 18 项物流成果获得教育部高等学校科学研究优秀成果奖（人文社会科学），其中 5 项著作奖，13 项论文奖。由表 2.33 可知，获奖成果主要从经济学和管理学的视角关注以供应链管理为基础的现代物流理论发展，探讨适合本国和本地区物流产业、企业物流及其现代物流系统形成与演化过程中的内在机制及影响因素。

表 2.33 2008—2017 年教育部高等学校科学研究物流优秀成果奖(人文社会科学)

序号	项目名称	获奖类别	备注
1	综合交通运输体系研究——认知与建构	经济学(著作奖)	第七届(2011—2013 年)
2	供应链企业间知识共享的市场机制	管理学(著作奖)	
3	Risk Management of Supply and Cash Flows in Supply Chains	管理学(著作奖)	
4	Modeling Intermodal Equilibrium for Bimodal Transportation System Design Problems in a Linear Monocentric City	经济学(论文奖)	
5	The Effectiveness of Online Shopping Characteristics and Well-Designed Websites on Satisfaction	管理学(论文奖)	
6	A Decision Method for Supplier Selection in Multi-service Outsourcing	管理学(论文奖)	
7	Operational Causes of Bankruptcy Propagation in Supply Chain	管理学(论文奖)	
8	Double Marginalization and Coordination in the Supply Chain with Uncertain Supply	管理学(论文奖)	
9	A Multi-objective Optimization for Green Supply Chain Network Design	管理学(论文奖)	
10	中国农产品现代物流发展研究——战略·模式·机制	管理学(著作奖)	第六届(2008—2010 年)
11	物流网络:物流资源的整合与共享	管理学(著作奖)	
12	Price Competition, Cost and Demand Disruptions and Coordination of a Supply Chain with One Manufacturer and Two Competing Retailers	管理学(论文奖)	
13	Supply-chain Coordination under an Inventory-level-dependent Demand Rate	管理学(论文奖)	
14	Optimal Component Acquisition for a Single-Product, Single-Demand Assemble-to-Order Problem with Expediting	管理学(论文奖)	
15	The Impact of Information Technology on the Financial Performance of Third-party Logistics Firms in China	管理学(论文奖)	
16	Coordination of Supply Chains by Option Contracts: A Cooperative Game Theory Approach	管理学(论文奖)	
17	Mean-variance Analysis of Supply Chains under Wholesale Pricing and Profit Sharing Schemes	管理学(论文奖)	
18	Sharing Shipment Quantity Information in the Supply Chain	管理学(论文奖)	第五届(2005—2007 年)

2.3.3 社会力量奖励项目视角下的物流科研现状

2002 年经科技部批准,中国物流与采购联合会成功申请“中国物流与采购联合会科学技术奖”,目的在于大力推动物流科技创新,使中国现代物流走上科技主导、运行高效、人力资源优势得到充分发挥的科学发展道路。该奖项是科技部授权,由中国物流与采购联合会负责主办的面向全国物流行业开展的科技奖励,也是国内物流行业申报国家科学技术进步奖的主渠道。

该奖项目前设有“中国物流与采购联合会科学技术进步奖”和“中国物流与采购联合会技术发明奖”两个奖项,每年评选一次。主要奖励在全国物流与采购以及生产资料流通领域中的技术发明成果、科技进步的应用开发成果、实现科技成果转化的推广应用成果、软科学研究成果、标准化工作研究成果、著作教材以及科普类作品。

2003—2017 年,“中国物流与采购联合会科学技术奖”获奖项目数量呈稳步增长,一共评选了 1 098 项科学技术奖,其中科学技术进步奖 1 079 项,技术发明奖 19 项。在奖项不断增加、质量不断提高的情况下,相应的物流科技奖的设置也应该有所革新,通过科学技术奖的设立在物流领域建立物流科技理念,实现物流领域各环节、各方面的联动与创新,推动物流科技在全行业的广泛应用。从图 2.10 可以看出,2010 年、2014 年获奖项目数量上升迅猛,分别与《物流业调整振兴规划》《物流业发展中长期规划(2014—2020 年)》《关于促进商贸物流发展的实施意见》等政策密集出台有关。

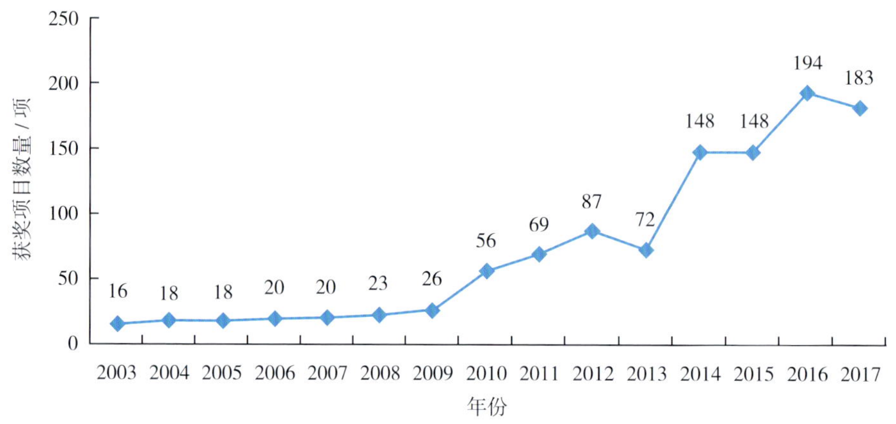

图 2.10 2003—2017 年中国物流与采购联合会科学技术奖获奖项目数量

随着国务院部署推进“互联网+高效物流”战略,以现代信息技术为标志的智慧物流成为物流业供给侧结构性改革的先行军,以电商物流为排头兵,物流行业催生出各种新的商业模式和业态。同时在科技创新助推下,传统物流如何借助新思维、新技术、新装备推进“互联网+物流”模式创新,推动各种物流方式的新旧业态加快融合,增加优质服务供给成为大家关注的焦点。

2017 年,经网评和会评共评出中国物流与采购联合会科学技术奖 183 项,较 2016 年减少 5.67%。其中:科学技术进步奖一等奖 24 项、二等奖 73 项、三等奖 80 项;技术发明奖二等奖 2 项、三等奖 4 项。获奖项目围绕整个物流行业科技发展、智慧发展,聚焦物流行业发展存在的问题,优化行业生态,降本增效提升物流综合服务能力,支持发展第三方物流,推进物流车辆、设施器具等标准化、信息化和智能化,推动物流行业新模式、新业态发展,实现跨部门、跨企业的物流管理、作业与服务信息的共享,提高全链条运行效率。获奖成果主要体现以下方面:

(1) 科学技术引领现代物流快速发展,物流科技的核心内容就是互联网技术,主要体现在自动化、智能化和数字化。2017 年 183 项获奖成果中,106 项成果涉及物流自动化、智能化和数字化,占总获奖数量的 57.92%。通过智慧化提高物流效率和物流运行的质量,把握物流科技发展新态势,确立物流科技创新的新蓝图,才能真正从一个物流大国变成一个物流强国。

(2) 借助互联网平台实时、高效、精准的优势,对线下运输车辆、仓储等资源进行合理调配、整合利用,提高物流资源使用效率,实现运输工具和货物的实时跟踪和在线化、可视化管理,鼓励依托互联网平台的“无车承运人”发展,推广城市共同配送模式,建设物流综合信息服务平台。2017 年分别有 30 项和 50 项获奖成果聚焦仓储、运输和配送领域的创新技术、创新产品、系统集成及解决方案,分别占总获奖数量的 16.39% 和 27.32%。

2.4 物流研究领域学术科研发展趋势

当今世界，科学与技术创新能力已成为引领经济社会发展的主导力量。发达国家和世界主要发展中国家都试图把提高创新能力作为国家战略，不断加大对科技的投入。了解物流领域的研究前沿和发展趋势，有助于明确物流发展的新兴领域和前沿态势，提早进行物流领域科学研究战略布局。

本节在前三节的基础上，从科研基金项目和学术论文两个方面进行调查，试图揭示和分析物流领域研究的发展趋势，以期为我国物流研究提供参考。

2.4.1 基于基金角度分析物流领域研究趋势

基金项目资助的学术论文在领域里具有较高的学术影响力，从而在一定程度上影响物流领域学术研究的趋势和方向。基金项目的选题可以看作未来 2~5 年间学术论文研究热点的风向标。因此，通过分析近 3 年的基金项目关键词热点，可以在一定程度上预测近几年的学术热点，而通过预测未来 1~2 年内的基金项目热点，可以预测更长期的学术热点和研究趋势。

1）关键词

根据 2.1.1 节和 2.1.2 节中对全球主要基金项目总体资助格局的分析，近 10 年全世界主要资助物流学术研究的基金来源最具代表性的就是中国国家自然科学基金委员会和美国国家科学基金会（NSF）。因此，对中国国家自然科学基金和美国国家科学基金的研究热点进行分析，可以在一定程度上体现物流学术研究前沿，同时可以分析中美物流学术研究领域的不同趋势。

（1）美国物流领域研究前沿呈现多元化特点，硬件安全、机器学习、社交媒体、大数据、气候变化等为代表性前沿主题。过去 10 年美国物流研究聚焦在制造业系统、运营研究、校企合作、小微企业和服务业系统等重点领域，且经历了从过去关注制造业与服务业联动发展，到近年来重点关注人工智能、信息技术的应用，再到关注物流对社会发展影响的时间演变过程。通过对美国 NSF 资助物流项目研究计划的时间切片分析发现，从 2016 年开始，美国 NSF 物流项目研究热点比较分散。根据美国 NSF 物流项目研究主题网络和时间叠加图分析可以发现，硬件安全、机器学习、社交媒体、大数据、气候变化等主题是近几年的美国物流领域关注前沿。因此，美国的物流领域研究正呈现多元化发展特点，关注物流对社会发展影响的方方面面。

（2）中国物流领域研究前沿集中于民生物流、绿色物流和供应链创新。根据 2.1.2 节对国内三大基金所资助的物流研究项目，基于词频统计的分析，近 3 年来，物流项目研究主要体现在民生物流、绿色物流和闭环供应链。对于中国而言，发展现代化的物流产业，是关系到国计民生的重要举措，而目前的物流业整体发展状况相对美国仍然较为落后，还没有完全满足需求，因此，民生物流、城乡物流不仅长期以来是中国物流领域的研究热点，在未来一段时间内，还将是物流领域关心的重点。我国绿色物流发展起步较晚，关于绿色物流发展理论探讨已经较多，但未来会更加深入。当今中国，科技创新已成为支撑国家发展、保障国家安全的关键力量和锐利武器，因此相应的供应链创新也将是未来研究的重点。

2）我国未来物流相关规划主题导向

我国的国家自然科学基金通常根据《国家创新驱动发展战略纲要》《国民经济和社会发展第十三个五年规划纲要》《国家“十三五”科技创新规划》的相关部署，结合国家各个行业战略需求，进行重大项目和重大研究计划的部署。因此，从近期国家有关物流的战略规划，可以推测国家自然科学基金未来 1~2 年有关物流研究的项目主题。

2018年6月，交通运输部制定了《交通运输服务决胜全面建设小康社会开启全面建设社会主义现代化国家新征程三年行动计划(2018—2020年)》，对"十三五"后三年交通运输工作进行了全面的部署，推进交通科技创新，推进交通智能化、物流集约化发展，推进快递业绿色包装。除此之外，2017年下半年以来，我国物流相关规划主要围绕电子商务与快递物流协同发展、绿色交通和绿色物流、城乡高效配送、供应链创新、物流可持续发展等方面开展。因此，未来较长一段时期内，围绕这些主题的研究将在物流学术研究领域里占有重要地位。

2.4.2 基于论文角度分析物流领域研究趋势

美国NSF和中国国家自然科学基金对物流研究领域的学术论文具有重要影响。因此，从基金的主题变化和预测可以推断未来物流研究学术论文的主要阵地。同时，从历年来发表的学术论文本身的计量分析也可以对物流领域的研究趋势进行一定程度的推断和预测。

2.4.2.1 高频词

从2.2节基于SCI和SSCI文献计量的分析结果，高频关键词年度变化的趋势可以看出，可持续性(Sustainability)关键词出现频次在近三年有明显增长趋势。

学术界对于供应链及供应链管理的关注开始明显远远超过对于传统意义的物流概念。库存管理(Inventory Management)近五年出现频次一直排在第一或第二位，库存管理是企业降低成本、提高效率的重要手段，也是物流科技领域的学者们关注的焦点。其他热点研究主题还有闭环供应链、逆向物流、生命周期评估。在研究方法上，热点主要集中于仿真摸拟、优化。

2.4.2.2 论文使用量

一条被分析人士广泛认可的标准是，那些被引频次较高和被引周期较长的论文一般就是高影响力论文，这样的论文往往带动一个领域里的研究热点。但高影响力论文需要一段时间的积累。如果能在最新的文献中找到潜在的高被引论文则很可能找到了未来的领域内的研究热点和核心论文主题。

目前普遍认为，文章被阅读次数越多，就越可能被引用。因此，本节期望利用论文的使用量来找到潜在高影响力论文，从而分析未来物流领域的研究趋势。

2015年9月，Web of Science(WoS)平台推出针对单篇文献的、反映其受关注程度的新指标Usage，这是WoS平台首次给出并非构建于引文分析框架上的影响力标准。Usage反映的是学术用户的关注行为，并汇总了两类用户数据：①文献的下载使用次数；②文献题录信息的导出(使用)次数。WoS数据库的使用次数虽然具有笼统性、可伪性和封闭性之局限，但仍不失为配合引文数据、提供丰富影响力测评视域的可能选择之一，是目前最为贴近研究者阅读文献量的统计指标。WoS平台使用次数分为最近180天使用次数和2013年至今使用次数两种统计指标。

1）数据来源与处理

本节数据选择来自2.2节中的遴选范围，选取时间跨度为2015—2017年，共得到数据5 303篇[①]，检索时间为2018年7月13日。

2）潜在高影响力论文

按照近180天使用量排名，TOP 10文献见表2.34，其中近期关注最多的是一篇关于供应链管理可持续性研究的综述性文献。除了综述性文献外，近期关注最多的一篇是关于大数据分析在物流和供应链管理中应用的文献。通过对这些文献的标题、关键词和摘要进行进一步分析可以发现：有一半的文

① 检索式为TS=("logistics" or "supply chain *")，时间跨度为2015—2017年，数据库为SCI-EXPANDED，SSCI，文献类型为ARTICLE OR REVIEW OR PROCEEDINGS PAPER，研究方向为ENGINEERING OR TRANSPORTATION

献，包括文献#1，#3，#6，#7，#9 都是关于供应链管理的可持续性问题的研究；文献#3，#8 关注绿色物流问题；文献#5，#7 还关注商业模式与物流之间的关系；文献#10 是关于物流和供应链管理中的群体决策的研究。

表 2.34　TOP 10 文献列表（按照近 180 天使用量排名）

编号	文献名	近 180 天使用次数	总被引频次
#1	Evolution of sustainability in supply chain management: A literature review	127	22
#2	Big data analytics in logistics and supply chain management: Certain investigations for research and applications	106	66
#3	The circular economy a new sustainability paradigm?	89	64
#4	The fit of Industry 4.0 applications in manufacturing logistics: A multiple case study	80	1
#5	Only the brave: Product innovation, service business model innovation, and their impact on performance	77	39
#6	Supply chain collaboration for sustainability: A literature review and future research agenda	72	4
#7	Logistics 4.0 and emerging sustainable business models	64	0
#8	Green supply chain management: A review and bibliometric analysis	62	111
#9	Sustainable supply chain management: Framework and further research directions	57	38
#10	A group decision making support system in logistics and supply chain management	55	3

按照 2013 年以来的总使用量排名分析 TOP 10 文献可以发现（见表 2.35），关注最多的是一篇被引频次并不算高的关于绿色产品定价决策分析的文章。进一步分析发现，2013 年以来，关注较多的文献有 4 篇与近 180 天使用次数排名 TOP 10 的文献重合。2013 年以来，关注的主题主要集中于大数据、人工智能在物流和供应链管理中的应用（文献#2，#5，#6，#8），绿色物流和供应链可持续发展（文献#1，#3，#10），商业模式创新对物流的影响（文献#9），精益生产（文献#4）。

表 2.35　TOP 10 文献列表（按照 2013 年以来使用量排名）

编号	文献名	2013 年以来使用次数	总被引频次
#1	Green product pricing decision analysis with application to personal computers	590	3
#2	Big data analytics in logistics and supply chain management: Certain investigations for research and applications	442	66
#3	Green supply chain management: A review and bibliometric analysis	302	111
#4	Lean production: Literature review and trends	285	51
#5	Big data in product lifecycle management	280	94
#6	A big data approach for logistics trajectory discovery from RFID-enabled production data	263	80
#7	A group decision making support system in logistics and supply chain management	262	3

表 2.35(续表)

编号	文献名	2013 年以来使用次数	总被引频次
#8	A dynamic model and an algorithm for short-term supply chain scheduling in the smart factory industry 4.0	262	36
#9	Only the brave：Product innovation，service business model innovation，and their impact on performance	229	39
#10	Evolution of sustainability in supply chain management：A literature review	219	22

2.5 小结

基金项目的选题可以看作未来 2~5 年间学术论文研究热点的风向标。从历年来发表的学术论文本身的计量分析也可以对物流领域的研究趋势进行一定程度的推断和预测;利用论文的使用量来找到潜在高影响力论文,也可以分析未来物流领域的研究趋势。

通过这些不同角度的预测,可以看出,未来中国物流研究热点将集中在供应链可持续性、供应链降本增效、供应链创新、物流运营效率、物流与商业模式的关系,以及以大数据、云计算为代表的数据科学与物流的融合、城乡物流等方面。

3 物流行业典型技术专利发展态势

2017—2018 中国物流科技发展报告

本章基于专利情报分析,结合全球权威专利数据库——德温特专利数据库(Derwent Innovations Index,DII),以高铁技术为研究对象,通过分析其专利发展趋势、市场布局、热点技术领域、核心专利、典型公司等内容,利用专利数据呈现全球高铁技术竞争态势全貌,为政府和企业提供决策情报,以协助相关人员认清高铁技术的发展趋势,评估具有吸引力及前景的技术,确定研发主题和方向,以集中优势资源突破关键技术,并更好地掌握自身竞争态势,评估竞争对手,寻找合作伙伴,通过合理进行技术与市场布局,以实现产业健康可持续性发展的战略蓝图。本章还旨在通过分析中国高铁的技术赶超和产业跨越的成功做法,为物流及其他行业带来启迪与思考。

3.1 高铁技术概述

高铁,全称高速铁路,在不同国家不同时代有不同规定。欧洲早期组织即国际铁路联盟(UIC)于1962年将旧线改造时速达200 km/h、新建时速达250~300 km/h的铁路定为高铁。当前各国新建的高速铁路大多把最高速度定位在250~350 km/h。1985年日内瓦协议作出新规定:新建客货共线型高铁时速为250 km/h以上,新建客运专线型高铁时速为350 km/h以上。中国国家铁路局的高铁定义为:新建设计开行250 km/h(含预留)及以上动车组列车、初期运营速度不小于200 km/h的客运专线铁路。广义的高铁技术包含使用磁悬浮技术的高速轨道运输系统。

高铁具有输送能力大、速度快、安全性好、正点率高、舒适方便、能源消耗低、无环境影响、经济效益好等优势,是一项集成了多种现代高新科技的重大技术成就,是线路、列车、信号系统和人的有机结合。高铁的关键技术包括铁路建设技术、车体技术、火车制造技术、信息采集技术、调度控制技术、运营管理技术和维修养护技术等,其技术链的组成见表3.1。

表3.1 高铁技术链的技术组成

行业领域	一级分类	二级分类	三级分类
高铁技术链的技术组成	车体	高速列车	动轴、电阻制动、空气弹簧等
	轮轨关系	转向架	轮对
		钢轨	轮轨噪声
	牵引供电系统	牵引系统	牵引变流器
			牵引变压器
			牵引电机
		供电系统	接触网、受电弓
	制动系统	分散式制动	
	通信信号系统	信号传输	GSM-R技术
		通信协议	IEEE
		车载计算机	
	列车控制系统	LZB/CTCS/TVM/ATC	
	土木工程	桥梁、隧道	力学效应
		无碴轨道	强度、减振、稳定性等EN标准

从日本新干线开通运行开始算起，高铁技术已经发展了近半个世纪。其发展大事件主要如下：

- 1964 年 10 月，世界首条高铁系统日本新干线开通；
- 1981 年，欧洲首条高铁法国 TGV 开通，时速 260 km/h；
- 1988 年，意大利和德国高铁开通；
- 1989 年，法国高速铁路大西洋线开通，运营时速 300 km/h；
- 1992 年，西班牙 AVE 开通；
- 1997 年，比利时高铁开通；
- 2003 年，英国 HS1 开通；
- 2004 年，韩国 KTX 开通；
- 2007 年，法国试验时速 574.8 km/h 的列车；
- 2008 年，中国高铁诞生；
- 2015 年，全球高速铁路线运营里程接近 3 万 km；
- 2017 年，中国高铁网“四纵四横”收官。

高铁技术起源于日欧，目前的技术强国主要有日本、法国、德国、加拿大、西班牙、韩国等。例如：日本川崎重工的低阻力、轻量化和减灾防灾系统；德国西门子的主动安全系统、模块化车体、质量管理体系和可靠性系统；法国阿尔斯通的生态设计；加拿大庞巴迪的能源-效率-经济-生态（ECO4）。中国在高速铁路方面起步较晚，2004 年才在上海出现首个商业运行的高速磁悬浮线路。2008 年 8 月，中国第一条高铁——京津城际高铁开通运营，标志着中国高铁时代的到来。通过近十年的迅猛发展，我国高铁线路飞速扩展，现已建成“四纵四横”的庞大高铁网络，而“八纵八横”的雄伟蓝图也呼之欲出。据统计，2017 年底，我国已开通 2.5 万 km 高铁线路，占全世界总里程的 70%，稳居世界高铁里程榜首。在技术方面，中国虽然不是高铁技术的原创国，但很好地发挥了后发优势。中国高速列车制动系统的研发和试验技术达到国际先进水平。目前，中国已成为世界上高速铁路系统技术最全、集成能力最强、运营里程最长、运行速度最高、在建规模最大的国家。

随着日本、美国等发达国家磁悬浮技术的快速发展，速度正成为高铁技术竞争的焦点。2013 年，美国科技狂人马斯克首次提出“超级高铁”的想法，按照他的设想，可利用真空管道来建设“超级高铁”，理论速度可达到 1 207 km/h。中国版超级高铁将采用“高温超导磁悬浮+真空管”技术，目前已着手探讨时速 1 500 km/h 的可行性。2018 年 6 月，世界上时速最快的真空高温超导磁悬浮比例模型车试验线在成都搭建，预计 2018 年底前将建成并投入试验测试，试验速度超过音速有望达 1 500 km/h（见图 3.1）。高速磁悬浮轨道交通将成为未来轨道交通技术发展的主攻方向。

资料来源：http://dy.163.com/v2/article/detail/DKP5G20V0515GMO8.html

图 3.1　真空超导磁悬浮列车

3.2 高铁技术专利整体态势

基于德温特专利索引数据库，以“high-speedrail”“high-speed railway”及“high-speed train”等作为关键词进行专利检索，然后以 IPC 分类号限定检索结果，剔除不相关的专利，截至 2018 年 6 月 30 日，共检索得到有关高铁技术的专利 17 706 条。将这些专利数据的申请日、分类号、发明人、标题、专利权人等著录信息以统一格式导入专利分析软件 Derwent Data Analysis（DDA）中，对专利权人、优先权国家等字段进行数据清洗、筛选和整理后，从专利申请量、专利申请人、专利布局、核心专利、技术领域等方面进行深入挖掘分析，全面掌握高铁领域的专利现状和发展态势。

3.2.1　发展态势

3.2.1.1　专利数量发展态势

专利数量是技术产出能力的重要衡量指标，其变化情况能够从整体上反映技术的发展脉络。图 3.2 为全球高铁专利数量的年度分布情况。根据图中数据变化情况，可将高铁专利技术的发展分为 3 个阶段：

（1）20 世纪 60 年代中期至 80 年代中期，是世界高铁发展的初级阶段。日本、法国、美国、德国等国家进行高铁技术早期研发，高铁专利数量由 1965 年的 1 件逐年增长，并于 1973 年达到这一阶段的峰值 116 件，但之后十多年时间专利数量相对平稳。其间，日本的东海道、山阳、东北和上越新干线建成通车，法国 TGV 东南线建成通车，德国开建曼海姆-斯图加特高速铁路、汉诺威至维尔茨堡高速新线，意大利开建罗马至佛罗伦萨新线。

（2）20 世纪 80 年代末至 20 世纪末，是世界高铁发展的第二阶段。高铁专利数量从 1991 年的 132 件增加到 2000 年的 287 件，与上一阶段相比，专利数量增幅更大，增长态势也更好。这主要是因为在日本高速铁路建设成果的引领下，法国、德国、意大利、西班牙等国家大规模修建本国或跨国界高铁，全球高铁迎来建设高潮，例如：1991 年瑞典开通了 X2000 摆式列车；1993 年法国的第三条高速铁路 TGV 北线（北欧线）开通运营；1994 年英吉利海峡隧道开通，连通英国和法国；1997 年，“欧洲之星”将法国、荷兰、比利时和德国连接在一起。在这期间，日本、法国、德国以及意大利对发展和完善高速铁路网也进行了周密和详尽的规划，对原有高速铁路网进行大规模扩建。

（3）21 世纪初至今，高铁又迎来了新的建设高潮，专利申请数量增长迅猛，2016 年达到历史高峰 1 829 件。其中，中国的表现尤为突出。2004 年，中国明确“引进先进技术、联合设计生产、打造中国品牌”基本原则，开启了高铁创新之门，并用短短几年时间实现了世界铁路发达国家一般用 30 年时间的跨越式发展，形成了具有完整自主知识产权的高速铁路技术体系。

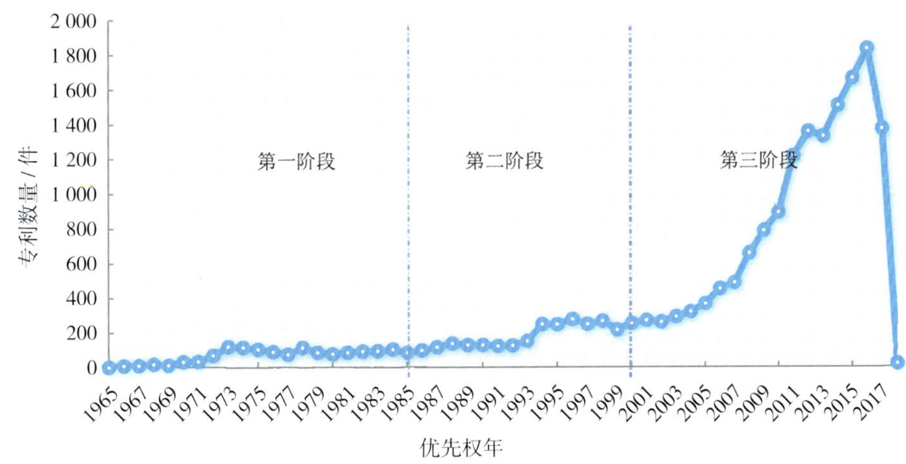

注：专利从申请到公开一般需要1~2年时间，因此，2016年之后的数据存在失真，仅供参考

图 3.2 全球高铁专利数量年度分布

3.2.1.2 技术生命周期

将专利数量与专利权人的数据结合，可以评估技术所处的生命周期阶段。一般而言，技术的发展需要经过 4 个阶段：①技术孕育期，企业进入意愿低，专利申请数量和申请人数量均很少；②技术成长期，产业技术有突破或厂商对于市场价值有了认知，竞相投入发展，专利申请量与专利权人数急速上升；③技术成熟期，厂商投资于研发的资源不再扩张，只剩少数继续发展此类技术，且其他厂商进入此市场意愿低，专利申请量与专利权人数增速逐渐减缓；④技术瓶颈期，产业技术研发遇瓶颈难以突破或此类产业已过于成熟，专利申请量与专利权人数呈现负增长。

图 3.3 显示，世界高铁技术在 20 世纪 60 年代中期至 80 年代中后期，处于第一阶段——技术孕育期，该时间段高铁专利数量和专利权人数量均呈现增长态势，但增幅有限，数量整体偏小；20 世纪 90 年代前后开始进入第二阶段——技术成长期，专利数量和专利权人数量开始迅速攀升；2014 年后，尽管高铁专利数量仍处于上升阶段，但参与企业数量呈现减少趋势，表明竞争日趋激烈，高铁技术出现第三阶段技术成熟期的迹象。

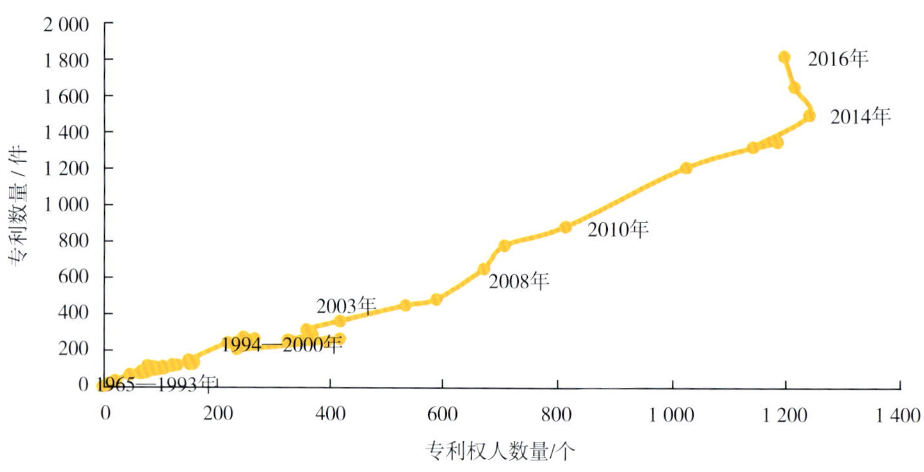

图 3.3　高铁技术生命周期

3.2.2　国家/地区

3.2.2.1　技术主要国家/地区

一般情况下，专利权人会优先在本国申请专利，然后在一年内利用优先权申请国外专利。因此，专利申请人优先权所属国的专利数量能更好地了解各个国家在该领域的技术实力。

图 3.4 展现了世界高铁技术主要国家/地区的专利申请状况。由图可知，最早发展高铁技术的日本、美国、德国、法国等国家，经过数十年的技术积累与创新，成为世界高铁的技术强国。中国的高铁技术虽然发展较晚，但因为年度申请量快速增长，通过短短的十多年时间，高铁专利申请总量目前已占据世界第一位置，在专利数量上远超其他主要国家/地区。

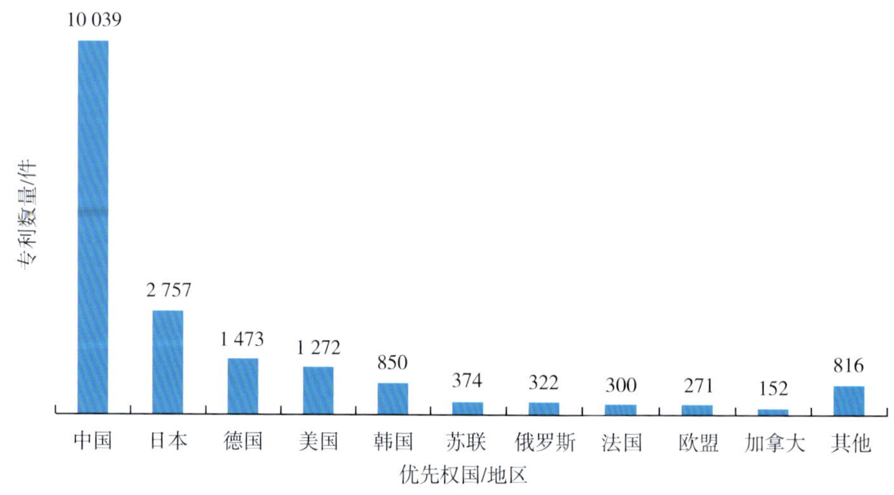

图 3.4　高铁专利主要优先权国/地区(截至 2018 年 6 月 30 日)

3.2.2.2　主要国家/地区年度专利发展情况

为进一步分析主要国家/地区高铁的发展历程，选取了高铁专利数量排名前六的国家，统计各国专利的年度申请量(见图 3.5)。由图可知，日本、德国、法国和美国是高铁技术早期的主要活跃者，其中：日本和美国目前仍保持较高的年度申请量；法国的专利年度申请量则增长有限；韩国的高铁技术发展相对较晚，但每年保持着稳定的增长速度。

中国是高铁技术领域的后来者，在高铁发展之初，中国采取了合作引进的方式。2004—2005 年，中国北车长春客车股份有限公司、唐山轨道客车公司、南车青岛四方机车车辆股份有限公司[①]先后从加拿大庞巴迪、日本川崎重工、法国阿尔斯通和德国西门子引进技术，联合设计生产高速动车组。在学习、消化、吸收先进技术的基础上，中国企业也开始不断攻克技术难关，实现技术创新，并取得了丰硕的技术成果，目前年度专利申请量位居世界第一。

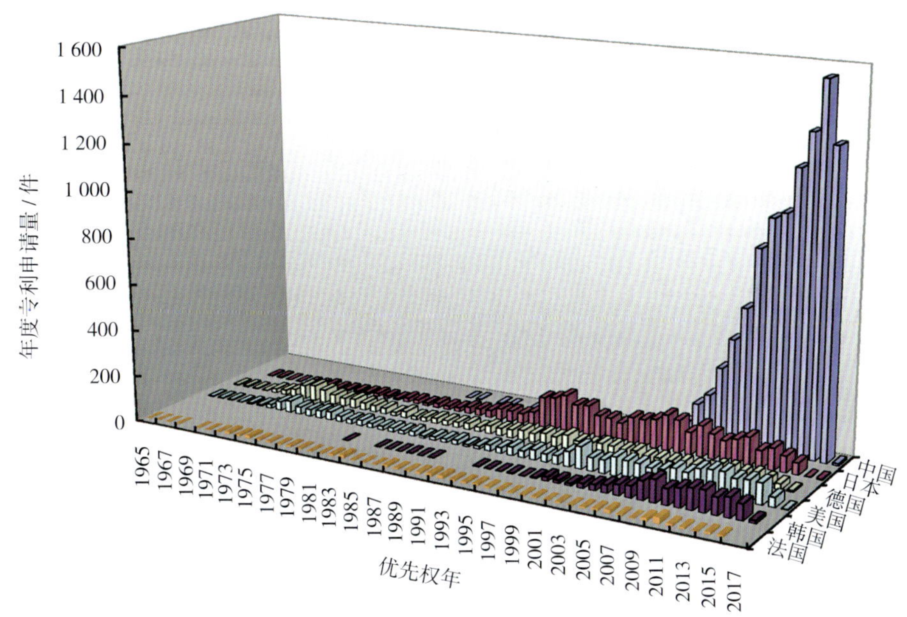

图 3.5 主要国家/地区优先权专利申请年度发展情况

3.2.2.3 主要国家/地区对外专利布局

对外专利布局是企业拓展全球市场活动的重要组成部分。从图 3.6 可以看出：①日本、欧洲、美国等高铁技术强国/地区都进行了大量的对外专利布局。以日本为例，日本在美国拥有的专利约占其本国申请量的 1/5，在德国、欧盟拥有的专利约占其本国/本地区的 1/10，此外，日本还在中国、韩国、法国等国家进行了较多专利申请。这种布局既是各国为争取全球市场份额所进行的积极努力，也体现出他们对自身技术实力的信心。②高铁主要技术强国均在中国进行了大量的专利布局。主要原因在于中国高铁技术的飞速发展与低廉的成本以及中国向海外输出质优价廉的高铁技术的策略，触动了一些技术强国企业的商业利益，面对中国如此巨大的市场，世界主要高铁制造商们纷纷抢占地盘，布置“专利陷阱”。③中国高铁经过原始创新、集成创新以及再创新，短时间内完全掌握了高铁技术的较多核心技术，尽管专利总量位居世界第一，但对外专利申请量甚微，远逊于其他主要国家/地区。在高铁事业快速发展的同时，中国高铁核心技术的知识产权保护问题随之而来，如果不能有效保护高铁核心技术的知识产权，将直接影响到中国高铁事业的持续发展。

① 目前，中国北车长春客车股份有限公司、唐山轨道客车公司和南车青岛四方机车车辆股份有限公司均属于中国中车

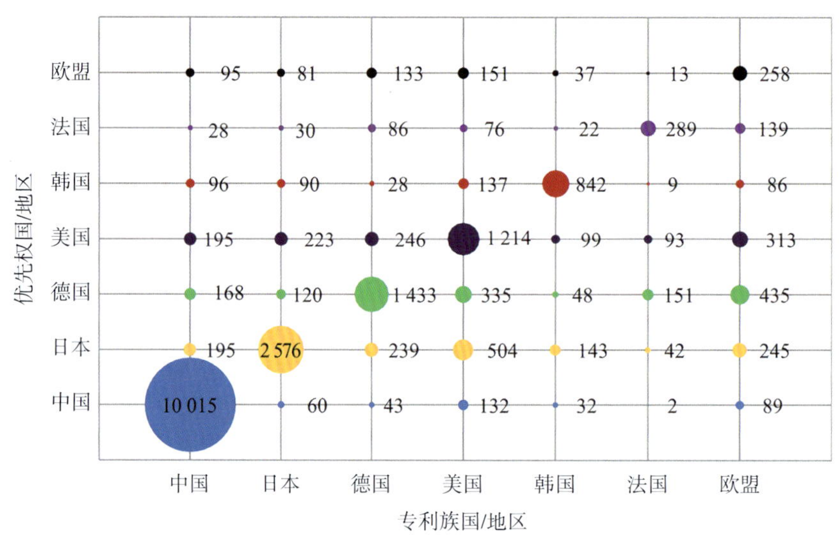

图 3.6　主要国家/地区在高铁领域的专利布局情况

3.2.3　技术领域

3.2.3.1　主要技术领域

通过深入挖掘高铁专利的 IPC 分类号，可以了解高铁技术目前涉及的技术领域有哪些，其专利分布情况如何，高铁技术主要研究哪些细分技术等问题。通过统计分析，高铁涉及的主要技术领域见表 3.2。总体来看，高铁的专利技术主要集中于作业、运输（B 部），固定建筑物（E 部），机械工程（F 部），物理（G 部）和电学（H 部）。

表 3.2　世界高铁涉及的主要技术领域

IPC 部	IPC 小类	技术内容
B 部（作业、运输）	B60L	电动车辆动力装置
	B61B	铁路系统；不包含在其他类目中的装置（升降机或起重机，电梯，自动扶梯，移动人行道）
	B61C	机车；机动有轨车
	B61D	铁路车辆的种类或车体部件
	B61F	铁路车辆的悬架，如底架、转向架、轮轴；在不同宽度的轨道上使用的铁路车辆；预防脱轨；护轮罩；障碍物清除器或类似装置
	B61H	铁路车辆特有的制动器或其他减速装置；铁路车辆制动器或其他减速装置的安排或配置
	B61K	用于铁路的其他辅助设备
	B61L	铁路交通管理设备，包括用于列车的相互作用控制的沿线设备、用于道岔或装在轨道上的线路遮断器的就地操纵控制等
	B65G	运输或贮存装置，例如装载或倾卸用输送机、车间输送机系统或气动管道输送机
E 部（固定建筑物）	E01B	铁路轨道；铁路轨道附件；铺设各种铁路的机器
	E01F	铁路设施的附属工程，例如道路设备和月台、直升机降落台、标志、防雪栅等的修建

表 3.2(续表)

IPC 部	IPC 小类	技术内容
F 部（机械工程）	F16D	传送旋转运动的联轴器
	F16H	传动装置
G 部（物理）	G01M	机械或结构部件的静/动平衡的测试;其他类目中不包括的结构部件或设备的测试
	G01N	借助于测定材料的化学或物理性质来测试或分析材料
	G06F	电数字数据处理
H 部（电学）	H01L	半导体器件;其他类目中不包括的电固体器件
	H04B	传输
	H04L	数字信息的传输,例如电报通信
	H04W	无线通信网络

其中,排名前 10 的 IPC 小类如图 3.7 所示。可知,高铁技术的重点研究内容主要有:铁路轨道(E01B)、铁路车辆的种类或车体部件(B61D)、铁路交通管理设备(B61L)、铁路系统(B61B)、电动车辆动力装置(B60L)等。

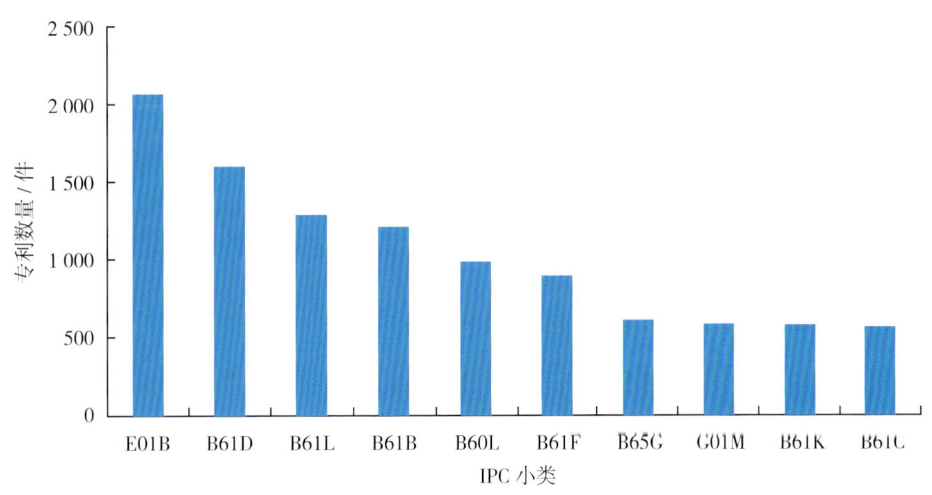

图 3.7 高铁技术排名前 10 的 IPC 小类

3.2.3.2 主要国家所关注的技术领域

为了比较高铁技术主要竞争国家所关注的技术领域有何不同,分别将中国、日本、德国、美国、韩国和法国等国家的前 10 IPC 小类罗列,见表 3.3。整体来看,6 个国家前 10 IPC 小类大体是相同的,都涉及 B61L 小类;中国、日本、德国、美国、韩国等 5 个国家均涉及 E01B 小类,中国、日本、德国、韩国、法国均涉及 B61F,B61D 小类。但每个国家技术领域的侧重各有不同:中国研究最多的是 E01B(铁路轨道)、B61D(铁路车辆的种类或车体部件)、G01M(机械或结构部件的静/动平衡的测试),并在总体前 10 IPC小类外的 E01F(铁路设施的附属工程)申请专利数量较多;日本研究最多的是 B61D(铁路车辆的种类或车体部件),并在总体前 10 IPC 小类外的 F16H(传动装置)、H01L(半导体器件)等领域有较多研究;德国研究最多的是 E01B(铁路轨道),并在总体前 10 IPC 小类外的 B61H(铁路车辆特有的制动器或其他减速装置)等领域有较多涉及;美国的重点研究领域为 B61B(铁路系统),并在总体前 10 IPC 小类外的 G06F(电数字数据处理)领域研究较多;韩国的重点研究领域为 B61L(铁路交通管理设备,包括用于列车的相互作用控制的沿线设备、用于道岔或装在轨道上的线路遮断器的就地操纵控制等）；法国的重点研究领域为 B61D（铁路车辆的种类或车体部件）。

表 3.3　主要国家专利前 10 IPC 小类及专利数量

排名	中国		日本		德国		美国		韩国		法国	
	IPC 小类	数量/件	IPC 小类	数量/件	IPC 小类	数量/件	IPC 小类	数量/件	IPC 小类	数量/件	IPC 小类	数量/件
1	E01B	1 151	B61D	367	E01B	326	B61B	146	B61L	127	B61D	51
2	B61D	777	B60L	328	B61B	240	B61L	115	B61D	101	E01B	39
3	G01M	420	B61B	323	B61L	207	B60L	106	E01B	89	B61F	34
4	B61L	392	B61F	231	B60L	200	G06F	103	B60L	81	B61C	31
5	E01D	388	E01B	208	B61D	184	E01B	101	B61B	75	B61L	28
6	B61B	359	B61L	168	B61F	139	H04B	100	B61F	49	B60L	26
7	B61F	317	B65G	168	B61H	124	F16H	99	G01M	47	B61B	26
8	B65G	285	F16H	163	B61C	71	H04L	94	H04B	38	B61H	22
9	E01F	283	H01L	157	B61K	65	H04W	78	H04L	36	F16D	20
10	B61K	282	G06F	131	F16D	64	B65G	59	H04W	34	B61K	18

3.2.4　机构

3.2.4.1　机构技术集中度

对世界高铁技术的专利权人及其专利数量进行统计分析，得到不同类型机构拥有的专利数量占比（见图 3.8），可以识别出专利技术集中在哪一类机构中。通过分析可知，拥有 100 件以上专利的高铁技术大型机构共计 13 家，其专利数量占总量的 13%；拥有 11～100 件专利的高铁技术大中型机构 194 家，专利数量占比 16%；拥有 6～10 件专利的高铁技术中小型机构 270 家，专利数量占比 11%；更多的高铁专利掌握在小型机构中，涉及 10 000 多家企业及个人，专利数量占比 60%。这表明世界高铁技术集中度不高，尚未出现寡头垄断的情况。究其原因，高速铁路的兴起始于欧洲、美洲，而现在亚洲等区域正在大力发展，高铁市场的升温使得各个国家及相关企业都开始重视相关技术的开发和研制。虽然这些中小型公司的实力并不能与排名靠前的技术强势企业抗衡，但是由于其数量众多、研发范围广泛，使得相关技术分散在大量企业手中，难以形成技术垄断。

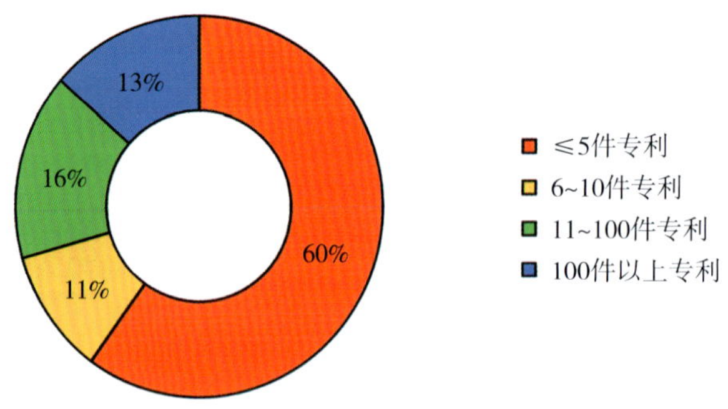

注：根据企业申请的专利数量将其归类为不同类型。扇形区域的大小代表该类企业专利申请数量之和的占比

图 3.8　机构技术集中度分析

3.2.4.2　主要研发机构

将高铁专利权人按照其申请的专利数量进行排序，排名前 20 的机构见表 3.4。从中可以看出：①在排名前 20 的机构数量上，中国占据 9 个，日本占据 7 个，德国占据 2 个，加拿大和韩国分别占据 1 个。②在机构类型上，企业占据 14 个，说明在高铁已迈进产业化阶段，企业是其研发主体；大学占据 4 个，均来自中国，表明中国高校拥有较强的高铁技术；研究所占据 2 个，分别来自日本和韩国。③中国中车以 504 件专利排名第一，是排名第二的西南交通大学专利数量的 2 倍，表明中国中车通过企业合并（中国南车和中国北车于 2014 年 12 月 30 日宣布合并）、技术合作等途径，掌握了大量高铁专利，成为世界高铁技术强者。

表 3.4　高铁技术主要专利权人

排名	专利权人	所属国家	专利数量/件	排名	专利权人	所属国家	专利数量/件
1	中国中车	中国	504	11	北京交通大学	中国	111
2	西南交通大学	中国	263	12	川崎重工业株式会社	日本	105
3	日立制作所	日本	254	13	三菱电机	日本	102
4	西门子	德国	244	14	中南大学	中国	99
5	中铁第四勘察设计院	中国	222	15	中铁二院工程集团有限责任公司	中国	89
6	日本铁道综合技术研究所	日本	198	16	庞巴迪	加拿大	80
7	韩国铁道技术研究院（KRRI）	韩国	155	17	吉林大学	中国	77
8	东海旅客铁道株式会社	日本	145	18	日本车辆制造株式会社	日本	75
9	东芝公司	日本	119	19	克诺尔集团	德国	74
10	中铁第一勘察设计院	中国	115	20	中国铁路总公司	中国	73

3.2.5　核心专利

3.2.5.1　核心专利优势国家/地区

核心专利是指在某一技术领域中处于关键地位、对技术发展具有突出贡献、对其他专利或技术具有重大影响且具有重要经济价值的专利。一些专家认为，通过分析专利的被引频次可以识别出核心专利，且专利的被引频次越高，专利的影响和价值也越高。本小节将专利被引频次大于 3 的专利认为是核心专利。

在 1.7 万多件高铁专利中，被引频次大于 3 的核心专利共计 3 485 件。对核心专利的优先权国进行统计分析，得到掌握高铁核心专利的前 10 国家/地区，如图 3.9 所示。可知，高铁核心专利主要掌握在中国、美国、日本、德国、欧盟、韩国、法国等国家/地区。值得注意的是，中国在庞大的专利数量优势下，核心专利数量排名第一，但其核心专利数量的占比却比美国、德国、欧盟等国家/地区低很多，这表明中国除注重专利数量外，在如何提高专利质量、专利价值等方面仍需努力。

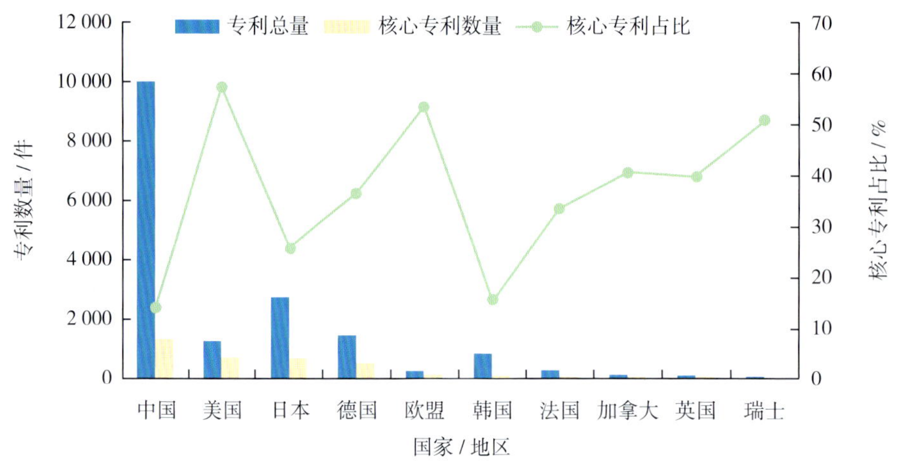

图 3.9　掌握高铁核心专利的主要国家/地区

3.2.5.2　核心专利优势机构

将高铁专利权人按照其核心专利数量多少进行排序,排名前 10 的机构见图 3.10。从中可知,在世界高铁核心专利前 10 的机构中,日本有 5 个,中国有 3 个,德国有 2 个。其中:中国中车不仅专利总量第一,核心专利数量也排名第一,但其核心专利占比在掌握高铁核心专利前 10 的机构中排名倒数第二,说明中国中车的专利质量有待提升;日立制作所以 78 件核心专利排名第二;西门子以 56 件核心专利排名第三;德国的克诺尔集团尽管专利总量不多,但其核心专利占比最高,高铁核心专利数量排名第 8。

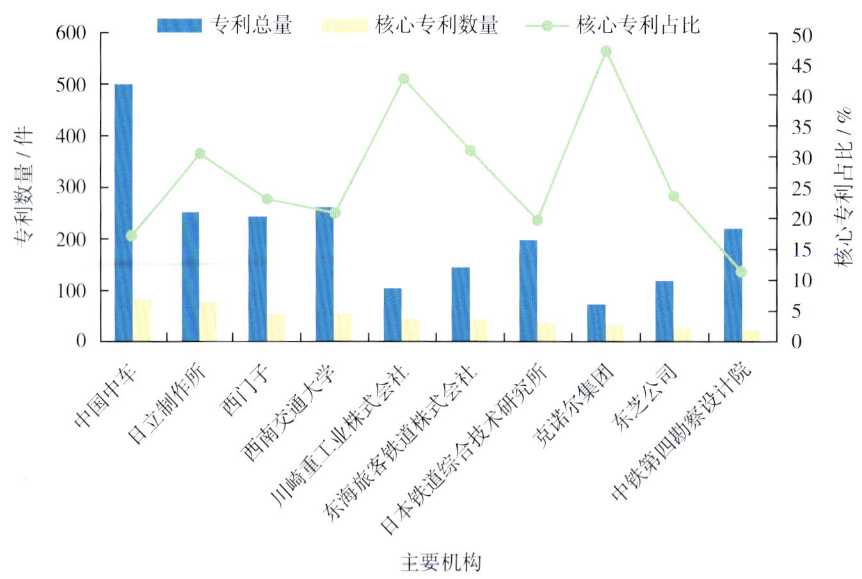

图 3.10　掌握高铁核心专利的主要机构

3.3 高铁技术典型研究机构专利

经过上述分析，世界高铁专利主要集中在中国、日本、德国、美国、法国、韩国和加拿大等国家。考虑高铁专利权人的专利数量和市场份额等因素，分别选取这几个国家的1~2家典型研究机构进行对比分析，结果见图3.11。其中：中国的高铁研究机构以中国中车和中铁第四勘察设计院为代表；日本以日立制作所、日本铁道综合技术研究所为代表；韩国以韩国铁道技术研究院为代表；德国以西门子和克诺尔集团为代表；法国以阿尔斯通公司为代表；美国以GE公司为代表；加拿大以庞巴迪为代表。

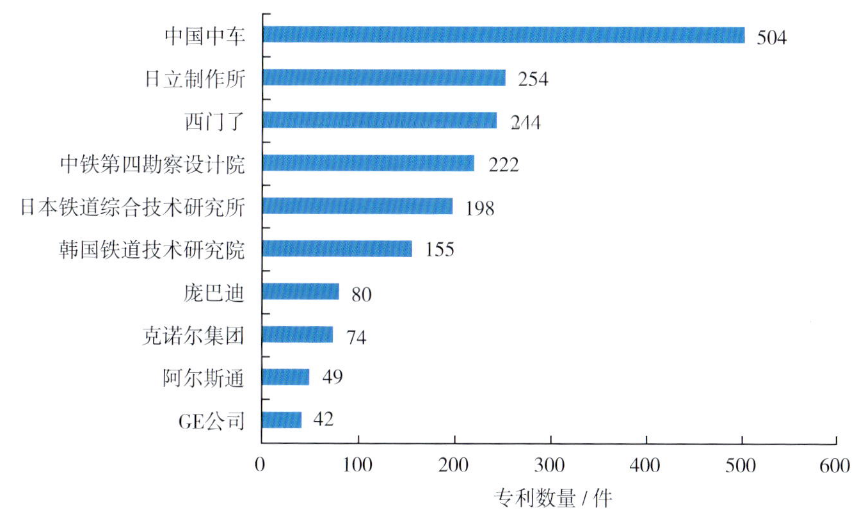

图3.11　典型机构专利数量

3.3.1　典型机构专利申请年度分布情况

对高铁典型机构进一步分析专利年度分布情况（见图3.12），同时对专利申请的年度和每年的专利数据进行统计分析（见表3.5）。可以发现：①国外典型机构对高铁技术的研究均拥有很长的历史，如日本的日立制作所和德国的西门子、克诺尔集团拥有40年以上的研究历史，法国的阿尔斯通、加拿大的庞巴迪也拥有20年以上的研究历史，而中国的典型机构中国中车、中铁第四勘察设计院的研发时间才10年左右。②尽管中国企业起步较晚，但每年的专利申请数量较多，如中国中车平均年度专利申请量高达38.8件，中铁第四勘察设计院年度平均专利申请量为24.7件，二者的年度平均专利申请量均高于其他国家的代表企业，表明我国企业正集中力量大力研发，以此摆脱后发劣势，抢占技术高地。其他年度平均专利申请量靠前的企业，分别是韩国铁道技术研究院（8.6件）、日本日立制作所（6.0件）、德国西门子（5.4件）。③尽管这些公司的专利数量不一样、发展历史时间长短不同，但这些公司近几年仍较为活跃。其中：中国企业近5年的活跃度最高，中铁第四勘察设计院近5年的专利占其总专利的82.0%，中国中车近5年的专利占比62.3%；韩国铁道技术研究院、庞巴迪、西门子、阿尔斯通近5年的专利占比也较高，分别为52.3%，41.3%，31.6%和30.6%；日立制作所由于其活跃时间跨度长，且在20世纪90年代年度专利申请量更高，导致其近5年的专利占比相对较低。

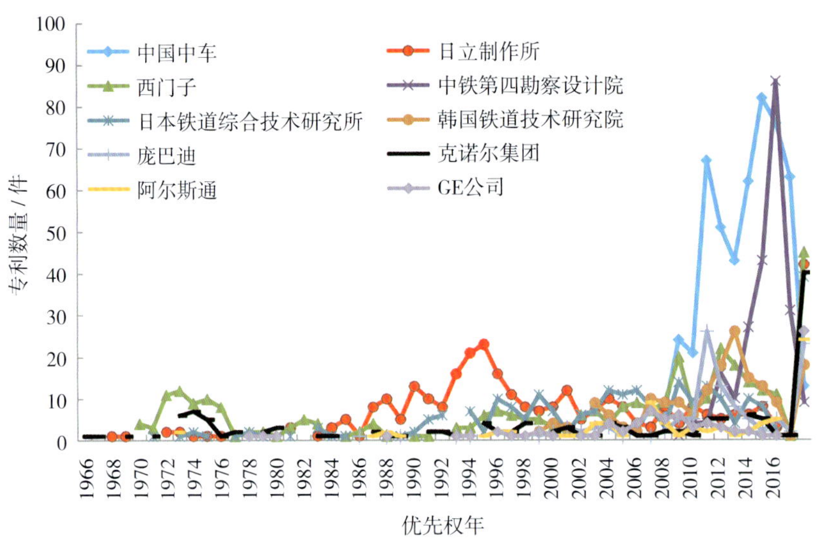

图 3.12　典型机构专利年度分布

表 3.5　典型机构年份活跃情况

机构名称	专利总数/件	活跃年数/年	年度平均专利数/件	近 5 年（2012—2016 年）专利数/件	近 5 年（2012—2016 年）专利占比/%
中国中车	504	13	38.8	314	62.3
日立制作所	254	42	6.0	28	11.0
西门子	244	45	5.4	77	31.6
中铁第四勘察设计院	222	9	24.7	182	82.0
日本铁道综合技术研究所	198	39	5.1	34	17.2
韩国铁道技术研究院	155	18	8.6	81	52.3
庞巴迪	80	23	3.5	33	41.3
克诺尔集团	74	40	1.9	17	23.0
阿尔斯通	49	24	2.0	15	30.6
GE 公司	42	26	1.6	9	21.4

3.3.2　典型机构研发力量及研发效率

表 3.6 为典型机构研发力量与研发效率情况。从中可知：①中国中车的研发队伍最为庞大，高铁相关专利涉及的研发人员共计 717 人，在庞大的研发队伍支撑下，其专利数量也排名第一。拥有第二大研发队伍的为日立制作所，共计涉及 581 人。研发人员数量排名第三的为日本铁道综合技术研究所，涉及 390 人。②研究队伍的规模与机构专利数量基本成正比。对比国内外高铁技术典型机构的研发团队规模，可知，中国企业及单位涉及的团队规模较大，证明我国对高铁技术投入了大量人力财力，这也是我国高铁技术得以快速发展的原因。

通过对机构每件专利投入的人次（每申请 1 件专利涉及的发明人数量）进行研究，可以发现这些公司的研发效率。分析可知，高铁技术典型机构平均每件专利至少投入 2.1 人进行研发申请，表明研发具有一定难度，个人单独完成存在困难，需要团队合作。其中：我国的企业及机构每件专利投入的人力最高，如中铁第四勘察设计院平均每件专利投入的人次为9.4,研发效率在10家机构中最低,中国中车平均每件专利投入的人次为6.3,研发效率倒数第二;国外典型机构每件专利平均投入的人次在2.1~4.4之间。

表3.6　典型机构研发力量与研发效率

专利权人	专利总数/件	发明人数/人	发明人次	平均每件专利投入人次
中国中车	504	717	3 182	6.3
日立制作所	254	581	921	3.6
西门子	244	346	508	2.1
中铁第四勘察设计院	222	375	2 078	9.4
日本铁道综合技术研究所	198	390	598	3.0
韩国铁道技术研究院	155	375	680	4.4
庞巴迪	80	187	263	3.3
克诺尔集团	74	113	198	2.7
阿尔斯通	49	121	133	2.7
GE公司	42	137	153	3.6

3.3.3　技术广度和集中度

不同的研发机构均有不同的技术研究重点,因此,其申请的专利在专利分类上也有所差别。每个专利权人所有专利涉及的IPC小类数量表示其技术广度,平均每个IPC所拥有的专利数代表其技术集中度,对典型机构的专利技术广度和技术集中度进行统计,见表3.7。由表可知:日立制作所的专利涉及的技术种类较多,技术广度最高;中国中车的技术广度也很高,涉及82个IPC小类;中铁第四勘察设计研究院尽管专利数量世界排名第4,但其涉及的IPC小类数量相对不多,技术广度较窄。此外,不同公司的集中度与广度呈现出部分相同、部分差异的情况。如:中国中车不仅技术广度大,且技术集中度高;中铁第四勘察设计研究院的技术广度较窄,但其技术集中度高;日立制作所则技术广度大,但集中度低。

表3.7　典型机构专利技术广度和技术集中度

专利权人	专利总数/件	技术广度	技术集中度
中国中车	504	82	6.1
日立制作所	254	102	2.5
西门子	244	92	2.7
中铁第四勘察设计院	222	40	5.6
日本铁道综合技术研究所	198	71	2.8
韩国铁道技术研究院	155	63	2.5
庞巴迪	80	56	1.4
克诺尔集团	74	37	2.0
阿尔斯通	49	49	1.0
GE公司	42	57	0.7

3.3.4 主要技术领域

进一步比较典型机构关注的技术领域，发现其重点研究领域有何不同(见表3.8)。整体来看，B61D(铁路车辆的种类或车体部件)、B61L(铁路交通管理设备，包括用于列车的相互作用控制的沿线设备、用于道岔或装在轨道上的线路遮断器的就地操纵控制等)、B60L(电动车辆动力装置)、B61F(铁路车辆的悬架，如底架、转向架、轮轴；在不同宽度的轨道上使用的铁路车辆；预防脱轨；护轮罩；障碍物清除器或类似装置)、E01B(铁路轨道；铁路轨道附件；铺设各种铁路的机器)、B61C(机车；机动有轨车)这几个小类是典型机构较多涉及的研究领域。其中，中国中车重点关注B61D(铁路车辆的种类或车体部件)和B61F(铁路车辆的悬架，如底架、转向架、轮轴；在不同宽度的轨道上使用的铁路车辆；预防脱轨；护轮罩；障碍物清除器或类似装置)领域；日立制作所重点关注B61D(铁路车辆的种类或车体部件)、B60L(电动车辆动力装置)领域；西门子重点关注B61L领域；中铁第四勘察设计院重点关注E01B(铁路轨道；铁路轨道附件；铺设各种铁路的机器)领域；克诺尔集团重点关注B61H(铁路车辆特有的制动器或其他减速装置；铁路车辆制动器或其他减速装置的安排或配置)领域。

表3.8 典型机构专利主要技术领域

机构名称	排名前5的IPC小类									
	第1		第2		第3		第4		第5	
	IPC小类	专利数量/件	IPC小类	专利数量/件	IPC小类	专利数量/件	IPC小类	专利数量/件	IPC小类	专利数量/件
中国中车	B61D	137	B61F	94	B61C	72	G06F	47	G01M	38
日立制作所	B61D	78	B60L	53	B61B	33	B61F	30	B61L	25
西门子	B61L	90	B61D	48	B60L	30	B61B	26	B61F	26
中铁第四勘察设计院	E01B	120	E01D	70	E02D	40	E01C	15	B61K	10
日本铁道综合技术研究所	B60L	52	B61F	47	B61B	38	B61D	37	E01B	28
韩国铁道技术研究院	B61L	31	B61D	29	E01B	24	B61F	23	B60L	15
庞巴迪	B61D	35	B61F	21	B61C	15	B61L	10	B60L	9
克诺尔集团	B61H	62	F16D	23	B60T	22	B60L	20	H02K	9
阿尔斯通	B61D	14	B61L	12	B61F	11	B61C	10	B61H	8
GE公司	B61L	11	G01N	7	H04B	5	G01R	5	F16H	5
注：更多IPC小类释义见表3.2										

3.3.5 市场布局

图3.13和图3.14反映了典型机构在全球的专利布局情况。可知，除韩国的铁道技术研究院外，国外的典型机构极为重视专利布局，通过PCT等形式积极在除自己国家外的地区广泛申请专利，如：西门子在除本国外的31个国家和地区进行了专利布局，布局的专利数量为其优先权国专利数量的2倍多；庞巴迪公司在除本国外的23个国家进行专利布局，布局的专利数量为其优先权国专利数量的近3倍。

中国、日本、德国、欧盟、美国、韩国、加拿大、法国不仅是高铁专利主要大国和地区，也是典型企业积极进行市场布局的目标地。其他一些典型机构选择进行布局的国家和地区还包括俄罗斯、澳大利亚、英国、西班牙和中国台湾等。

中国高铁行业的龙头企业中国中车和中铁第四勘察设计院虽然在中国本土申请了大量的专利，但基本没有向其他国家进行专利输出。这反映出中国高铁技术可能存在以下问题：①中国高铁技术与其他国家相比仍然存在一定差距，在走出去参与全球竞争时面临困难；②中国高铁企业在保障专利数量的同时，在专利质量上仍需大幅提高；③中国企业专利布局意识差，在全球竞争中对海外战略的重视不够。

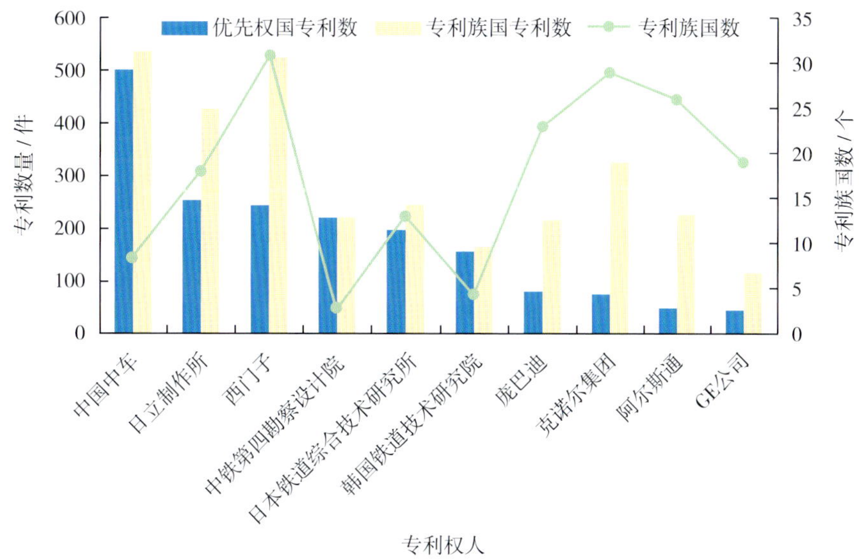

图 3.13　典型机构专利布局概况

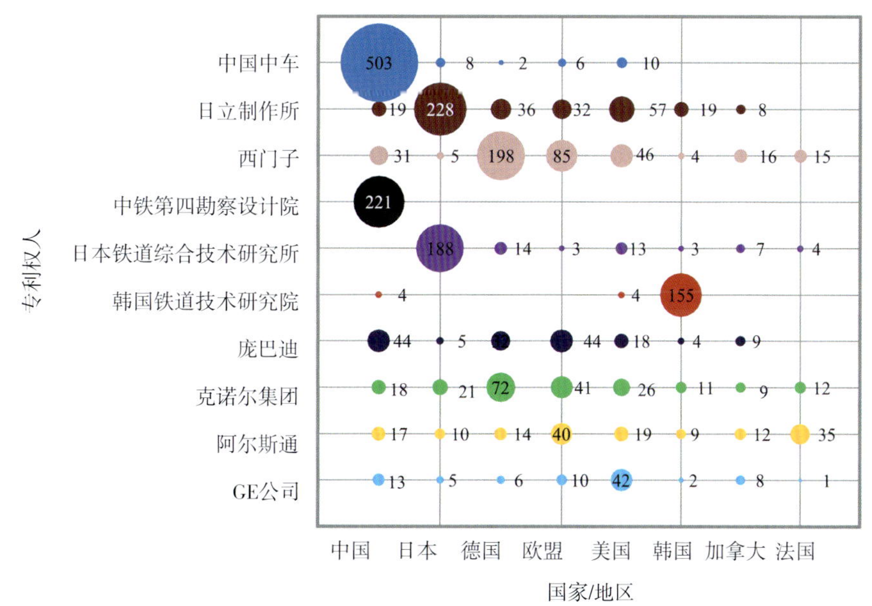

图 3.14　典型机构在主要国家/地区的专利布局

3.3.6 合作情况

在技术复杂时，企业一般会积极寻求与国内外优秀设备制造商或研究机构、高等院校的技术合作，通过合作研发寻求技术创新。对高铁技术典型机构的专利合作情况进行统计分析，见表3.9。可以发现：①日本的两家机构对外合作较多，如日立制作所涉及合作者100人，日本铁道综合技术研究所涉及合作者79人。但整体来看，高铁技术典型机构进行对外合作的情况较少，涉及的合作者及合作频次都不高，如：中国中车的504件专利仅涉及集团外的36位专利权人（包含机构及个人），合作频次大于2次的合作者仅10人；庞巴迪、阿尔斯通的合作者中，合作频次大于2次的合作者仅1人。②高铁技术机构的合作仅限于本国（本地区）之内，集团外的跨国合作很少出现，说明每个企业都对技术严格保护。如：中国中车的主要合作者为国家铁路局、西南交通大学、中国铁路总公司、中铁第四勘察设计院、北京交通大学、北京理工大学等国内企业及高校等研究机构；日立制作所的合作机构包括TOKAI RYOKYAKU TETUSDO KK、日本铁道综合技术研究所、HIGASHI NIPPON RYOKYAKU TETSUDO KK、KASATO KIKAI KOGYO KK等，其主要合作者也均来自日本。

表3.9 典型机构专利合作情况

机构名称	专利数/件	合作专利权人数量/人	合作频次大于2次的专利权人数/人	合作总频次
中国中车	504	36	10	97
日立制作所	254	100	14	157
西门子	244	37	6	64
中铁第四勘察设计院	222	14	5	31
日本铁道综合技术研究所	198	79	21	134
韩国铁道技术研究院	155	30	7	57
庞巴迪	80	21	1	25
克诺尔集团	74	21	7	37
阿尔斯通	49	11	1	16
GE公司	42	38	4	43

注：①集团内部的合作、全资公司与子公司间的合作未统计在内。如专利权人株洲时代电子技术有限公司、株洲南车时代电气股份有限公司目前均属于中国中车，因此，其合作并未统计进数据；
②合作频次，以共同申请专利的件数计算

3.4 高铁技术关注焦点识别

高铁技术关注焦点的识别主要从技术的重要性和瓶颈性入手，从多维多层面进行定位。在技术图谱中，将一个技术节点与其所处于不同维度的地位结合起来，能够更加全面地把握技术的结构特点，有利于识别关键技术。利用德温特手工代码实现高铁技术领域的专利分析。德温特手工代码用来表示一个发明的新的技术方面的应用，揭示了专利技术的外部特征和应用领域，相比IPC分类，德温特手工代码分类更加细致和明确。将下载的高铁专利数据中的德温特手工代码（MC）字段导入DDA软件中，分别选取MC出现频次的前100构建共现矩阵，保存到Ucinet中形成.##h的数据文本格式，然后使用Netdraw软件实现可视化。

3.4.1 国外高铁关键技术关注焦点识别

通过 Netdraw 软件,形成国外高铁技术共现可视化图谱。在社会网络分析中,度数中心度表示与该点直接相连的点的个数,中介中心度是指网络中经过某点并连接这两点的最短路径占这两点之间的最短路径线总数之比,衡量了一个点作为“中间人”的能力。选择度数(degree)大于 10 的节点,删除连接度小的节点,然后将节点按照度数中心性(degree centrality)排序,节点之间的连线越粗表示出现共现的次数越多,进而两者的联系越紧密,得到图 3.15 所示的可视化图谱,主要形成 3 个技术集群。选择 degree 最大的前 15 个手工代码,将其代表的技术含义列出,如表 3.10 所示。

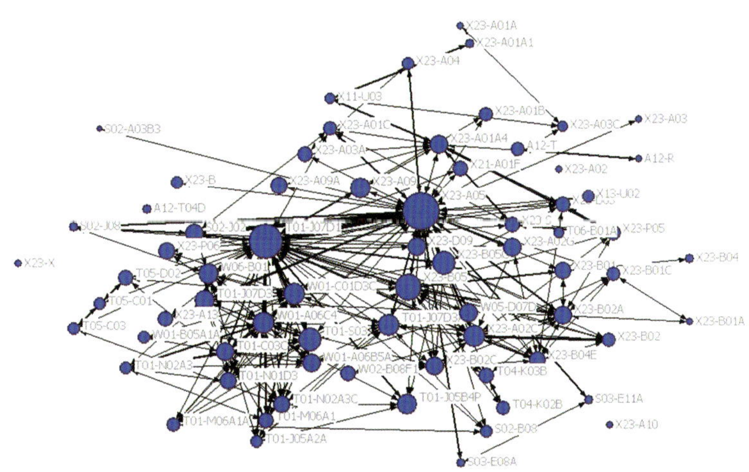

图 3.15 国外高铁技术 MC 共现图谱按照 degree 排序

表 3.10 国外高铁技术度数中心性排名 TOP 15

序号	MC 代码	代表技术含义	技术度数中心性
1	T01 - J07D1	车辆数据微处理系统	606
2	X23 - A05	电信号的测量、测试方法	549
3	W01 - A06C4	服务器间信息交流,如局域网间的无线电通信线路	394
4	T01 - S03	电脑软件产品	288
5	W01 - C01D3C	便携式手持移动电话	265
6	X23 - A01A4	磁悬浮推进器的铁路信号控制	222
7	X23 - B05	信号分类码中的交通管制	217
8	X23 - A02C	自动铁路信号控制	210
9	T01 - C03C	无线电数据交换	195
10	X23 - B02A	磁导传感控制装置	158
11	S02 - J02	试验车	155
12	X23 - B05C	信号分类码的中央控制系统	148
13	T01 - N01D	数据转移设备	135
14	X23 - B02C	无线电通信连接装置	133
15	W01 - A03B	报文分组通信	133

从度数中心性上来看,T01*,X23*,W01*这三类技术排名比较靠前,说明电脑控制、电气化列车及信号、数据传输三类技术在国外高铁技术领域中的应用程度较高,是最基本的技术,围绕它们开展的技术创新活动能够影响领域内的其他技术的发展。技术集群1(X23*技术)里的节点度数中心度普遍比较高,说明这些节点在整个技术网络中具有较高的连接密度和集中趋向性,地位相对重要。其中包含了几种不同的子技术,从具体分析来看,X23－A05代表了高铁技术中电信号的测量和测试的方法,X23－A01A4代表了磁悬浮推进器的铁路信号控制,X23－B05代表了对高铁技术中信号分类码中的交通管制,X23－A02C代表了高铁中自动铁路信号控制,X23－B02A代表了高铁中的磁导传感控制装置,X23－B05C代表了高铁技术中信号分类码的中央控制系统,X23－B02C代表了高铁中的无线电通信连接装置。技术集群2(T01*技术)的节点度数中心度也较高,其中T01－J07D1代表了对车辆数据进行微处理的系统,T01－S03代表了高铁电气控制系统中的电脑软件产品。技术集群3(W01*技术)的节点度数中心度也相对较高,其中W01－A06C4代表了服务器间信息交流,如局域网间的无线电通信线路,W01－C01D3C代表了高铁技术中的便携式手持移动电话。以上分析结果与高铁系统的相关研究文献是符合的。除此以外,国外高铁技术涉及较多的还有S02类技术,S02类技术代表的是高铁的试车调试过程。

将节点按照中介中心性(betweenness centrality)排序,得到图3.16所示的可视化图谱。选择betweenness最大的前15个手工代码,将其代表的技术含义列出,如表3.11所示。

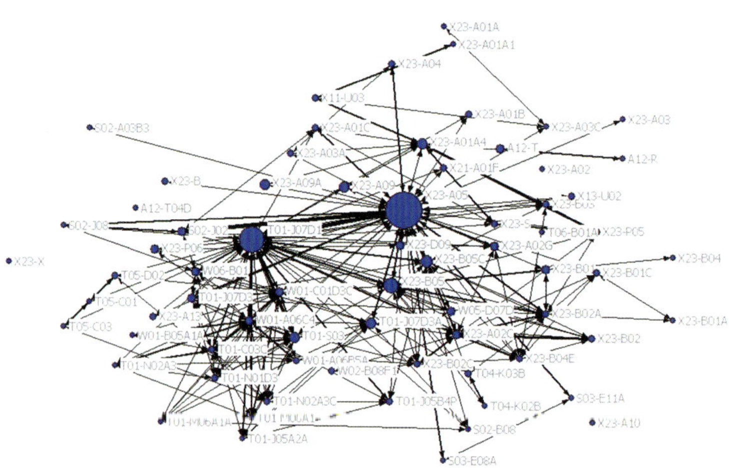

图3.16　国外高铁技术MC共现图谱按照betweenness排序

表3.11　国外高铁技术中介中心性排名TOP 15

序号	MC代码	代表技术含义	技术中介中心性
1	T01－J07D1	车辆数据微处理系统	487.006
2	X23－A05	电信号测量、测试方法	297.118
3	X23－A09	其他类铁路电信号控制	218.519
4	X23－A04	电力传输的集流体	202.571
5	X23－A01A4	磁悬浮推进器的铁路信号控制	131.676
6	X23－B05	信号分类码中的交通管制	110.838
7	X23－A09A	铁路外系统的信号控制	107.356

表 3.11(续表)

序号	MC 代码	代表技术含义	技术中介中心性
8	A12 - T	运输	99.183
9	W01 - C01D3C	便携式手持移动电话	94.583
10	W06 - B01	引擎的信息通信	90.109
11	T01 - S03	电脑软件产品	88.787
12	X23 - B05C	信号分类码的中央控制系统	81.022
13	X23 - B01	控制列车通过安全的路由设备	76.042
14	T01 - J07D3	车辆数据导航系统	70.443
15	X23 - P06	地下铁路的信号控制	65.837

从中介中心性上来看,T01*,X23*这两类技术大都排名比较靠前,“桥梁”意义明显;表3.10与表3.11在内容上大部分是相同的,说明这些共同节点不仅是国外高铁技术的基础性技术,也是技术增长点。从图3.16中的图谱上可以看到,T01 - J07D1,X23 - A05是两个技术集群进行交流的关键节点,X23 - B05是技术集群1(T01*)与技术集群2(X23*)之间互动发展的关键节点,对整个网络的技术扩散起着重要的作用,说明高铁技术信号分类码中的交通管制技术非常重要,在整个高铁技术网络中扮演着不可或缺的桥梁作用。除此以外,高铁技术领域中具有较强联络作用的节点还有X23 - A09,X23 - A04和X23 - A01A4等,从表3.11中可以看到,前15排名中有许多关键节点都是关于信号控制、电力传输、电脑控制、数据导航等铁路通信技术,说明这些通信技术在高铁技术体系中不仅承接着自身的基本作用,还为不同技术的交流起到沟通作用。

3.4.2　国内高铁关键技术关注焦点识别

通过Netdraw软件,形成中国高铁技术的MC共现可视化图谱,选择degree大于10的节点,删除连接度小的节点,然后将节点按照度数中心性排序,得到中国高铁技术可视化图谱,如图3.17所示。选择degree最大的前15个手工代码,将其代表的技术含义列出,如表3.12所示。

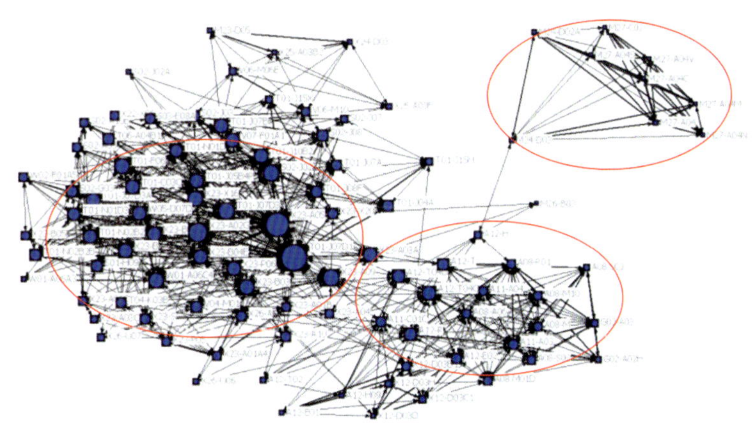

图 3.17　中国高铁技术 MC 共现图谱按照 degree 排序

表 3.12　中国高铁技术度数中心性排名 TOP 15

序号	MC 代码	代表技术含义	技术度数中心性
1	X23 - A05	电信号的测量、测试方法	936
2	T01 - J07D1	车辆数据微处理系统	927
3	S02 - J02	试验车	382
4	A11 - A03	聚合物的混合、复配和均质化	379
5	M27 - A04	合金钢	376
6	M27 - A04M	含锰、镁、钼的合金	363
7	M27 - A04C	含铜、铬、钴的合金	357
8	A12 - E02	绝缘电线电缆或涂层	286
9	W01 - A06C4	服务器间信息交流，如局域网间的无线电通信线路	276
10	M27 - A04N	含镍、铌等贵金属的合金	272
11	X12 - D03H	绝缘导线保护结构	259
12	X12 - D03B1	车体护套	256
13	M27 - A04V	钒合金钢	246
14	M27 - C02	低碳钢	245
15	A08 - R01	填充剂和增强剂	238

从表 3.12 中度数中心性上来看，X23*，T01* 和 M27* 这三类技术，排名仍然相对靠前，且 X23*、T01* 也位居前二，这两类技术在中国的高铁技术应用中，度数也是最高的，与国外高铁技术关注焦点相同。技术集群 1（X23*，T01* 技术）里的节点度数中心度最高，这些节点在整个技术网络中具有高度的连接密度和集中趋向性，地位相对重要。其中包含了几种不同的子技术，X23 - A02G 代表了车载监控系统，X23 - B05C 代表了信号分类码的中央控制系统，X23 - B04E 代表了线路或火车间的警告安全装置，S02 -J02 代表的是高铁试车测试技术，S02 - J03 代表的是试验车的零部件测试技术。技术集群 2 主要由 A11 - A03（聚合物的混合、复配和均质化）、A12 - E02（绝缘电线电缆或涂层）、X12 - D03H（绝缘导线保护结构）、X12 - D03B1（车体护套）等组成，集中于高铁车体及车厢的导线、表面装饰等无机及高分子材料研究，在高铁的电气工程中（如蓄电池、绝缘电缆、电极等）进行应用。技术集群 3（M27* 技术）里节点度数中心度最高的是 M27 - A04，代表高铁制造过程中所需的合金钢技术，其他子技术多为添加不同金属元素的合金钢，如含锰、镁、钼、铜、铬、钴、钒的合金钢及其他低合金钢（M27 - C02），说明中国比较关注高铁的轨道、车体、车架等原材料开发及制造技术。以上分析结果与高铁系统的相关研究文献是符合的。除此以外，中国的高铁技术涉及其他一些技术，并且这些技术占据着比较重要的地位，如 A08 - R01 代表了应用在高铁中的填充剂和增强剂技术，W01 - A06C4 代表高铁局域网间的无线电通信线路等。

将节点按照中介中心性排序，得到图 3.18 所示的可视化图谱，选择 betweenness 最大的前 15 个手工代码，将其代表的技术含义列出，如表 3.13 所示。

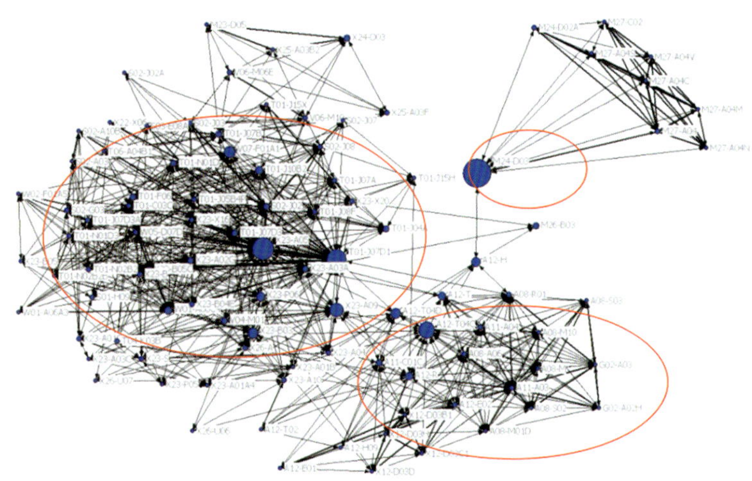

图 3.18　中国高铁技术 MC 共现图谱按照 betweenness 排序

表 3.13　中国高铁技术中介中心性排名 TOP 15

序号	MC 代码	代表技术含义	技术中介中心性
1	M24 - D03	通过特殊材料的热处理改变铁的物理性能	592.234
2	X23 - A05	电信号的测量、测试方法	441.802
3	T01 - J07D1	车辆数据微处理系统	397.059
4	A12 - T04C	车辆的引擎系统及相关电气部件	301.921
5	X23 - A09	其他类铁路电信号控制	228.909
6	V07 - F01A1	光学纤维	177.099
7	X23 - B03	车辆信号操作	160.635
8	A12 - T04D	其他模制件、车辆配件	149.466
9	X23 - P06	地下铁路的信号控制	112.431
10	A12 - H	机械工程	106.969
11	A12 - R	建筑物、土木工程	91.485
12	T01 - J10B2	图像分析处理	83.913
13	A12 - T	运输	83.720
14	W01 - A06C4	服务器间信息交流，如局域网间的无线电通信线路	81.431
15	X23 - A02G	车载监控系统	73.812

从表 3.13 来看，X23*，A12* 这两类技术的中介中心性排名都比较靠前，说明这两类技术在中国的高铁技术中起到的“桥梁”作用较大，具有明显的带动作用。值得注意的是，M24 - D03 在技术集群 3 的中介性很多，说明高铁技术中的合金钢及低碳钢都需要通过特殊材料的热处理工艺，才能改变高铁制造材料的物理性能。表 3.12 与表 3.13 在内容上大部分是相同的，这些共同节点不仅是中国高铁技术的基础性技术，也是技术增长点。从图谱中可以看到，T01 - J07D1 和 X23 - A09 是技术集群 1 与技术集群 2 之间联系的纽带，并且具有较高的中介中心性数值，它们对整个网络的技术扩散起着重要的作用，分别代表的是车辆数据微处理系统以及铁路信号控制技术。A12 - H 是技术集群 2 与技术集群 3 进行交流

的关键节点，反映了机械工程在高铁制造技术中的重要性，充当着跨界者的角色。除此以外，中国高铁技术涉及的领域更加多元化，更具有针对性，如 A11* 类技术。A11－B05 代表的是加工聚合物成型的过程，如用电镀、喷漆等对高铁表面进行处理；A11－C02C 代表了交联涂层，都是对高铁接触网的悬挂方式造成的弹力不均匀现象作出的改进措施。

3.4.3 国内外高铁关键技术关注焦点对比

通过以上分析，可以发现国外高铁技术影响程度最大的技术节点集中在 T01*，X23*，W01* 这三大技术领域，说明国外掌握了电脑控制、电气化列车及信号、数据传输等核心技术，同时，节点 T01－J07D1 和 X23－A05 对国外高铁技术集群之间的沟通起着不可或缺的作用，这些技术可以看作是国外高铁系统技术体系中的关键技术关注焦点。

对于中国的高铁技术来说，X23*，T01*，M27* 类技术是网络中影响其他节点较深的技术，具有较高的连接密度和集中趋向性，主要涉及领域为信号测试、机械制造材料、数据处理系统，代表技术有X23－A05，T01－J07D1，S02－J02，M27－A04 等；同时，连接不同技术集群，能够沟通不同技术的节点，如X23－A09，M24－D03 也是非常重要的。这些节点代表的技术可以看作是国内高铁技术领域中关键技术的关注焦点，起到基础性的作用，以后的技术都是在这些基础上延伸发展的，而相关的跨领域的应用也是通过这些技术连接形成的。

国内和国外的关注焦点均涉及 T01－J07D1 和 X23－A05 领域，说明高铁技术中电信号测试和测量的方法、车辆数据进行微处理的系统是核心技术，值得持续关注并攻克技术难题。我国的高铁技术与国外关注焦点的主要区别在于我国对金属及高分子材料等在车体车架、铁路铁轨及通信线路等方面的应用更加广泛，因此我国高铁技术中的 M27* 技术集群也属于关键技术关注焦点，侧重于通用基础技术，而国外则重点关注通信行业中附加值较高的高新技术。

3.5 结论及启示

3.5.1 结论

1）世界高铁技术主要集中在中国、日本、德国、美国、韩国、法国等国家

日本、美国、德国、法国等国家是高铁技术研究的先驱，通过数十年的技术积累与创新，发展成为世界高铁的技术强国。韩国的高铁技术发展相对较晚，但每年保持着稳定的增长速度，高铁专利数量居全球第五。中国的高铁技术虽然发展较晚，但在学习、消化、吸收先进技术的基础上，中国企业开始不断攻克技术难关，实现技术创新，目前已形成了具有完整自主知识产权的高速铁路技术体系，无论是专利申请总量还是年度专利申请量均排名第一，并远超其他国家。

2）世界各国通过专利布局积极拓展全球市场，但国内企业对外专利布局欠缺

日本、美国及欧洲等高铁技术强国除在本国申请专利外，积极通过 PCT 等途径在海外进行大量专利布局，抢占全球市场份额。这些布局国家或地区主要包括中国、日本、德国、欧盟、美国、韩国、加拿大、法国、俄罗斯、澳大利亚、英国、西班牙等。其中，高铁主要技术强国均在中国进行了大量的专利布局，这表明面对中国如此巨大的市场，世界主要高铁制造商们纷纷抢占地盘。但中国尽管专利总量位居世界第一，对外专利申请量却甚微，国内企业对外专利布局整体十分欠缺。

3）高铁技术研发企业众多，国内优势研发力量正在形成

高铁市场的升温使得各个国家及相关企业都开始重视相关技术的开发和研制，导致世界高铁专利

涉及的专利权人数量众多，技术相对分散。前 20 主要研究机构中，中国占据 9 个，日本占据 7 个，德国占据 2 个，加拿大和韩国分别占据 1 个，表明国内优势研发力量正在形成。中国南车和中国北车于 2014 宣布合并，新公司为中国中车，成为中国高铁技术的领头羊，其他国内主要竞争者包括西南交通大学、中铁第四勘察设计院、中铁第一勘察设计院、北京交通大学、中铁二院工程集团有限责任公司、吉林大学、中国铁路总公司等。

4）中国尽管专利数量占据优势，但在研发质量及研发效率上仍待提高

为加快高铁技术的研发，中国企业投入了庞大的研发团队，并取得了可喜的成绩。但尽管美国、德国、欧盟、日本等国家和地区的专利数量不如中国，其核心专利数量占比却高于中国，且中国的专利申请较多集中于低附加值、低技术含量的金属合金材料，而国外侧重于高端通信技术，表明中国在研发时还应就如何提高专利质量、专利价值等方面进一步思考及努力。此外，中国的企业及机构每件专利平均投入的人力是国外典型机构的 2~3 倍，表明中国企业在研发效率上仍需提高。

5）国内外企业均极重视技术保护，合作多限于集团内部及本土

通过对高铁典型研究机构的合作情况进行分析，可以发现，高铁典型机构多以“小团体”来寻求在资源、技术、市场上发挥互补作用，其合作者数量和合作频次均不高，合作者类型主要以集团内企业、母子公司或高校、研究所等为主，且合作多限于本国（本地区）之内，集团外的跨国合作很少出现，说明每个企业都对技术严格保护。

3.5.2 启示

高铁是陆上最快的交通工具，同时也是物流行业最快的运输工具。对高铁技术的剖析对整个物流科技业有着重要的借鉴意义。

1）加快技术创新体系建设，坚持自主创新

从无到有、由弱到强，中国高铁走出了一条后来者居上的跨越式发展之路。中国高铁之所以避免了其他行业“引进—落后—再引进”的现象，是因为在引进国外先进技术的时候，中国也加快了高铁核心技术体系自主创新的步伐，通过吸收、消化、再创新和系统集成创新，不仅在专利申请上非常积极，数量占据第一位，其中还不乏关键技术和核心领域的一系列重大突破，形成了一批具有自主知识产权的高铁技术。只有自主创新，才能获得对创新产权和创新收益的主导权和控制权，避免受制于人。因此，符合条件的物流企业应将自主创新作为立根之本，加快技术创新体系建设，通过加强原始创新，推进基础专利研发，掌握核心专利，以此占据主导地位。

2）注重协同创新，构建“产—学—研—用”的创新体系

2008 年 2 月，科技部与原铁道部共同签署了《中国高速列车自主创新联合行动计划合作协议》，打破部门、行业、院校、企业的界限，部署搭建了“产—学—研—用”相结合的一体化高铁创新平台，使得科研成果转化为现实生产力的时间大大缩短。2012 年 5 月，在原铁道部和科技部的共同推动下，原中国南车、原中国北车、中科院金属所、铁道科学研究院、中科院力学所、清华大学、西南交通大学等 16 家成员联合成立了中国高速列车产业技术创新战略联盟。此外，原南车集团与铁道科学研究院、清华大学、西南交通大学、同济大学、北京交通大学、中南大学进行了深度的产学研合作，委托高校进行理论分析和计算，充分利用高校和科研院所的力量，在高度转化高校和科研院所的科研成果的同时，也提高了高铁行业的全面自主创新能力。在科技不断发展的今天，协同创新已成为驱动经济社会发展、加速转变经济发展方式、整合各方面创新资源、提升国家科技创新能力的重要手段之一。因此，物流企事业单位应注重创新资源整合，充分发挥协同创新优势，聚集全球技术创新要素，提升科技创新能力。

3）注重技术转让、技术合作等技术提升和创新方式

由于自主创新，尤其原始创新的成本高、周期长、风险大，且技术的更新换代又特别快，因此，在坚持自主研发的基础上，不排除在必要的时候，通过与专利权人签订专利权许可、专利权转让合同的方式，使用他人的专利技术，或通过联合研发等技术合作途径，加速提高自己的研发和创新能力。在中国高铁发展早期，通过引进国外先进技术进行再创造，无疑加速了中国的研发速度，如法国阿尔斯通公司就向中国高铁企业转让了若干项高铁关键技术。2015 年，中国中车股份有限公司与德国德累斯顿工业大学、德国斯图加特大学共同签署了成立“中德轨道交通技术联合研发中心”合作协议，以轨道交通车辆新技术、新结构、新材料为切入点，开展技术合作与研究，也产出了较多研究成果。物流企业可以借鉴高铁行业类似的成功经验，选择合适的创新伙伴，通过联合市场攻关与转化、技术合作等手段，促进技术市场优势互补、互利共赢，激发创新驱动发展的内生动力，提升行业技术创新能力。

4）研究国际专利布局战略，加强知识产权保护意识

中国高铁技术在引进国外先进技术、购买专利的基础上，通过自主研发，在关键技术和核心领域取得了一系列重大突破并具有了数量庞大的专利，但这主要是中国国内的专利申请，域外专利布局甚少。由于缺少海外专利布局，没有获得国际认可的知识产权，致使中国高铁技术在国际上仍存在争议，有关中国高铁抄袭论的说辞不绝于耳。再加上庞巴迪、西门子、阿尔斯通等国际巨头在全球范围内广泛进行专利布局和专利保护造成的知识产权风险与障碍，进一步限制了中国高铁的国际化脚步。因此，中国物流企业应吸取经验，加强对自身技术的知识产权保护，做到“市场未动，专利先行”，强化国际市场专利申请和布局，并加强知识产权的管理能力，打造知识产权优势。相关企业应根据自身发展的需要，有针对性地实施知识产权保护战略，不断提升和保持市场竞争能力；不仅要积极创造知识产权，更要有长远的知识产权战略，采用多种方式为企业海外专利获权提供便利，注重通过专利布局维护自身海外权益。

5）注重科技创新人才的培养与培育

经济发展靠科技，科技发展靠人才。我国高铁技术的快速发展离不开高水平的人才队伍。物流企事业单位也应重视人才培养，通过优化科技人才集聚与培养支撑体系，加大人力资本投资，完善科技人才使用、引进与激励机制，依托重大科研课题，构建更加高效的科研体系，加强科技创新团队和人才培养力度，创新培养、用好和吸引人才机制，营造科技人才集聚发展的良好环境，建设一支结构合理、素质优良的创新人才队伍。

4 物流企业科技成果及应用案例

4.1　物流企业科技成果

4.2　2017年度中国物流与采购联合会科学技术奖获奖应用案例

随着人工智能、大数据、云计算等底层技术的日益成熟,并与传统物流行业深度融合,物流领域的科技应用正处于爆发性增长的阶段。物流科技多点渗透,覆盖运输、仓储、配送等全作业流程。以"分享最新物流科技前沿趋势,展示最新研发成果和产品"为宗旨,本章主要推介过去一年中在物流技术与装备、物流应用创新、行业进步及社会发展等方面有突出贡献、具有引领性和代表性的物流科技成果。在此基础上,对特定成果的优缺点和应用前景进行分析与展望。

在本章的第二节,选取部分"2017 年度中国物流与采购联合会科学技术奖"获奖企业的科技应用案例,通过理论联系实践,集中展示在全国物流与采购以及生产资料流通领域中的技术发明与科学技术进步成果。

4.1 物流企业科技成果

4.1.1 寒武纪科技——人工智能芯片

4.1.1.1 技术简介

寒武纪科技(以下简称寒武纪)是一家由中科院计算所系统孵化扶持下成立的人工智能技术公司,成立于 2016 年 3 月,总部位于北京。

寒武纪是全球第一家成功流片并拥有成熟产品的智能芯片公司,拥有终端和服务器两条产品线。2016 年推出的寒武纪 1A 处理器(Cambricon - 1A)(见图 4.1)是全球首款商用深度学习专用处理器,在运行主流智能算法时性能功耗比全面超越 CPU 和 GPU。

资料来源:https://cn.technode.com/post/nodebang/2247496571/

图 4.1 寒武纪 1A 处理器

2018 年 5 月 3 日,寒武纪在上海正式发布了多个最新一代终端 IP 产品——采用 7 nm 工艺的终端芯片 Cambricon 1M、首款云端智能芯片 MLU 100 及搭载了 MLU 100 的云端智能处理计算卡。

寒武纪 1M 使用 TSMC 7 nm 工艺生产,其 8 位运算效能比达 5 Tops/W(每瓦 5 万亿次运算)。寒武纪提供了三种尺寸的处理器内核(2 Tops,4 Tops,8 Tops)以满足不同场景下不同量级智能处理的需求。此外,用户还可以通过多核互联进一步提高处理效能。

寒武纪 1M 可支持 CNN,RNN,SOM 等多种深度学习模型,此次又进一步支持了 SVM,k - NN,k - Means 和决策树等经典机器学习算法的加速。该款芯片主要针对人工智能领域计算机视觉、语音识别等方面的任务，面向智能手机、安防监控、可穿戴设备、无人机和智能驾驶等各类应用，其专为神经网络任务优化的架构可以使其达到传统四核 CPU 25 倍以上的性能。

在产品落地应用方面，2017 年 10 月华为发布了搭载全球首款"人工智能处理器"麒麟 970 的手机 Mate 10 系列，其芯片架构就包含了寒武纪的 Cambricon－1A 神经网络处理器（见图 4.2），搭载这款芯片的华为旗舰 Mate 10 每分钟能够识别 2 005 张照片，而苹果的 A11 处理器每分钟仅能识别 889 张照片，在性能上实现了质的飞跃。

资料来源：https://cn.technode.com

图 4.2　华为麒麟 970 芯片架构包含了寒武纪的 Cambricon－1A 神经网络处理器

4.1.1.2　成果述评

2018 年被业界称为"人工智能落地元年"，众多 AI 芯片企业的产品逐步落地商用。"无芯片不 AI、无终端不 AI、无行业不 AI"的时代即将来临。传统 CPU 和 GPU 的框架结构不是专门为 AI 设计的，其效率受到诸多限制。理想中的 AI 芯片应当是一种新型的处理器，能具有广阔的应用面（包括语音、语义、图像、视频、自然语言多模态处理能力），同时具备远超 CPU 和 GPU 的效率。

相比与国外领先水平相差十余年甚至更多、在追赶巨头时遭遇生态壁垒等诸多阻碍的传统芯片行业，初创型 AI 芯片企业全球起步时间几乎同步，人工智能领域尚未出现"独步天下"的国际巨头。上述观点也得到了权威第三方市场研究机构的印证，根据 Compass Intelligence 公司 2018 年 5 月发布的研究报告，在全球前 24 名的人工智能（AI）芯片企业排名表中，共有 7 家中国公司入围，它们分别是：华为（第 12 名）、联发科（第 14 名）、Imagination（第 15 名）、瑞芯微（第 20 名）、芯原（第 21 名）、寒武纪（第 23 名）和地平线机器人（第 24 名）（见表 4.1）。

表 4.1　全球人工智能（AI）芯片企业排名（TOP 24）（2018 年 5 月）

排名	供应商	指数	排名	供应商	指数
1	Nvidia	85.3	6	AMD	74.7
2	Intel	82.9	7	ARM/Softbank	73.0
3	IBM	80.2	8	Qualcomm	73.0
4	Google	78.0	9	Samsung Electronics	72.1
5	Apple Inc	75.3	10	NXP	70.3

表 4.1(续表)

排名	供应商	指数	排名	供应商	指数
11	Broadcom	68.2	18	CEVA	54.0
12	Huawei	64.5	19	Cadence	51.5
13	Synopsys	61.0	20	Rockchip	48.0
14	MediaTek	59.5	21	Verisilcon	47.0
15	Imagination	59.0	22	General Vison	46.0
16	Marvell	58.5	23	Cambricon	44.5
17	Xilinx	58.0	24	Horizon Robotics	38.5
数据来源：Compass Intelligence，LLC					

在肯定成绩的同时，我们也应该清醒地认识到：芯片设计只是开始，而芯片从设计到落地应用是一条漫长的产业链，其过程充满了挑战，至少有如下几个关键环节：

（1）从 PPT 到流片。从寒武纪本次发布的几款芯片来看，1M 处理器 IP 需要 7 nm 制程工艺，目前市面上还没有终端 SoC 芯片使用。目前全球主流的移动终端 SoC 先进制程工艺在 10 nm 水平上，下一代有望迈进 7 nm，但真正有能力做到的也就是苹果、三星、华为这几家。如果 1M 不能与华为继续 IP 授权合作，应用落地将会是个大难题。

（2）芯片全产业链把控。对于寒武纪这类创业公司来说，与芯片巨头相比弱势的往往不是 AI 技术或是 AI 芯片产品设计，而是围绕芯片所衍生的一系列软、硬件的开发维护，包括指令集定义、芯片微架构设计、芯片整体设计、相应软件与工具链的开发与维护、芯片运行的操作系统设计、丰富的函数库建立以及应用程序设计等。

（3）时间与市场的验证。一款芯片还需要得到大量用户的认可才能真正在市场上站住脚，一旦大多数人认可某款芯片架构、某个指令集，那么用户迁移成本就很高，这就是为什么历史上曾经有多次“X86 革命”想取代 X86 架构，但都因为得不到广泛的支持最终以失败告终。

在中美贸易关系及中兴事件再次刺痛“缺芯”软肋的当下，寒武纪已经成为我国 AI 芯片领域一支不可多得的强大力量。不过，在成为“中国芯”逆袭代表之前，上文中提到的那些挑战，还需要一一化解，才能稳健发展。

4.1.2 京东 X 事业部——无人仓

4.1.2.1 技术简介

2016 年，京东正式将“京东物流”作为独立品牌进行运营，并成立京东 X 事业部，囊括京东全自动物流中心、无人机、仓储机器人以及自动驾驶车辆送货等一系列智能物流项目（见图 4.3）。本节所介绍的无人仓作为京东全新一代智能物流技术，其核心特色体现为数据感知、机器人融入和算法指导生产。系统主要囊括三大体系，即无人仓之眼——数据感知，无人仓四肢——机器人，无人仓大脑——人工智能算法。

资料来源：任芳. 无人仓需求在望技术有待突破[J]. 物流技术与应用，2017，22(1)：58–61.

图 4.3　京东无人仓库示意

1）无人仓之眼——数据感知

京东数据感知技术系统通过视觉传感器拍摄库存照片，通过图像处理技术来分析实际库存与系统库存的差异，形成最终的盘点结果。该技术可利用仓储管理系统的大数据、人工智能等模块，更好地生成决策指令，指导库内作业单元工作。

2）无人仓四肢——机器人

无人仓库的作业环节主要包括入库作业、存储作业、订单拣选作业以及打包作业等，其中涉及的自动化设备主要有立体货架、物流机器人、机械臂、自动穿梭车等（见图 4.4），主要设备的功能和技术参数见表 4.2。占据仓库核心位置的立体货架可以充分利用空间，在狭窄货架间运转自如的货架穿梭车（SHUTTLE）可在轨道上高速运行，将料箱精准放入存储位或提取出来，实现极高出入库速度。从立体货架取出的料箱会传送到机器人下面进行拣选，迅速把商品置入相应的包装箱内。无人仓中大量貌似"扫地机"的机器人托着料箱通过地上的二维码定位进行导航，并结合系统的调度，实现整个仓库的合理安排生产。另外六轴机器人可实现拆码垛，自动生成个性化的垛型。

资料来源：http://x.jdwl.com

图 4.4　京东无人仓库机器人

表 4.2　京东 X 事业部主要自动化设备

设备名称	主要功能	技术参数
DELTA 型分拣机器人	三轴并联机械结构加之 3D 视觉系统，可动态完成货品拣选，并根据货品的大小自动更换端拾器，适应更多不同种类货品	工作范围：直径/高度 1 600 mm/500 mm。定位精度：±0.5 mm。极限工作效率：2 500 次/h
叉车 T20	适用于整托盘点到点固定搬运场景，可自主判断暂存道前方是否有托盘	负重：2 t。导航方式：激光导引+反光板。速度：1.7 m/s
分拣 AGV	可实现自动充电，自动避让，路径优化，适用仓储物流小件分拣	负载：5 kg。导航方式：二维码。行驶速度：2 m/s
智能搬运机器人	分为重型和轻型，可实现中小件货到人拣选，整托盘直接上架，搬运到存储区存储，拣选站用机器人拣选出库	载荷：≤300 kg。导航：惯性导航+二维码。行走速度：≥2 m/s
货架穿梭车（SHUTTLE）	运行速度高、定位准确、性能稳定、安全监测（含工况安全，设备作业状态和通信监测）等特性	额定承载：50 kg。料箱规格：长、宽均≤600 mm。货叉进深模式：双倍。导轨约束：单边
六轴机器人（6 - AXIS）	定点作业自由度高，适用搬运，拆码垛等工作	高速作业：8~12 s。载荷：≤165 kg。重复定位精度：±0.05 mm。最大单轴速度：200 °/s

3）无人仓大脑——人工智能算法

人工智能算法作为无人仓大脑，更是其“软实力”所在。例如：上架环节，上架算法将根据上架商品的销售情况和物理属性，自动推荐最合适的存储货位；补货环节，补货算法的设置让商品在拣选区与仓储区的库存量分布达到平衡；出库环节，定位算法将决定最适合被拣选的货位和库存数量，调度算法将驱动最合适的机器人进行货到“人/机器人”的搬运，以及匹配最合适的工作站进行生产；等等。整个无人仓技术的实现，算法是核心和灵魂，能使库内作业效率得到极大的提高。丰富的数据感知、人工智能算法决策和机器人系统组成了京东无人仓眼睛、大脑和四肢，面对大量货品的流动，有条不紊地进行调配和操作。与传统的仓储模式相比，京东无人仓技术在运营效率、灵活性、吞吐量等方面跨上了一个新的台阶。

4.1.2.2　成果述评

智能物流升级发展，以及电商海量订单处理对高效率自动化系统需求不断增加，传统物流系统已经难以满足；土地以及人工成本的不断上涨，“机器换人”“空间换地”成为趋势，降低对人工需求的依赖已成为仓储技术发展目标。

无人仓技术可以减少人工成本，而且能适应有毒、黑暗、低温等特殊场合的需要。但采用无人仓技术，特别是仓库建成之后，仓库的类型、物资的吞吐量和仓库的容量就固定下来，这时如果外部的因素发生突然的变化，仓库对其变化就缺乏弹性，无法适应变化。

从物流技术本身的发展来看，无人仓技术能替代人工实现更加准确、高效的作业，同时使得物流作业成本大幅降低，并且随着无人仓技术越来越成熟、应用越来越广泛，其固定成本也将得到有效降低，投资回报率不断提高。但是无人仓前期投资大、建设周期长，特别是立体化仓库建设，其硬件和软件需要很高的资金投入和安装建设费用，而且设备维护要求高，因此必须依赖供应商，以便在系统出现故障时能得到及时的技术援助。

总之，物流领域“无人化”的星星之火已然愈燃愈烈，期待无人仓等物流技术解决其缺陷不足后，能在未来给我们带来更迅速、更好的用户体验。

4.1.3 海康威视——智能仓储机器人

4.1.3.1 技术简介

海康威视是一家以视频为核心的物联网解决方案提供商，为全球提供安防、可视化管理和大数据服务（见图4.5）。海康威视拥有视音频编解码、视频图像处理、视音频数据存储等核心技术，以及云计算、大数据、深度学习等前瞻技术，针对公安、交通、司法、文教卫、金融、能源和智能楼宇等众多行业提供专业的细分产品、IVM智能可视化管理解决方案和大数据服务。在视频监控行业之外，海康威视基于视频技术，将业务延伸到智能家居、工业自动化和汽车电子等行业，为持续发展打开了新的空间。

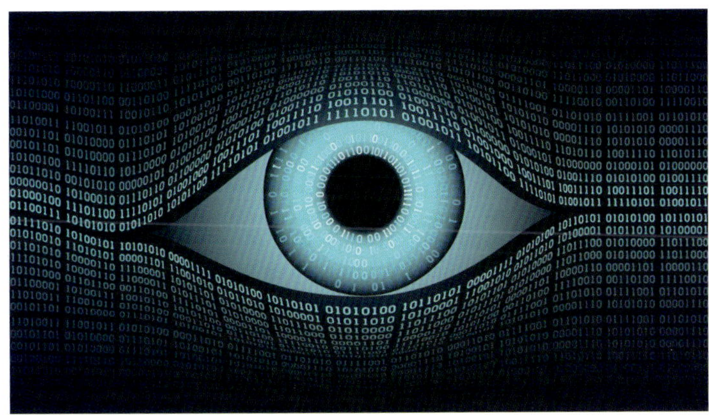

资料来源：www.nanalyze.com

图4.5 海康威视——机器视觉领域的佼佼者

在2017年度物流大展CeMAT上，海康威视亮相了几款物流搬运机器人新品，包括无人叉车系列及复合型机器人系列，同时还带来了自主研发的即时定位与地图构建（simultaneous localization and mapping, SLAM）导航系统。

1）无人叉车

无人叉车（见图4.6）能在高位货架情况下取代人工，实现自动接驳物料。结合海康威视的机器视觉系统，可定制实现货物的盘点和休积测量等功能。该产品的出现将使无人搬运从地堆式向高位货架方向发展，进一步提高空间利用率，降低生产成本。

资料来源：http://npic7.kuwankeji.com/cn/zixun/zh-chs/2017-11/04/118643-bab297c6a64d4f89b1f816fef31a7ba1.jpeg

图4.6 海康威视推出的无人叉车

性能特点：

（1）定位导航系统：激光 SLAM+惯性导航，部署方便、路线灵活、柔性避障。

（2）智能取货系统：负载能力 1.6~2 t，最高可堆叠货物 4.5 m，起升高度定位精度±2.5 mm；车体长度小，可在宽为 3 m 的通道内直角堆垛。

（3）驱动系统：稳定高效，运行速度可达 1.5 m/s，转弯速度可达 0.7 m/s。

（4）多级安全防护：激光传感器、光电检测、货物到位检测等。

（5）智能电源管理：预设多级电量阈值，低于阈值自主充电。

2）复合型机器人

复合型机器人（见图 4.7）是搬运机器人与机械臂的结合，可完成散件物料的自主识别、抓取和搬运，助力车间无人化作业，减少人工成本，提高车间自动化程度，适用于电商，制造商以及 3C 制造业。

资料来源：http://www.sohu.com/a/208643196_665222

图 4.7　海康威视复合型机器人

性能特点：

（1）定位导航系统：激光 SLAM+惯性导航，部署方便、路线灵活、柔性避障。

（2）智能取货系统：结合视觉定位，机械臂定位精度可达±0.1 mm。

（3）驱动系统：稳定高效，停止精度±5 mm，运行速度 1.5 m/s。

（4）多级安全防护：激光传感器、超声检测、声光报警等。

（5）智能电源管理：预设多级电量阈值，低于阈值自主充电。

3）SLAM 导航系统

新品复合型机器人和叉车机器人采用激光 SLAM 导航技术，其中的定位、导航、构建、避障等核心算法完全由海康威视自主研发。对于用户来说，有了激光 SLAM 导航技术，不再需要人工铺设磁条、磁钉等标记并预先构建地图，减少了人力和部署成本，机器人可以边服务边构建，并能应对变化的场景。此外，采用该技术的机器人路线灵活，特别是在较为复杂多变的场景下优势显著。

4.1.3.2　成果述评

机器视觉相当于给机器人装上了眼睛，从读码、测量体积等基础信息的自动识别，到与机械臂配合的自动码垛，再到搬运机器人的定位引导等环节都会用到机器视觉的相关技术。海康威视在硬件、嵌入式、ISP 和模式识别等技术领域有非常深厚的技术积累，这些都是机器视觉的基础核心技术。

因此，相比其他以现有技术方案组合集成为主的同行竞争者，海康威视能做的事情更多，响应用户需求的速度也更快。同时，海康威视完整的供应链体系能够保证机器人的质量及成本优势。

放眼市场，智能仓储机器人市场群雄割据的时代已经到来，物流系统集成商、新兴物流机器人企业、传统机器人企业百舸争流、各显神通。各类机器人产品、导航技术以及行业应用解决方案层出不穷，为物流领域的客户提供了丰富的选择。

物流系统集成商方面：昆船物流推出了智能分拣 AGV 系统，该系统适合大流量物流搬运及处理，满足大规模 AGV 集群作业；沈阳新松机器人推出了轻型智能码垛系统、智能巡检复合型机器人、舞台移动机器人等多款物流机器人创新产品；ABB 集团推出了携柔性物流工作站机器人；发那科机器人着重展示了中型高速搬运和小型高速机器人。

新兴物流机器人企业方面：北京极智嘉科技有限公司（Geek+）推出一款最新研发的第五代拣选机器人以及一款采用最新 SLAM 导航技术的搬运机器人；上海快仓智能科技有限公司推出了电商行业应用相对成熟的货架到人机器人系统；北京艾瑞思机器人技术有限公司则主推基于新一代智能仓储机器人 iWR 的“货到人”拣选系统、高度柔性的 SLAM 导航移动机器人；以算法为核心技术的牧星智能则推出了智能仓储机器人系统。

在行业发展的同时，我们也发现，各家产品的技术方案相似度颇高，核心技术壁垒尚未建立，国内的仓储机器人市场面临着同质化竞争越来越激烈的局面。海康威视作为全球安防摄像头领域的佼佼者，在图像采集、处理、分析，模式识别，深度学习等技术领域有着深厚的技术积累，将这些技术运用整合至机器人业务，是海康威视在智能机器人行业立足的关键所在。在传统仓储机器人基本功能的基础上，整合货物的自主识别、盘点、扫码、称重、体积测量、数据融合绑定等功能，实现从产品到系统到行业解决方案的跨越，才能真正建立起核心技术壁垒，使公司在如今新兴机器人公司林立的环境中占据一席之地。

4.1.4　图森未来科技——港口无人驾驶集卡

4.1.4.1　技术简介

图森未来科技（TuSimple）（以下简称图森未来）是一家中美联合创办的人工智能和自动驾驶公司，成立于 2015 年 9 月。图森未来提供以计算机视觉为主的可商用 L4 级自动驾驶解决方案、高速公路场景及港区内部集装箱卡车的无人驾驶运输解决方案。

2018 年 4 月 3 日，图森未来对外发布了全球首个基于完全自有车辆的港区内部集装箱卡车车队自动驾驶测试视频（见图 4.8），宣布进入港区内部集装箱卡车无人驾驶运输市场。

图森未来 COO 郝佳男表示，现阶段，图森未来已能够实现现有港机系统及港务系统的无人码头内集装箱转运车队间的对接，拥有由干线运输到区域内运输的整套无人驾驶技术解决方案。目前该公司已有 5 辆完全自有的自动驾驶卡车在国内某港口测试，预计在 2018 年底将达到 25 辆左右。

资料来源：www.tusimple.com

图 4.8 图森未来无人驾驶集装箱卡车

传感器方案上，图森未来使用了 GPS，IMU，5 台摄像机和 4 台毫米波雷达。不同于以 64 线激光雷达为主传感器的业内主流驾驶系统开发商，图森未来使用的是与特斯拉 Auto-pilot 相似的计算机视觉感知方案。

使用自主采集的训练数据集和自主研发的一系列算法，图森未来的方案可以实现定位导航、车道检测、物体检测、识别和追踪等自动驾驶核心功能。除了分析传统的外部数据之外，基于对内双目摄像头采集的图像，算法可以对司机的面部进行识别，通过视线追踪技术进行疲劳驾驶和分神驾驶的检测——通过对司机状态的监控，系统可以在需要移交控制权（L4 至 L0 模式）的情况下让司机提前做好准备，避免交接不及带来的风险。

4.1.4.2 成果述评

将图森未来与业内大多数自动驾驶创业公司区分开的是其对细分市场的清晰定位——致力于限定场景（港口、园区）下 L4 级自动驾驶技术研发。在这个细分领域，无人驾驶技术有望率先实现商业化落地。

首先，传统 AGV 虽然能够解决港口集卡司机短缺这一问题，但是这套方案对旧港的改造难度大、成本高，应用场景受到制约。相比之下，利用无人内集卡替代人力的方式则可以在帮助港口集团降低运营成本、提升运营效率的同时，降低安全风险。

其次，港口作业区作为特殊场所，对人员、车辆进出管理严格，区域环境相对封闭、可控，这就降低了自动驾驶卡车技术的商业化落地难度。

也正是基于上述原因，巨头们纷纷瞄准了这个前景开阔的领域。特斯拉 2017 年推出半挂式无人货车 Semi，预计将于 2019 年上市。国内，2017 年 9 月京东宣布推出基于上汽大通 EV80 的新能源无人货车和东风电动无人货车，并已开始进行路试。此外，滴滴研究院创始院长何晓飞也在离职后选择了创业，计划自己打造无人货车，该产品已进入路测阶段。

现阶段无人驾驶的市场还没有打开。在自动驾驶示范园区之外，自动驾驶车辆的上路甚至路试都是不被现行法律法规允许的。这其实是一个双向推动的过程：技术的成熟和产品的完善可以引导政策上的支持，而政策上的规范和推动又可以带入更多玩家、减少市场不确定性，从而加速技术的发展及产品的工程化和商业化。

4.1.5 Zipline——无人机货运解决方案

4.1.5.1 技术简介

Zipline 是一家总部位于美国加州的无人机初创公司，由一群来自 SpaceX、波音、谷歌和 Willow Garage 的工程师在 2011 年创办。该公司的宗旨是制造和使用无人机来造福社会，其击败了亚马逊、联邦快递和美国联合包裹（UPS）等物流领域的巨头，早在 2016 年就在东非国家卢旺达推出了基于无人机的物流配送服务。2017 年 8 月，该公司宣布将无人机配送服务扩展至坦桑尼亚，面向坦桑尼亚境内的 1 000 多个医疗站提供无人机送货服务。

Zipline 的无人机（见图 4.9）能够把交货时间降低到以分钟计算。这些被称作 Zip 的无人机把血液包从卢旺达穆汉加的一个配送中心送到周边 75 km 内的 21 家医院。在紧急情况下，医生可以使用 WhatsApp 发送信息请求血液。随后，血液包被放入一架 Zip 中，无人机弹射器将 Zip 弹射到空中。无人机使用 GPS 导航（并与卢旺达空中交通管制协调）飞向目标。Zip 一般会在初始请求发出后的 1 h 内到达目的地。到达时，医生会收到来自 WhatsApp 的信息，走出房外，Zip 随后把血液包放在一个带着小降落伞的填充容器里投放下来。随后，Zip 回到总部，降落在一个有辅助着陆抓钩的软垫子上。更换电池后，它就可以准备下一次飞行了（见图 4.10）。

2018 年 4 月，Zipline 发布了全球最快的商业送货无人机，最高时速可达 128 km/h。该公司改进了无人机存储和装载的配送中心，并使用计算机视觉技术帮助进行飞行前检查。这些变化将接收订单到无人机起飞的时间从 10 min 缩减为短短 1 min。单个物流中心管理的日均飞行架次从 50 次提高到 500 次。该公司称，其固定翼无人机的服务范围比典型的四轴飞行器要大得多，在往返行程长达 160 km 的情况下，可承载多达 1.75 kg 的货物。

资料来源：technewstoday.com

图 4.9 Zipline 血液配送无人机

注：1—配送中心收到用户发送的WhatsApp信息，将物品塞到一个负重箱中并置入机身仓内；
2—通过扫描机身二维码连接控制设备启动任务；
3—飞机依靠弹射装置起飞，之后进入全自动飞行状态；
4—到达目的地之后通知操控人员，药品从约15 m的高空中抛出，依靠纸质降落伞落地；
5—飞机依靠支架两侧尼龙绳将飞行降落中的飞机“拖拽”下来，完成返航

资料来源：http://tech.sina.com.cn/

图 4.10 Zipline 的工作流程示意

4.1.5.2 成果述评

无论是国外的谷歌、亚马逊、UPS 等科技巨头，还是国内的京东、顺丰、阿里都在研发无人机技术，拓展无人机物流业务。然而，全球范围内成熟的无人机运作系统却寥寥无几，所涉及领域也十分有限。如何才能将无人机的应用系统化、规模化，如何才能让无人机更好地服务人类，Zipline 的案例或许能够给无人机物流行业带来些许启示。

大公司所遇到的“障碍”，主要体现在以下两点：

(1) 技术限制：城市里的环境错综复杂，无人机不仅面临着续航及载重能力的限制，还得面临如何自动避障、如何适应恶劣天气、如何精准定位以及实现准确投放等技术问题。

(2) 政策限制：由于各国的无人机送货均处于测试阶段，监管规则极为匮乏，国内外立法上普遍禁止无人机超视距飞行和在人群上空飞行。

“送快递”和“送血袋”之间的商业定位没有高低贵贱之分，但是这种区别却会塑造出不同的企业愿景、战略以及产品服务的形态。这也就是为何在巨头林立的无人机物流领域中，Zipline 只身深入非洲，却能够率先走出概念设计和验证阶段，进入落地的商业运营阶段的原因。

回到国内，京东在 2016 年便提出要用无人机送货解决农村物流成本高的问题，但目前来看，其测试的重心依然在城市，效果也并不明显；2017 年 7 月，顺丰宣布将斥资 7.4 亿元在成都建立大型物流无人

机基地,目前仍处于起步规划阶段。像 Zipline 这样,已经进入商业运营阶段的案例几乎没有。

对于无人机送货来说,由于技术及监管体系的不成熟,政策制定难度将会长期存在。相对于城市而言,在政策限制相对宽松、人口密度相对较低的农村地区能率先成为无人机物流的练兵场,从医疗救助、应急抢修等特种场景找到突破口,由点及面逐步展开,助推交通基础设施薄弱的地区实现物流方式的跨越式发展,真正迈入"即时物流"的新时代。

4.1.6 菜鸟智慧快递社区——快递躺收系统

4.1.6.1 技术简介

菜鸟网络科技有限公司(以下简称菜鸟)成立于 2013 年 5 月 28 日,由阿里巴巴集团、银泰集团联合复星集团、富春控股、三通一达(申通、圆通、中通、韵达)等共同组建。躺收智慧快递社区(见图 4.11),是继支付宝的"空付"和淘宝的 buy+之后又一黑科技产品,不仅满足了消费者日益增长的物质需求,而且节约了人力成本,提高了配送效率,加速智慧物流进程。

资料来源:https://mp.weixin.qq.com/s/MmhQmi3JiYSkBIrlq1q-BQ

图 4.11 最后一公里的菜鸟解决方案——躺收智慧快递社区示意

菜鸟推出快递躺收系统可以让智慧快递社区成为现实:收快递不用开门,智慧快递社区的物流系统可直接将包裹传送到家。这不仅方便快递员,减少人力浪费,而且构成简单,主要通过智能管道系统、菜鸟驿站连通社区的每家每户,实现包裹的安全、便利送达。

这个已经改造完成的智慧快递社区位于杭州市余杭区,由四大部分组成:智能管道系统(见图 4.12)、人脸识别系统(见图 4.13)、智能快递箱(见图 4.14)、APP 智能控制。智能快递箱还能实现温度控制,同时逆向物流还能实现包裹回收、退换货自动送达。

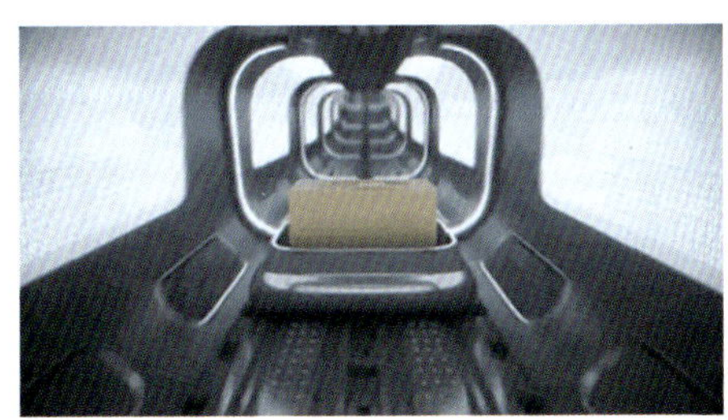
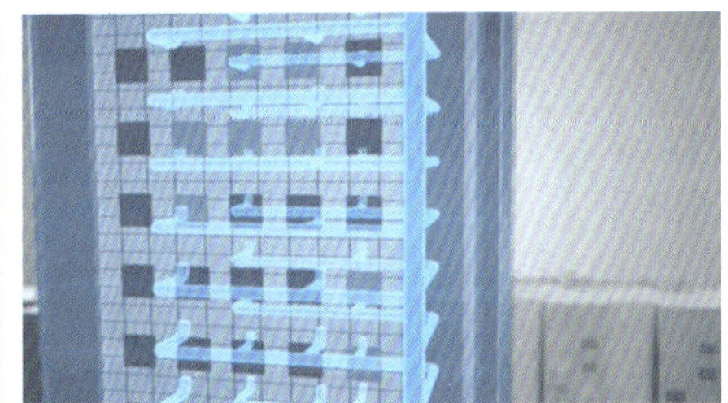

资料来源:https://mp.weixin.qq.com/s/MmhQmi3JiYSkBIrlq1q-BQ

图 4.12 智能管道系统

资料来源：https://mp.weixin.qq.com/s/MmhQmi3JiYSkBIrlq1q-BQ

图 4.13　人脸识别系统

资料来源：https://mp.weixin.qq.com/s/MmhQmi3JiYSkBIrlq1q-BQ

图 4.14　智能快递箱

在躺收智慧快递社区中，菜鸟驿站与建筑融为一体，只需要一次管道改造，就可以省去大笔租金。快递公司可将更多的精力放在提升服务质量上，确保每个包裹都能快速安全送达。不仅如此，收取包裹也更加安全。躺收智慧快递社区先对快递员进行身份认证，再对包裹进行安全检测，层层把关，既安全，又能保护隐私。随着对房屋的管道改造，这一系统可以复制，躺着收包裹的时代即将到来。

4.1.6.2　成果述评

纵观整个快递流通过程，受益于信息化进程的加速，快递仓储和转运已经成功实现了部分机器替代人工，通过对流程的优化，效率相较以往已有很大提高。但物流“最后一公里”目前仍然以人工送货为主，快递人员效率成为快递业关键，很难通过流程改进等方式来解决效率问题。

从服务对象来看，“最后一公里”是供应链活动的最后一个环节，也是与服务对象最接近的人员。快递躺收系统可缓和快递员与用户之间的关系，用户不用担心快递收取时间，快递员不用担心重复递送快递，可以节省时间，减少人力消耗。但是快递躺收系统的通道形式存在安全性问题，通道的宽窄大小能否方便人员进入且方便维修，对于小偷是否有一定防范性，都需要进一步验证。

菜鸟包裹推出的快递躺收系统是一次技术创新，然而能否将这个技术推广却是一个大问题，智能管道的成本以及社区的可实施性也值得我们考虑。管道改造在技术上实现不是难题，由于涉及对房屋的管道改造，因此需要政府、物业以及业主等相互协调，而且涉及房地产商、物业、物流公司和科技公司等，这之间的利益如何平衡，尚不可知。最后，对于整套系统改造所需时间和资金，都需要投入，而且全国城市小区数量之多，小区房屋质量的不同，对于改造都存在一定问题，需要一一解决。

痛点虽多，但前景光明。未来随着企业的布局完成，商务模式的进一步明晰，存在的问题一一解决后，希望该方式能成为全新的最后 100 米终极解决方案。

4.2 2017 年度中国物流与采购联合会科学技术奖获奖应用案例

4.2.1 供应链信息化协同的应用与实践

4.2.1.1 项目背景

AI 技术、大数据、3D 打印等新技术在生活、生产领域的广泛应用，让我们的生活变得更加舒适，同时也让我们的生活更匆忙、竞争更激烈；新技术也加剧了企业的竞争，拉大了企业间的差距。越来越多的企业已经将创新技术融入到企业发展、转型、提升的管理应用中。例如：亚马逊利用大数据来监控、追踪，确保其 15 亿库存商品准确地存放于全球 200 个订单履行中心当中，利用“预测分析”（predictive analytics）技术可以实现“预期发货”（anticipatory shipping）的情景，即，当客户打算购买一件商品的时候（注意是打算购买尚未正式下单），亚马逊就将货物提前发运（pre-ship）到离客户最近的仓储中心。这种对供应链的优化极大地提升了客户体验。

4.2.1.2 项目科学技术内容

“供应链信息化协同的应用与实践”项目以“深挖价值促发展”为出发点，以四川移动为研究对象，对供应链价值提升进行探索和实施，梳理了从需求到采购，从订单到货物接收，从接收入库到结算付款等环节，对内部关注的信息和供应商关注的信息分别进行梳理，对供应链管理过程中发现的问题进行快速排查、逐步解决。该项目通过强化与供应商之间信息交互和协同能力，提升整体采购效率和采购满意度，缩短供货周期，降低采购成本，提升管理效益和经济效益。

1）全面供应商协同，提升采购运作效率

针对供应商管理基础信息能力薄弱、质量管理体系不够完善的痛点和难点，该项目依托供应商门户，为供应商参与供应链业务构建信息平台，从而构建起包含供应商注册、交易、评估（考核）、分类分级等在内的供应链协同管理能力，使得供应链管理流程标准化、业务协同透明化水平显著提升，信息流转更加高效。供应商协同模型见图 4.15。

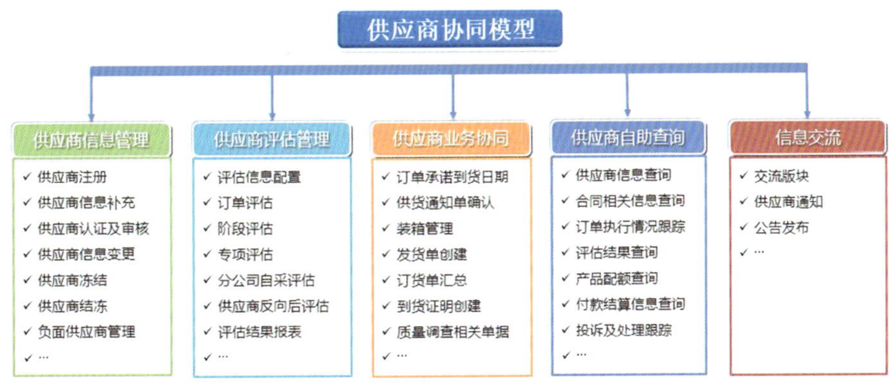

图 4.15 供应商协同模型

2）深度战略协同，共促管理效益提升

该项目通过与重要合同厂商共同开展供应链领域的实践研究，基于 Gartner 的需求驱动价值网络理论（Demand-Driven Value Network，DDVN）评估四川移动供应链运作成熟度，制定中长期发展规划，构建核心供应链能力。通过深度挖掘供应链上下游协同能力，提升需求响应效率和协同合作价值。

现代大型企业大多在应用 ERP 信息化系统进行供应链管理，但系统构建基本以满足自身使用需求为目标，因此各家供应商与四川移动的信息系统之间“语言不通”，供需双方还是需要通过线下沟通的方式开展需求收集、规划设计、采购供货、物流运输和工程建设等工作，依靠“人拉肩扛”等方式进行信息传递，工作量大、效率低下、沟通周期长，而且容易出错。

对于重要的战略合作伙伴，该项目从产品设计、需求计划、订单履行、生产计划与备货和物流仓储等环节入手，以 IT 连接为载体打通双方信息系统流程（见图 4.16），实现四川移动与战略合作伙伴端到端全流程线上业务协同和信息共享，有效提升整体采购供应效率。对供应商资源进行价值发现、价值利用、价值创造、价值传递，从而打造出可持续性的、有竞争优势的共赢价值链。

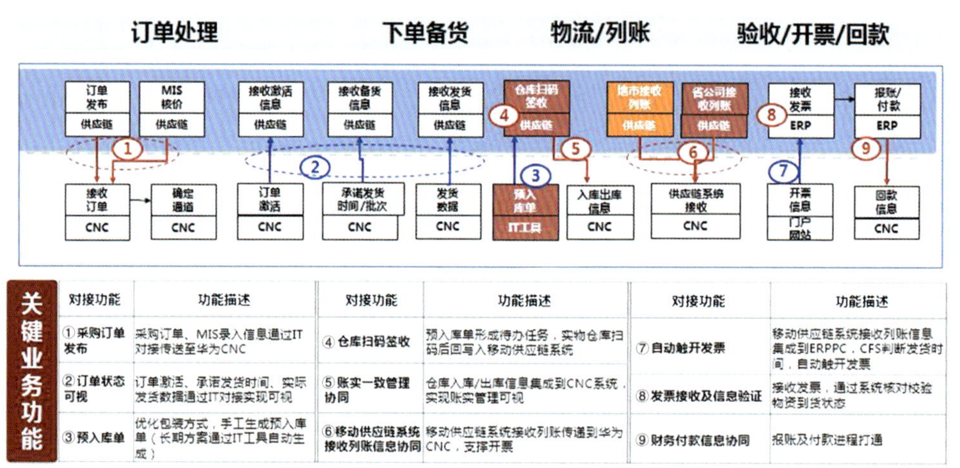

对接功能	功能描述	对接功能	功能描述	对接功能	功能描述
①采购订单发布	采购订单、MIS录入信息通过IT对接传送至华为CNC	④仓库扫码签收	预入库单形成待办任务，实物仓库扫码后回写入移动供应链系统	⑦自动触开发票	移动供应链系统接收列账信息集成到ERPPC，CFS判断发货时间，自动触开发票
②订单状态可视	订单激活、承诺发货时间、实际发货数据通过IT对接实现可视	⑤账实一致管理协同	仓库入库/出库信息集成到CNC系统，实现账实管理可视	⑧发票接收及信息验证	接收发票，通过系统核对校验物资到货状态
③预入库单	优化包装方式，手工生成预入库单（长期方案通过IT工具自动生成）	⑥移动供应链系统接收列账信息协同	移动供应链系统接收列账传递到华为CNC，支撑开票	⑨财务付款信息协同	报账及付款进程打通

图 4.16　IT 连接方案全景示意

3）嵌入风险防控，固守安全底线

该项目通过网格化方式，从供应链每个阶段、每个岗位、每个节点入手，推进廉洁风险防控机制建设。同时提升系统的安全性，保障业务稳定开展、数据安全可靠。

需求阶段，增加合同数据合规性校验，提前阻止超合同下订单。采购阶段，增加合同到期、份额不足系统自动预警功能，提醒采购员提前启动新一轮采购寻源和合同签订工作，避免出现采购结果断档的情况。订单下达阶段，通过建立强制校验规则，系统判断与人工审批相结合双重防控，提高错误识别能力，确保订单信息准确，杜绝“买贵、买多、买错”。供应商也可以在线查询自己的合同、订单履行比例、到期时间等信息，方便双方沟通下单需求。

4）深化战略协同，共促质量提升

一方面通过深化与供应商互动协同，授人以渔。组织核心供应商交流、培训，拓展信息化对接范围，提升供应商信息化协同能力。另一方面在供应商门户为供应商提供对自身权益的合理申诉通道，打造阳光供应链氛围。同时提升四川移动自身的供应商管理能力，与华为、IBM 等具备先进管理理念的供应商开展工作交流，取长补短。四川移动将质量调查评估作为供应商尾款支付的主要依据。依托供应链系统的流程机制，采用“谁使用、谁反馈”原则，对产品质量、服务等进行及时反馈，实现质量调查反馈率达到 100%。2017 年通过质量调查流程有效阻止了 12 个问题供应商、18 批次问题产品的尾款支付申请。

5）深挖价值数据，协同战略提升

首先，该项目提出通过整合，优化虚拟和现实世界中的资源、信息，致力于打造高灵活度、高资源利用率的“智能供应链”，实现从产品需求、采购、使用、考核、结算的连续、实时信息流通。扎根于大数据、物联网、人工智能等突破性技术，贯穿整个商业价值链的“数字线程”，将供应链打造成为企业辅助决策的支撑、企业发展提升的核心支撑。

其次，通过端到端的订单管理，实时收集和监测产品数据和需求数据。截至 2018 年 8 月，已有 1 077 家供应商通过协同平台参与四川移动采购物流业务，与华为等战略伙伴更是直接进行生产系统接口，实现订单、供货通知、生产、发货、接收、订货单汇总和付款全流程的对接（见图 4.17）。

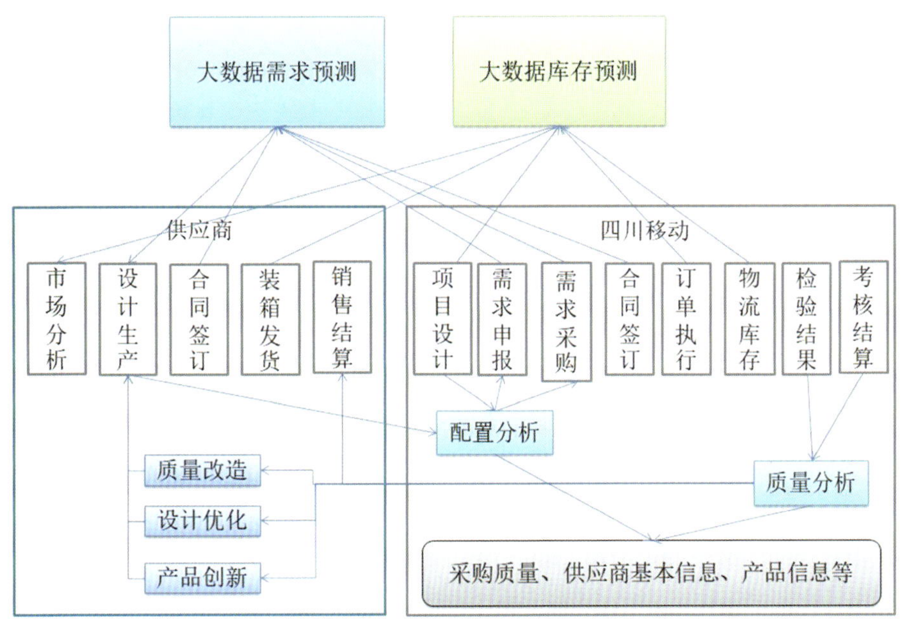

图 4.17　协同供应链

A.建立需求预测模型，促进效率提升

需求预测是整个供应链的源头，整个市场需求波动的晴雨表，需求预测的灵敏与否直接关系到库存策略、生产安排以及订单交付率，产品的缺货和脱销都可能给企业带来损失风险。协同供应商借助机器学习、大数据等相关技术，由系统自动给出优化建议，并与生产系统相连接，实现全流程自动化，这就是供应链优化的目标。在这里有一项技术——预测技术起着至关重要的底层支撑作用。据有关部门估算，1%的预测准确度的提升可以节约数倍的运营成本。精确的预测能够让供应链获得较快的响应速度，同时提升经营效率。

首先，通过建立需求预测的相关要素——历史需求、产品的提前期、产品特性等，构建一套合理的需求预测模型，实现投资计划物资需求分解，精准化物资需求预测。

其次，运用“四象限法则”对需求物资类型进行细化分解，对不同物资采用差异化的库存策略，建立差异化的预测模型（见图 4.18）。例如工程类物资，可分解为具有通用性、使用范围广、使用量较大、价值较高的物资，如天线、光缆、馈线、PON 等产品。

图 4.18　产品分类

最后，引用科学的算法实现物资预测。通过对工程建设项目中所使用工程物资历史数据，结合工程建设项目的专业性质、项目特征，利用移动平均法、一元线性回归法等统计学预测算法，建立物资需求数据评估模型，计算预测下一年度及各季度等工程物资需求量。

（1）基于标准化通用产品及主设备等重点物资需求，按标准产品维度，确定物资预测产品范围。

（2）基于供应链数据中心仓库，建立各投资专业所有项目的年度物资使用分布数据模型，统计时间段为四川移动以往 3 年（2015—2017 年）。物资使用记录包括投资专业、使用年度、物料编码、规格型号、单位、数量、成本金额等。根据物料编码与产品的对照关系，确定哪些物资（按物料编码）需要纳入统计样本的历史数据。

（3）采用移动平均法算法、一元线性回归算法等对不同的物资进行分类计算，使预测需求能最大限度地趋近于实际需求。

（4）移动平均法算法模型：用一组最近的实际数据值来预测未来一期或几期内公司产品的需求量、公司产能等的一种常用方法。当产品需求既不快速增长也不快速下降，且不存在季节性因素时，移动平均法能有效地消除预测中的随机波动。简单的移动平均的计算公式为

$$F_t = (A_{t-1} + A_{t-2} + A_{t-3} + \cdots + A_{t-n})/n$$

式中：F_t 为对下一期的预测值；n 为移动平均的时期个数；A_{t-1} 为前 1 期实际值；A_{t-2}，A_{t-3} 和 A_{t-n} 分别表示前 2 期、前 3 期和前 n 期的实际值。

通过数据抽取模型，获取最近 3 年四川移动各产品实际使用数量统计数据，考虑年度投资规模因素，确定每万元投资使用物资数量，即 A_1，A_2 和 A_3。

按照移动平均数据模型，计算得到各专业下一年每万元投资的物资需求预测值。按照产品维度进行物资需求汇总，再乘以投资规模因子，得到各专业下一年物资需求预测值。

（5）一元线性回归算法模型：从两个相关变量中的一个变量去估计另一个变量，如果因变量 Y 与自变量 X 之间的数量变化关系呈近似线性关系，就可以建立一元线性回归方程 $Y=f(X)$，由自变量 X 的值来预测因变量 Y 的值，这就是一元线性回归预测。根据最小平方法或其他方法，可以从样本数据确定常数项 A 与回归系数 B 的值。

一元线性回归公式：

$$y_i = \alpha + \beta x_i + \varepsilon_i$$

其中 α 和 β 是常数。随机扰动项 ε_i 是无法直接观测的随机变量。为了进行回归分析,通常假定 ε_i 是零均值[$E(\varepsilon_i)=0$]、同方差[$D(\varepsilon_i)=\sigma^2$]、相互独立[$\mathrm{cov}(\varepsilon_i,\varepsilon_j)=0$]且服从正态分布。对一元线性回归公式求均值则有

$$E(y_i)=\alpha+\beta x_i$$

通过统计获取最近 3 年四川移动专业投资金额,实际使用产品数量数据,对每个专业,建立一元线性回归方程式 $y=a+bx$,即 X_1,X_2 和 X_3。各专业的常数项 a 与系数 b 的值可按下列公式计算:

$$a=\frac{\sum y-b\sum x}{n},b=\frac{n\sum xy-\sum x\sum y}{n\sum x^2-(\sum x)^2}$$

按照一元线性回归算法模型,计算得到各专业计划在预定投资规模下的物资需求预测值。按照产品维度进行物资需求汇总,得到四川移动下一年各产品物资需求预测值。

(6)需求预测调整:计算所得预测数据与工程物资需求计划中同类物资的计划数据进行比较,计算误差率;误差率=((计划数-预测数)/计划数)×100%,由误差率来判断计划数是否合理,是否需要进行调整。

通过物资需求预测,提前有计划地组织物资采购和供应,减少突发需求成本和库存积压,较好地满足四川移动投资建设项目正常物资需求,确保公司工程投资建设项目按期有序进行。需求预测模型的使用,使得产品突发需求次数同比减少 26.09%,有效保障了业务需求。

B.共建安全库存,实现降本增效

聚焦全省的关键业务需求,并做到快速响应、有效支撑并降低库存,加快物资周转,降低物资呆滞、减少资金占用,保障及时供应。四川移动协同供应商,对供应产品的使用情况、库存情况、生产周期,以及物料采购周期等进行深入研究,形成量化的时间周期,建立有效的评估模型,针对产品、物料做到安全库存的预测。

基于历史物资供应及领用情况,通过大数据技术和管理模型算法模型,自动获取各物资平均供货周期、物资需求量、库存水平、订货点等,制定企业的安全库存策略。采用(t,R,S)策略,确定最大安全库存、订货点。按照安全库存策略进行相应设置,自动进行库存预警和采购补货。

6)供应商协同效益

最后建立供应商协同管理机制,从需求、采购寻源、采购执行、到货检测、供应商考核结算等全流程同供应商形成有效的信息交互,在采购效率、采购准确度、采购执行效率等方面都得到有效的提升。

4.2.1.3 小结

该项目本着"以服务为中心,以数据为驱动,共筑协同发展,共创价值提升"的思想,将四川移动内部的协同延伸到采购上下游,由内而外的全程协同合作,通过供应链采购全程信息化、标准化管理,在提升采购效率、促进服务质量、提升供应链效益等方面起到有力的基础支撑作用。通过建立闭环的沟通管理机制,将四川移动对采购产品的检测结果,对供应商的考核结果在线公示,供应商对结果可自查、可申诉,使得供需双方具备良好的沟通基础,问题处理过程也更加阳光可视。与战略伙伴之间,通过双方系统对接,使采购订单、生产制造、物流运输、到货检测、结算等全流程信息互通,相应业务节点人员随时掌握相应业务单据的流转进度,打破原有人工信息传递的繁杂模式,有效提升了信息交互能力,缩短采购供货周期。在供应链海量的数据资源中将需求情况、供应商产品情况、供应商服务质量、考核情况、库存情况等进行数据提炼,并通过建立有效算法模型进行需求预测分析,为四川移动采购和供应商生产备货

提供前瞻性依据，从而降低生产成本和采购成本。

4.2.2 预应力与外保温技术在成都银犁二期冷库的应用

4.2.2.1 项目背景

成都银犁冷藏物流股份有限公司成立于2009年3月，注册资金3亿元，是四川省、成都市、青白江区三级政府规划的西部大宗散货物流园区的重点建设项目。该公司是集农副产品保鲜、冷冻、冷藏、流通加工、城市食品配送及地产开发于一体的商贸物流企业。

近年来，伴随着规模化种养殖的普及，大规模、大流通的商业形态已经形成，冷冻、冷藏行业得到爆发式增长。传统冷库的建筑构造包含了大量密集的柱网及抗震剪力墙，上述结构设计严重影响了冷库货架的排布，极大地制约了冷库的有效仓容，并且非常不利于大规模机械作业的开展。

大型冷库是生鲜物流、冷链物流的重要节点，机械化作业是现代物流的基本要求，如果在大型冷库没有机械化作业的全面开展，就谈不上整个冷链物流的自动化和智能化。因此，新一代大型冷库的设计建造必须充分满足大规模机械作业的需要，这是当前摆在我国冷链物流行业的重要问题。

基于上述种种原因，在银犁冷库二期项目中，引入大柱距预应力技术工艺。2017年底，国内首座大柱距预应力及外保温冷库建成启用。该项目冷库总面积达14万m^2，造价（土建）为1 352.3元/m^2，同比一期传统结构冷库，单位面积造价基本持平，但有效仓容比传统结构冷库提高41.8%，并且极大提升了库内机械作业效率，降低了后期维护费用。

4.2.2.2 项目科学技术内容

1）项目结构设计

成都银犁冷链物流中心二期项目B4库和B5库，由国内贸易工程设计研究院设计完成，北京银泰建构预应力工程有限公司完成深化设计。冷库冷藏间采用大柱网、板柱剪力墙结构体系，跨度8~12 m，单体总长度100 m以上，宽度50 m左右，建筑四周均布置剪力墙，中间设一道剪力墙，剪力墙外喷涂保温层，外围护墙采用框架结构体系，楼板采用有柱帽的预应力钢筋混凝土现浇楼板（见图4.19）。

图4.19 成都银犁冷链物流中心二期项目室内效果

预应力楼板在施工时，通过后张法预先对混凝土楼板施加预压应力。优点是抗裂性好、刚度大、耐久性好，能减轻自重，提高抗剪能力、抗疲劳能力以及构件稳定性。混凝土收缩时产生次拉应力是引起超长冷库开裂的主要原因。在楼板中施加预压应力，可以抵消部分混凝土收缩产生的次拉应力，防止结构出现裂缝，无黏结预应力技术是在冷库楼板中建立预压应力的好办法。

冷库由于存放食品，有一定的堆放高度，冷藏间荷载 20~30 kN/m^2，随着结构均布荷载值增大，楼板厚度增加，后张预应力技术可有效降低楼板厚度，增加结构净空，减少混凝土用量。在楼板中布置曲线预应力筋对结构产生一个等效荷载，通过这一荷载平衡结构的恒载和部分活载，可有效降低楼板中普通钢筋用量，节约钢材。

表 4.3 列举了“新一代”大柱距冷库与传统小柱距冷库的相似与区别之处，对比分析可知改进后的设计有以下几个优点：

（1）大幅度增大了冷库的有效存储空间，增加了库容量；

（2）由于采用了预应力技术，可以取消传统冷库的伸缩缝；

（3）柱网较大，排布货架更便捷、高效，为机械化装卸提供了便利。

表 4.3　预应力冷库与传统冷库结构对比

类别	传统冷库（一期）	预应力冷库（二期）
墙体	踢脚+彩钢板+保温层+实心砖墙	钢筋混凝土层+保温层+混凝土实心砌块层
楼板	钢筋混凝土层+耐磨地坪层	预应力钢筋混凝土层+耐磨地坪层
剪力墙	16 道抗震短肢剪力墙	无抗震短肢剪力墙
柱子	112 根（5 000 m^2）	24 根（5 000 m^2）
柱间距	7.2 m×6.6 m	11.95 m×10.08 m
托盘位	4 622 个（5 000 m^2）	6 552 个（5 000 m^2）

2）网架排布对比

A.传统柱网的货架排布

以成都银犁冷库一期传统柱网尺寸冷库为例，冷藏间总平面尺寸为 99.9 m×49.5 m。库房纵向为 15 跨，中间设置一道双柱伸缩缝（间距为 200 mm）；横向为 6 跨，跨度均为 8.75 m。货架排布如图 4.20 所示，传统柱网单层可存储货架共计 4 622 个。

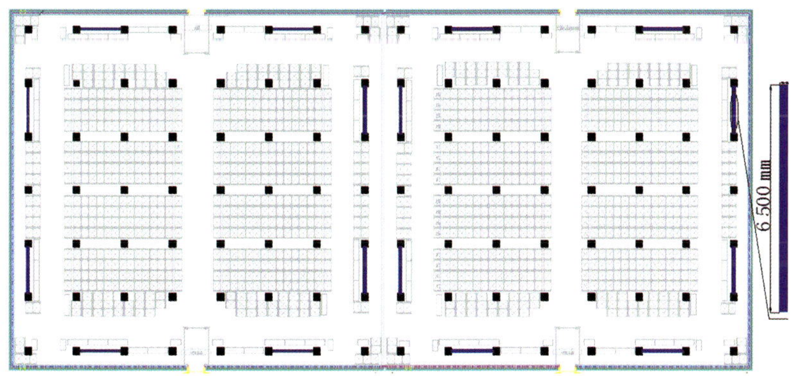

图 4.20　传统冷库货架排布示意

B.大柱网的货架排布

保持库房平面尺寸不变，对柱网尺寸进行调整：纵向调整为 10 跨，跨度不等，约为 11 m；横向调整为 4 跨，跨度约为 10 m，最大柱网尺寸为 10.08 m×11.95 m。货架排布如图 4.21 所示，大柱网方案单层可存储货架共计 6 552 个。

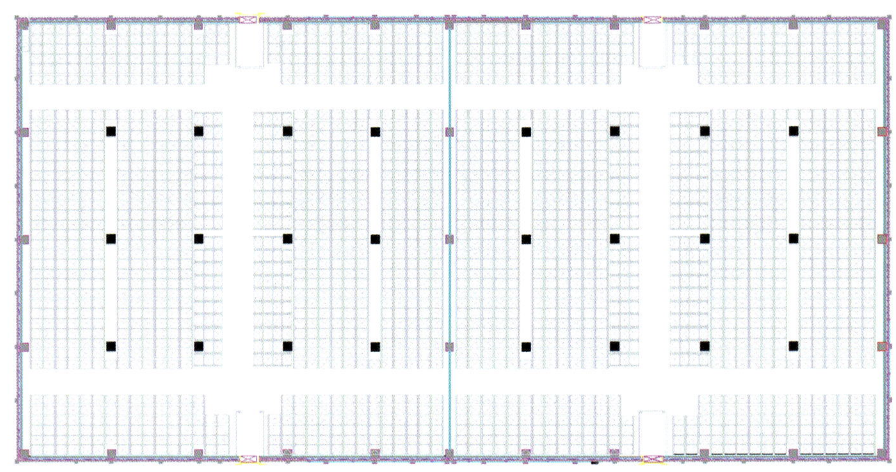

图 4.21　大柱网冷库货架排布示意

由此可见，采用大柱网布置，每层可增加 1 930 个货架，货架增加率约为 41.8%，显著提高了有效库容量；按照一般物流冷库 6 层库房计算，在不增加建筑面积的情况下，总体可增加 1 930 个×6 = 11 580 个货架；每个货架位按 3 t 计算，可以增加 3（t/个）×11 580 个 = 34 740 t 库容量；每个货架租金按约 2.5 元/天计算，1 年可增收 1 056.7 万元；增大柱网尺寸后，货架布置更为灵活，有利于实现机械化存取。

3）总体土建造价对比

土建造价包括基础和地上部分，对一期传统柱网与二期预应力大柱网地上结构部分的总体造价进行对比分析，结果表明，在考虑目前材料上涨的情况下，预应力冷库与传统冷库造价基本持平。预应力结构的创新性应用，增加了设计荷载，增大了柱网柱距，取消了伸缩缝及抗震短肢剪力墙，机械作业效率得到全面提升，并且有效仓容提高 41.8%，具有较好的经济效益。

4）预应力技术试验研究

两座冷库共预埋 270 个点位，在施工和使用过程中对大跨度预应力钢绞线应力变化、冷库变形和沉降进行检测。银犁科研组针对大跨度预应力混凝土结构构件在低温环境中的试验研究及关于低温下后张法无黏结预应力锚固件的研究，结果表明：在低温环境下的锚固效果好且性能稳定，锚具不易破坏，在整个试验过程中，锚具组件均无裂纹产生；另外，试验结果也为低温环境预应力锚具国产化奠定了基础。

4.2.2.3　小结

成都银犁二期冷库在施工设计、施工建造等诸多方面都对现有规范做了突破，组成了由华商工程研究院牵头，成都银犁、中国工程建设标准化协会、中国国家标准实验室、北京银泰建构预应力工程有限公司、重庆交通大学、中国华西企业股份有限公司、四川省化工建设有限公司等院、校、企一体的专题科研团队，开展了"大跨度预应力冷库结构设计与关键技术"科研项目，开创性地采用大柱网预应力无梁楼盖结构，该应用成果比传统结构冷库的有效仓容提高 41.8%，提升了库内机械作业效率，同时降低了后期维护费用。项目主要创新如下：

（1）研究团队通过反复论证，在国内大型冻库中引入预应力技术工艺，建成了国内首座大柱距高层预应力冷库。

（2）同传统冷库相比，预应力冷库的有效仓容提升了 44.8%，并为机械化作业提供了足够的空间，提升了作业效率。

（3）两座冷库共预埋270个点位，在施工和使用过程中对大跨度预应力钢绞线应力变化、冷库变形和沉降进行持续监测，并考察了不同保温防水隔汽层系统的效果及施工性能，为之后同类工程设计与施工提供参考和依据。

在鼓励冷链物流建设已经上升为国家战略的大背景下，“新一代”大柱距预应力冷库前景可待，未来可期。成都银犁冷链物流中心二期项目的顺利完工，为更高标准冷库建设提供了有益的参考。

5 物流行业热点进展

新经济的风口瞬息万变。“区块链”“新零售”在成为社会热点新名词的同时也已成为物流行业热点。有人怀疑“区块链”是技术泡沫,也有人认为“新零售”是伪命题,但不能忽略的客观事实是,“区块链”的技术应用和思维方式已经开始对物流行业的成本效益产生颠覆性影响,而“新零售”的商业模式创新也推动着新物流运作模式的创新。本章将从揭示“区块链”和“新零售”的内涵开始,分析它们与“新物流”的碰撞和融合,期望通过分析具体的案例和情景的模拟畅想来找到物流企业的启示录。

5.1 区块链中的新物流

2018 年 5 月 9 日,普华永道和唯链发布了《2018 中国区块链(非金融)应用市场调查报告》。该报告显示,物流、政府和医疗成为受访者认为区块链技术最可能创造价值的领域(见图 5.1)。

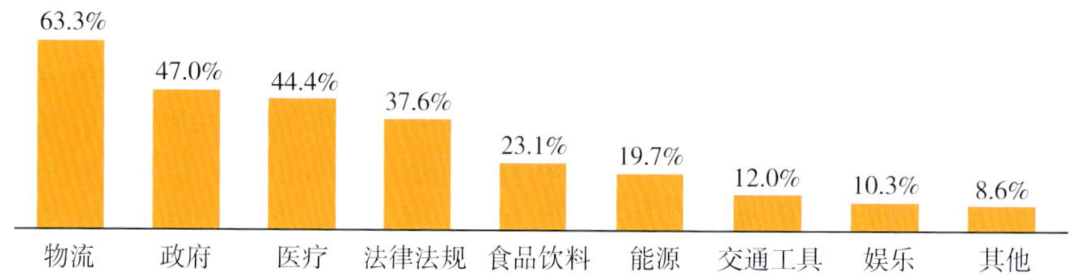

资料来源:普华永道,唯链. 2018中国区块链(非金融)应用市场调查报告[R]. 2018.

图 5.1 区块链最能创造价值的领域

区块链是一种分布式数据库,以保护数据或事件的方式记录,它创建了不可篡改的交易数字账本,由分布式计算机网络进行维护。这项技术的共享潜力、不可篡改的架构、高度透明性都使其成为变革供应链管理的最佳工具。

物流被定义为物料、服务和信息流的规划框架。实物商品的物流通常包含信息流、运输、仓储和安全的融合。物流链通常跨越多个步骤和数百个地点,这使得整个供应链的事件追踪更加困难,运输货物的验证核实更加困难,对意外情况的响应速度提出了挑战。而且,由于缺乏透明度,供应链中的非法活动很难被调查。

区块链具备解决上述问题的潜力,作为透明的公共账本,可以为消费者和审计者提供简单有效的追踪工具,这个新模式可以为行业带来巨大的成本优势,目前国内外已经开展了一些区块链与物流业融合的项目。几个世纪以来,企业乃至整个商业都是建立在多方信任的简单原则之上的。然而,随着区块链技术的出现,这种业务信任即将被重构。

5.1.1 区块链技术简介

区块链可以定义为分布式账本技术,是一种在网络成员之间共享、复制和同步的数据库,分布式账本可以通过安全永久的方式记录网络参与者之间的交易,比如资产或数据的交换。区块链是一种去中心化的、由各节点参与的分布式数据库系统。通过在多方之间“共享”数据库,区块链从根本上消除了之前需要的可信任第三方中介机构来验证、记录和协调交易。

从区块链技术角度出发，在行业发展历程中可分为三个阶段，分别为区块链1.0、区块链2.0和区块链3.0（见图5.2）。

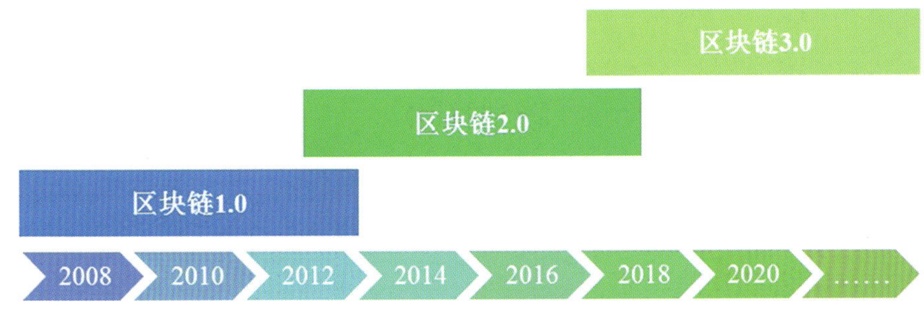

图5.2　区块链发展历程

1）区块链1.0

区块链1.0最重要的是建立了一套密码学的账本，提供了一套新的记账方法，与我们传统的记账方式完全不一样，它具备去中心化、去信任、不可篡改、不可伪造、可追溯和集体维护性的特点。主要应用场景是支付、流通，典型的代表就是比特币，比特币是区块链发展中最为成功的应用。但是区块链1.0的缺点是不支持别的在此上面的开发，比如写入智能合约功能等。

2）区块链2.0

区块链2.0与1.0最大的不同就是在数字货币基础上加入了智能合约，可以在此基础上做其他的应用开发。区块链2.0的代表是以太坊（开源的智能合约公共区块链平台，Ethereum）。以太坊就相当于一个基础链，是一个底层的搭建。以太坊的计划是建成一个全球性的大规模的协作网络，让任何人都可以在以太坊上进行运算、开发应用层，这样就赋予了区块链很多的应用场景和功能实现的基础。

以太坊最大的特点是智能合约。智能合约是一套不需要第三方还可以保证合同得到执行的计算机编程，并且没有人能够阻止它运行一个计算机程序。这个计算机程序保证签完合同之后，谁都不能反悔，只要条件达成，这个系统会自动执行合同中约定的条款，这就是区块链2.0相对于区块链1.0的重要功能。区块链2.0也有缺陷，它无法支持大规模的商业应用开发，比如交易速度，比特币的交易速度是每秒7笔，以太坊每秒不超过20笔，否则会造成网络的堵塞，使用户无法完成交易。

3）区块链3.0

区块链3.0是由区块链构造的一个全球性的分布式记账系统。区块链3.0能够对每一个互联网中代表价值的信息和字节进行产权确认、计量和存储，从而实现资产在区块链上可被追踪、控制和交易。

区块链3.0会超越金融领域，进入社会公证、智能化领域。区块链3.0主要应用在社会治理领域，包括身份认证、公证、仲裁、审计、域名、物流、医疗、邮件、签证、投票等领域，应用范围扩大到整个社会，区块链技术有可能成为“万物互联”的一种最底层的协议。

2018年区块链开始进入3.0阶段，针对区块链3.0进行底层设施开发的项目除了EOS（Enterprise Operation System，商用分布式应用设计的区块链操作系统）之外，还有NEO，AE，ADA，VEN等。现在有很多公链在竞争，区块链在迈向3.0的过程中，还有很长一段路要走，需要不断地测试和改进，包括它们的经济模型，需要根据不同的环境来选择不同的区块链类型。

区块链技术发展的真正目的是推动整个社会协作网络的发展，展现区块链的价值。社会协作中更需要运用技术的力量去掉中间机构带来的信息不对称，实现人与人之间无成本的信任机制，提升最核心的价值交换。

5.1.2 区块链在物流业中的应用

鉴于区块链的去信任、去中心化和不可篡改等特性，特别适合在供应链和航运业中产生效果，本节从这两个应用角度去分析区块链技术在物流业中的应用。

5.1.2.1 在供应链中的应用

供应链管理是产品从原材料变成终端消费者手中成品的结构和流程，涵盖产品物料获取、加工制造、库存管理、运输管理、产品销售、质量控制的整体过程，串联供应商、制造商、分销商、零售商、用户，涉及一系列实物和金融交易的复杂功能网链结构。在供应链条上，信息流、物流、资金流按部就班、完美协调，千军万马、步调一致，这是所有供应链管理者希望达成的最高境界。但在现实中却极难实现，究其原因，传统供应链由“链主”驱动的中心化管理模式及上下游主体分散造成信任的缺失，使大规模协同变得困难。没有信任，供应链的上下游无法充分共享和交互信息，信息流变得扭曲失真，并难以避免人为的错误、损失、损毁、盗窃、诈骗等诸多风险；没有信任，供应链上多区域、长时间跨度、多主体参与的物权转移需要核对大量的单证，使物流成了蜗行牛步；没有信任，供应链资金流呈现出不均衡性，供应链上的账期会被越拉越长，资金无法流动制约供应链整体经济效益的提升。区块链技术的日臻成熟，为传统供应链（见图 5.3）解决上述痛点提供了可能。

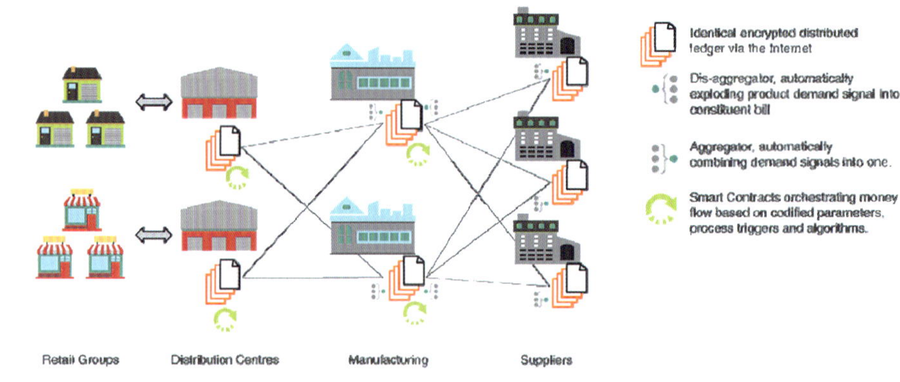

资料来源：https://resolvesp.com/blockchains-supply-chains/

图 5.3 区块链背景下的供应链

1）提升供应链信息流的安全和透明性

供应链天然具有交易数据碎片化、交易节点多样化、交易网络复杂化的显著特点，商品生产、流通、交付等信息的采集、存储和整合是端到端的供应链管理的核心命题。由于缺乏信息透明度，供应链条上某环节出现的人为错误和非法活动都极难被查验和举证。区块链技术可通过构建分布式共享的联盟链，在供应链联盟企业间提供更加高效的信息共享机制，使上下游各节点之间构建完整且流畅的信息流，从而快速建立信任。由于数据不可篡改，信息的不对称性大大降低，数据可以在供应链的上下游之间无损流动，企业之间的沟通成本也随之降低，解决了信息失真扭曲的问题，供应链的运行效率大幅提升。

2）加速物流效率

区块链的不可篡改性以及它为共享账本提供的透明性和多方访问能力，可用于跟踪供应链中商品所有权变化，极大地提升供应链物流交互效率和准确性。其时间戳特性可有效运用于解决体系内各参与主体的行为属性纠纷，实现轻松举证与追责，从行业整体角度提升协作性和效率。物流链通常跨越多个环节和数百个地理位置，货物的运输、交付、入库、出库等活动的信息缺乏透明度，使得整个链条的物权跟踪非常困难。区块链具有解决上述问题的潜力。作为一个透明的公共账本，它将为客户和联盟成员提供简单有效的工具，以追踪产品在到达最终目的地之前的整个旅程，并提供传统数据库无法实现的可问责性，物权交易信息加盖时间戳后写入区块链，没有员工能掩盖一个数据库的错误更改，或将其归咎于另一方。更进一步，在支持代币的联盟链中，甚至可以实现物权和代币的低成本双向流动，并实时记录金融交易和物权资产的归属。

3）促进资金流融通

区块链通过安全可靠的算法构建联盟"共识机制"，链间企业运营参考一套协商确定的流程和标准，这就使得企业的信用流动变得容易，颠覆了传统模式下需要通过传统金融机构、花费巨额中介成本的供应链金融业务。在联盟链模式下，交易各方基于体系内共识，基于各环节单据和凭证即可实现核心企业信用背书，通过平台信用担保可直接贯通链路上下游。平台记录数字资产所有权的转移并输出统一凭证，多方参与共同产生凭证的签发，并完整记录凭证所有权转移，无须第三方作为信用中介即可实现信用流转，从而极大地降低整体供应链的融资成本，提升效率。另外，通过防篡改、不可伪造的真实交易信息的沉淀，联盟链上企业逐渐积累有价值的征信数据，进一步降低中小微企业的融资成本。

4）有效解决物品溯源防伪问题

区块链所具有的数据不可篡改和时间戳的存在性证明等特质可以很好地支持商品的溯源防伪。可以利用区块链技术和物联网技术，打通品牌商、物流、政府、检测机构的防伪溯源联盟和全程追溯信息链条，实时整合商品原材料采买过程、生产过程、流通过程、营销过程，实现精细到一物一码的全流程正品追溯。消费者可以得到整个联盟链信用所构筑的商品全流程真实信息，每一条信息都拥有特定的区块链 ID 身份证，并且得到主体的数字签名和时间戳，各个节点组成完整的端到端全流程追溯信息，且区块链的数据签名和加密技术让全链路信息实现了防篡改、标准统一和高效率交换，实现商品的质量可视与正品保障，让假冒伪劣商品无处遁形，极大地提升用户信任，更加有效地保证消费者的权益。区块链在整个链条中构建基于产品质量的品牌信任效应，有利于整个产业的良性发展。

区块链可以改变供应链信息流、物流、资金流的共享和交互方式，改变产品从生产到触达消费者的整个链条，从而使供应链变得更加透明，大规模协同变得更加容易，更能积累企业信用、构筑信任、提升安全，从而在全球范围内掀起供应链行业的深刻变革。

5.1.2.2 在航运业中的应用

航运业是一个周期性的行业，主要涉及公司、船员、货主、管理机构以及衍生出的造船、保险、化工制造等行业。经过多年的发展，在这几个行业内相继诞生了几个巨头，为保护自身利益，这些行业巨头依靠自身优势，形成一个个中心化的组织，并利用自身优势抢占和控制市场。但这些行业看似独立，却又联系紧密。

全球航运业涉及 50 000 多艘商船和多个海关监管货运通道，因此提高效率的主要领域是海运费。区块链技术具有巨大的潜力来优化与海运货物的贸易文件和行政处理相关的成本和时间（见图 5.4）。当前突出表明海运背后的复杂性的一个例子是，从东非到欧洲的冷藏货物的简单运输需要经过近 30 个人和组织，在这些缔约方之间有 200 多种不同的交互和通信。通过区块链技术，可以很好地解决这方面的问题。如埃森哲正在开发一个基于区块链的系统，该系统的重点在于取代传统的提单，并为所有供应链利益相关者提供单一的真实来源，用于货运查询，直至发布贸易文件。在这里，分散的网络连接供应链中的各方，并实现直接沟通，消除了通过中央实体并依赖中介机构的需要。根据埃森哲全球货运与物流主管 Adriana Diener 的说法，这个项目的成功价值超出了预期：使用区块链取代传统的提单文件以运送货物，将为跨贸易生态系统中的多方供应链，包括托运人、收货人、承运人、货运代理人、港口、海关机构、银行和保险公司带来数百万美元的流程效益，并降低运营成本。

资料来源：https://www.seanews.co.uk/logistics-startup-shipchain-leading-the-blockchain-way/

图 5.4　区块链航运

区块链在航运业中的应用主要体现在以下几个方面：

1）利用去中心化特性记录航行数据，打造智能通航调度

区块链技术具有去中心化、不可篡改性和分布式数据存储的特性，可以将其应用于船舶的航行数据记录。去中心化的特性，可以在事先设置一定规则的前提下，无须获得任何中心机构的信任，船舶便可以将其航行中的所有数据（如航速、GPS 定位信息、剩余燃油量、吃水等）详尽地存储到船舶轨迹中，不可篡改性和分布式数据存储保证了该数据的可信度和安全性。更为详尽的航行数据可以为智能交通导航、港口作业调度、事故原因追溯等提供更直观、细致的数据支撑。

2）通过广播特性保障航运通信，确保数据交互可靠

区块链技术对于航运通信领域的改变可能是巨大的。传统通信方式，需要中心化的路由设备，将每一台通信设备“登记在册”，以便其他设备知道消息传递的最短路径。一旦中心节点故障或者遇到网络欺骗，就会导致通信断路或者信息泄露。区块链技术则采取了另外一种完全不同的理念，每当需要发送信息时，不需要寻址再发送，而是直接以广播方式发送给全网，网络中任何人都能够接收这个信息，但只有拥有相匹配钥匙的人才能够看到信息，通过去中心化和密钥的方式完成通信，非常安全，且无法被跟踪。

3）利用丰富的数据开展航运业的相关预测，并最终解决航运周期性问题

在一个个“中心化”组织的信息区块化后，全球跨系统的信息在“链”上整合，形成一个巨大的网状结构。同时由于信息真实可靠，相关企业可利用信息数据合理安排自身企业的生产。航运企业可依据这些“链”上的大数据和智能分析结果，制定企业发展规划，合理控制船队规模、安排船舶运输线路，从而减轻或避免运价的剧烈波动，形成可持续性发展的新格局，最终解决航运周期性的问题。

4）打破信息壁垒，实现航运业内信息网状化

区块链技术具有开放性，除了交易各方私有信息被加密外，区块链的数据对所有人开放，任何人都可以通过公开的接口查询、记录相关数据，相当于将数个大数据中心进行系统化的整合，将一个个中心化组织用“网络链条”进行连接和延伸，所有的信息记录形成一个个透明的区块。如：货物从生产、运输、手续办理、制造、产品成型、使用等一长串的过程数据都可利用区块链记录；船舶从最初铁矿石生产、运输、炼钢、造船、航行到最终的拆船，所有数据也可利用区块链完整记录，实现航运业内所有相关信息网状化、透明化。

5）“链”上数据的有效匹配与对接，提高企业生产效率

区块链具有公开、透明的特点，不同的中心化组织将信息进行“链”上记录后，利用区块链对信息进行智能化分析和归纳，将全球即时的需求信息在网络内部配对，从而实现资源的最优化配置。如买方需要购置一批货物，船舶所有人拥有空的运力，货主有相应的货物，各方将信息在“链”上记录后，利用区块链对运价、货物报价、船舶位置、汇率等相关信息进行综合分析，并对各方进行协调建议，最终匹配完成货物买卖、货物运输、货物保险等相关环节。在办理货物进出口报关时，由于货物信息“链”上记录，各国都可查到相关信息内容，因此无须重复货物信息、船舶信息等相关内容，提高工作效率。另外，在航运人力资源方面，区块链同样具有指导和匹配的功能，国家依据“链”上的船舶数据、未来的运力扩张计划等，合理制订本国的航运人才培养计划，并将整个培训过程、船员证书等记录在“链”上，区块链依据这些信息将世界范围内的合格船员与不同船舶所有人的需求进行匹配，实现船员世界范围内的最优化配置。

创新驱动发展，区块链技术的完全去中心化、高度公开透明、安全稳定、匿名性等特点，使其在航运领域有着广泛的应用前景，相信区块链技术的深入研究会对航运领域发展起到积极的推动作用。

5.1.3　区块链技术应用案例

目前，国际航运业中没有任何一方能够掌控所有的环节，因此也没有任何一方有能力来对整个供应链进行优化，而区块链技术的成熟运用将势必完美解决这个问题。国际航运业发展已经较为成熟，想要进一步的发展、优化、升级，区块链技术将是一个完美的解决方案。如果国际航运业能成功地将物流链中的所有通信连接到一个或多个集成的区块链技术平台上，这不仅将为本行业节省数十亿美元的费用，还将会进一步推动全球贸易增长。世界经济论坛（WEF）的报告显示，改善通信基础设施和更有效的通关程序将推动全球贸易增长15%以上，并将推动全球经济增长5%。

据不完全统计，对于区块链技术的开发应用，目前航运业内大约有上百个不同规模的项目正在开展中。早在2015年，以色列的初创企业Wave就开始尝试使用区块链技术解决EDI数据标准不统一和缺乏信任的问题。随着区块链技术应用的不断扩大，全球航运物流企业也开始争相研究各种区块链技术。2017年5月，比特币新闻资源网（CoinDesk）的2017共识大会在美国纽约召开，IBM提出区块链技术将可为资本市场和海运业节省几十亿美元的成本，并以马士基的合作为例，解释区块链技术如何通过简化整个流程来增加流程的可控性，进而降低成本，保证运输产品利润率。回顾区块链技术在航运物流领域的发展历程，可以得出这样一个结论：2017年是区块链技术在航运物流领域落地应用的“元年”，2018年是区块链技术在航运物流领域落地应用的“爆发年”。自马士基与IBM正式开启区块链技术的应用以来，国际航运物流领域也正式进入区块链技术“百家争鸣”的新时代。

5.1.3.1 航运业应用现状

从2017年5月至2018年6月,区块链技术在航运领域的主要应用见表5.1和5.2。

表5.1 2017年5—12月区块链技术在航运领域的大事记

时间	事件
2017年5月	韩国成立了区块链航运 & 物流联盟
2017年6月	比利时安特卫普港宣布联合T-Mining进行区块链试点
2017年8月	日本船企成立了基于区块链技术的贸易数据共享平台企业联盟
2017年8月	PIL,PSA和IBM使用区块链技术研究供应链商业网络创新
2017年9月	现代商船率先实现从釜山港至青岛港的区块链技术船舶航行
2017年11月	以星航运利用区块链技术解决了数据信息流转过程中无纸化操作
2017年11月	森罗商船完成了基于区块链技术的首次试航
2017年11月	鹿特丹港成立了物流业区块链联盟来测试物流合同信息共享应用
2017年11月	Chain of Things研究将集装箱和船舶上传感器采集的物联网信息通过区块链共享给相关方
2017年12月	商船三井、IBM等企业共同推出区块链概念认证项目
2017年12月	三星SDS完成一项由韩国政府支持的区块链试点项目

表5.2 2018年1—6月区块链技术在航运领域的大事记

时间	事件
2018年1月	路易达孚、渤海实业、荷兰国际、法兴银行、荷兰银行共同参与了首笔区块链农产品贸易
2018年2月	PIL联合PSA及IBM新加坡公司完成基于区块链技术的首次试航
2018年3月	奥克兰港口投资利用区块链技术来解决航运交易问题
2018年3月	300cubits公司通过部署在区块链平台以太坊上的智能合约,完成了从马来西亚到巴西的首次试运
2018年3月	百威英博、埃森哲、APL、德迅集团和一家欧洲海关组织,成功试验了 项区块链解决方案
2018年4月	GSCP创始企业Block Shipping宣布于2018年4月15日进行首次代币发行
2018年6月	PoRA与Cargo Ledger合作,应用区块链技术实现港口无纸化
2018年6月	比利时安特卫普港口将通过区块链技术传输文件
2018年6月	阿布扎比港口子公司Maqta Gateway推出了自家的区块链平台Silsal

2018年以来,区块链技术在各行业和各领域的应用将进一步加速发展,呈现出爆发式增长的态势,全球航运物流业正在跑步进入"区块链经济时代"。可以预见不久的将来,在全球范围内将会出现更多的成熟和成功的应用。

5.1.3.2 区块链背景下马士基数字化战略的应用

在马士基首席执行官施索仁的带领下,马士基将业务重心聚焦在航运和物流领域,期冀打造全数字化的产业链。马士基从一个综合企业向全球集装箱物流公司的转型预计需要3~5年的时间,将以改进终端利用率、改善内陆服务、优化中心运营、马士基航运和马士基集装箱产业的联合生产计划、跨品牌交叉销售等方式,从整合中释放出巨大的价值。

2016 年，马士基宣布最新的重大战略计划，将集团划分为能源与航运物流两大板块，并明确表示未来会将增长重点放在集装箱航运、港口和物流方面。2017 年，马士基相继出售了能源版块下的马士基石油，以及内售了马士基油轮，从而聚焦于航运物流业务版块。为了更好地专注于改善客户体验和流程，马士基毫不犹豫地选择了数字化战略，并坚定不移地继续前行。数字化将给集装箱运输业带来革命性的改变，数字化会让集装箱运输业未来的效率得到提升。2018 年，马士基继续强化信息化部门职能，独立划分财务部和专注信息化、战略、数字化及转型的信息化部门（见图 5.5）。信息化部门将直接向马士基集团首席执行官汇报，部门执行力将得到提高，并为进一步加速业务转型铺平道路。

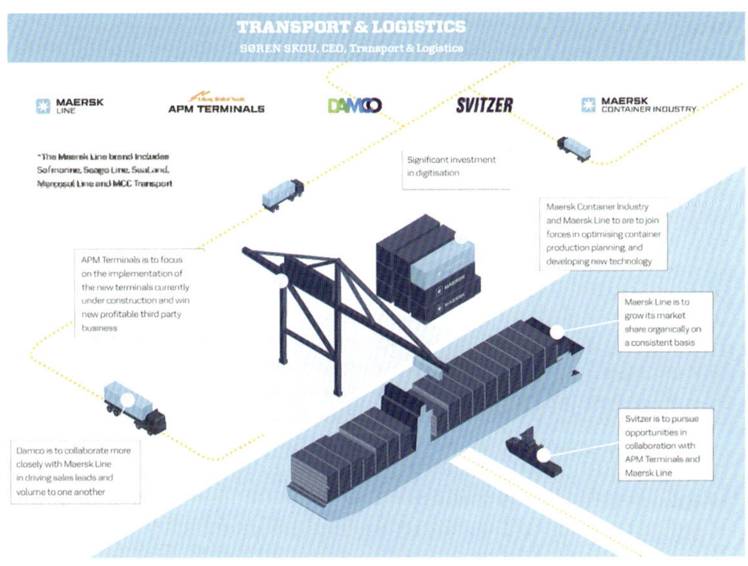

资料来源：https://beta.maerskline.com/en/old-about/management/pierre-danet

图 5.5 马士基产业全景示意

曾有分析指出，未来 50 年内，传统模式的货运代理企业将会面临被淘汰的命运，因为数字化互动带来的冲击将会不再需要中间商的存在，而所有存留下来的航运企业，势必都将会通过数字化生态系统而紧密地互相链接，与客户之间的互动和企业营运系统也将会完全被数字化。数字化驱动的关键目标是减少国际供应链中的壁垒，促进全球贸易的增长，降低供应链中各方的成本。问题倒逼着马士基数字化转型升级，或可带来涅槃重生式发展。虽然区块链技术在航运业应用前景充满问题和挑战，但是马士基仍然高度重视此项技术的应用。区块链技术将是马士基宏伟数字化战略的核心部分。马士基在组织架构、对外合作、技术平台等方面都进行了一系列的大胆尝试和创新。

1）重塑组织架构体系，加快推进数字化核心战略

自 20 世纪 70 年代引入集装箱以来，在过去的近 50 年中，除了技术进步、建造更大和更复杂的船舶来提高行业效率并降低成本以外，航运业最基本的运作方式并没有改变过。马士基已深刻意识到集装箱运输业传统粗放的生产经营方式面临着诸多的问题。例如：集装箱运输市场上订单操作及船舶跟踪上仍有大量的文件需要处理，任何两艘船舶上几乎没有相同的信息系统，缺乏集中统一且简单高效的订舱系统等。集装箱运输市场在数字化方面已经严重落后于其他行业。要彻底解决这些“痛点”问题，必须充分利用数字化来提高当前航运业的整体效率。

2017 年 3 月，马士基选举施杰翰（Jim Hagemann Snabe）为马士基下一任董事会主席。施杰翰此前

曾担任德国软件公司 SAP 首席执行官，主要负责发展自动化系统。2017 年 11 月，马士基宣布调整新执行委员会成员，进一步加速集装箱海运和物流业务战略的实施，加快发展以客户为导向的端到端运输和物流解决方案。马士基正通过对公司管理层的大幅调整，重新塑造新的组织架构体系，有针对性地加快推进数字化战略在马士基的落地应用。

2）加大与专业机构合作，推动航运供应链数字化

马士基作为航运龙头企业对区块链技术的力挺，在业内引起了广泛关注，很多航运人惊呼"区块链将改变航运业"。彭博（Bloomberg）称区块链技术是 21 世纪的一场革命，是自 1960 年转向标准集装箱以来规模最大的一次。1960 年的变革迎来全球化时代，而这次的新科技变革将扩及世界各地数十个航运公司和数千家（包括制造商、银行、保险、经纪和港口等）相关企业，各相关方将不得不制定一项协议，将所有新系统集成到一个共通的平台上。

在航运物流方面：集装箱运输操作程序较为繁琐，一个集装箱运输的整个阶段有 100 多位利益相关者参与其中，交叉环节很多。2017 年 3 月，马士基宣布与 IBM 合作完成了第一个区块链测试，即为施耐德电气（Schneider Electric）跨大西洋的货物运输过程提供电子单证交换服务。2017 年 10 月，马士基与丹麦哥本哈根信息技术大学共同验证了区块链替代传统提单的可行性。2018 年 3 月，欧盟正式批准马士基与 IBM 组建合资公司。合资公司计划将两个核心功能商业化：建立一个海运信息通道，能够提供"端到端"的供应链可视性，使供应链管理的所有参与者能够实时、安全、无缝地交换运输信息；无纸化贸易将使终端用户在整个架构范围内，安全地提交、验证和批准文件，使单证文件备案数字化和自动化，最终帮助减少清关和货物运输的时间和成本。马士基希望通过区块链技术打造一个全球贸易数字化平台，以便让跨境贸易货物运输信息流更透明、简化。目前即将进行技术测试，参与方是美国公司 Holt Logistics。

马士基希望以安全和便捷的方式交换信息的潜力是巨大的，这将使整个供应链的所有参与者受益。马士基的数字化服务产品还包括：丹马士推出的 Twill 货运代理服务平台，以及为冷藏集装箱运输客户提供的远程集装箱管理服务等。

在航运交易方面：2018 年 1 月，马士基正式加入纽约航运交易所（NYSHEX），成为其第三创始成员。NYSHEX 是一个数字平台，成立于 2015 年，旨在为全球航运业提供数字化货运能力，并向业界提供新的标准化数字货运合同，此举将帮助马士基扩大数字产品和服务的范围，最终提升客户体验。

在航运金融方面：2017 年 6 月，马士基大举布局供应链金融，为了方便印度国内中小企业向海外出口，马士基集团开启了一项新的业务——马士基贸易金融（Maersk Trade Finance）。该业务是一个短期融资或信用便利电子平台，面向发货人，马士基客户不仅可以享受在线航运服务，还可以基于马士基航运订单（包括装船前/后）申请资金贷款，可用于支付运费或其他用途。该服务目前已在印度率先落地运作，马士基预期将在未来的 12~18 个月里借贷出 2 亿美元。新加坡、荷兰、西班牙、阿联酋，以及北美部分州也在推进中。

在航运保险方面：海事保险业已拥有 400 多年的历史，但是普遍存在效率低下的问题。2017 年 9 月，马士基与安永、爱沙尼亚区块链公司 Guardtime、微软共同建立了一个基于区块链技术的海事保险平台。新平台以微软云计算技术为基础，结合区块链技术，将客户、经纪商、保险公司和其他第三方联系起来，通过共享记录风险、身份等相关信息来大幅提高资本的效率性，提升透明度，减少行政管理成本和人工数据录入等工作。区块链技术具有改变保险生态系统的潜能。此次构建的平台正是将这一潜能转变为现实，是首次将区块链技术所具有的透明度、安全性和标准化特性运用到海事

保险上。

在航运电商方面：2016 年 12 月，马士基正式与阿里巴巴合作，通过阿里旗下的一达通平台为中国发货方提供服务。与船舶所有人通过货运代理来预订集装箱舱位的传统不同，马士基等航运公司正逐渐允许货主经网络直接订舱。2017 年 2 月，马士基航运与航运电商平台“运去哪”开展合作，客户将可以直接在“运去哪”网上预订马士基航运的舱位。2017 年 11 月，马士基正式推出 ship.maerskline.com 在线订舱平台，马士基航运通过该平台为客户提供端到端的订舱服务，即时确认订舱信息、运费报价，通过在线聊天工具 Live Chat 即时更改订舱信息并提供有吸引力的产品服务。该平台是支持马士基航运全球数字化转型进程的一个举措。2018 年 4 月，马士基航运宣布扩大其在线订舱平台的服务范围，通过涵盖更多航线来解决客户的痛点，并进一步简化客户的供应链。

3）统一数字化开发平台，提高数字化生产效率

统一开发的技术开发平台将能有效提高开发效率，保障数字化战略的有力执行。2017 年 4 月，马士基宣布将与微软合作，通过其智能云服务平台 Azure，开发马士基海运及物流业务板块的数字化产品和服务，从而进一步帮助马士基提供一体化的集装箱物流服务。Azure 是马士基数字化战略的基石，也为马士基的海运及物流业务提供一个统一的平台。马士基将把 Azure 作为唯一平台，在上面开发数字化产品，从而实现经济、高效、迅速的开发过程，并确保数字化产品将来能够在海运及物流业务板块的所有业务单元推广使用。

由此不难看出，马士基集团在核心业务上进行了数字化转型，将客户交易网络化及资产运营方面数字化。马士基集团推出了一系列数字化举措，从航运业传统的以纸质化为基础的服务转变到以客户为中心的数字化服务，并推出全新的数字化服务产品，旨在使与贸易有关的信息数字化及便于交换，让世界贸易的参与方能享受贸易便利化的益处。马士基完成一次集装箱预订需要的时间已经从 2014 年的 2 个多小时缩短到 2016 年的 22 分钟，并希望 2018 年能够把这个时间再次缩短到 2 分钟。马士基的数字化一直是重中之重，未来是构建数字化的物流世界，而区块链技术就是马士基宏伟数字化战略的核心。数字化将彻底改变国际航运物流业的面貌，从大数据中将可获得许多改进业务和业绩的机会，将给诸如马士基这样拥有着全球 600 艘船舶的航运翘楚节省亿万美元。

5.2 新零售中的新物流

新零售，即企业以互联网为依托，运用大数据、人工智能等先进技术手段，对商品的生产、流通与销售过程进行升级改造，进而重塑业态结构与生态圈，并对线上服务、线下体验以及现代物流进行深度融合的零售新模式。

智能商业是一种商业新的生存方式，网络协同和数据是新商业文明 DNA 的双螺旋，代表着这种 DNA 的新商业模式——新零售迅速呈燎原之势。新零售是广义模式下 O2O 的全面升级，研究核心是消费者，驱动核心是数字化，市场壁垒和主要瓶颈就是新物流。那么，新零售下对物流有哪些新的需求？新零售下的新物流又已经成功地发展出哪些模式来支撑？未来新物流的发展方向在哪里？物流企业如何借助新零售下的新物流东风来推动企业价值提升？

5.2.1 新零售下的物流瓶颈

根据前瞻产业研究院发布的《2017—2022 年中国电商物流行业发展模式与投资战略规划分析报

告》，至 2022 年，电商物流市场规模将超过 3 500 亿元人民币。可见，电商物流市场规模不容小觑。在新零售发展下，零售主体从经销商转变为整条产业链的组织者和服务者，物流环节的功能面临转化，物流企业在整条产业链上的角色正在发生变化。

1）中国电子商务行业市场力量

商务部新闻发言人高峰表示，从数量上看，我国网络零售额近年来年均增长率超过 40%，自 2013 年起，已经连续 5 年稳居全球第一大网络零售市场。从质量上看，我国电子商务业态模式创新层出不穷，质量和服务水平不断提高，线上线下的融合日益紧密，市场秩序日趋规范。近年来电子商务市场交易规模不断扩大，虽然近 2 年增速变缓，但整体容量仍然相当可观（见图 5.6）。电子商务作为较先进的商业模式在中国快速兴起，对物流业的影响不言而喻。

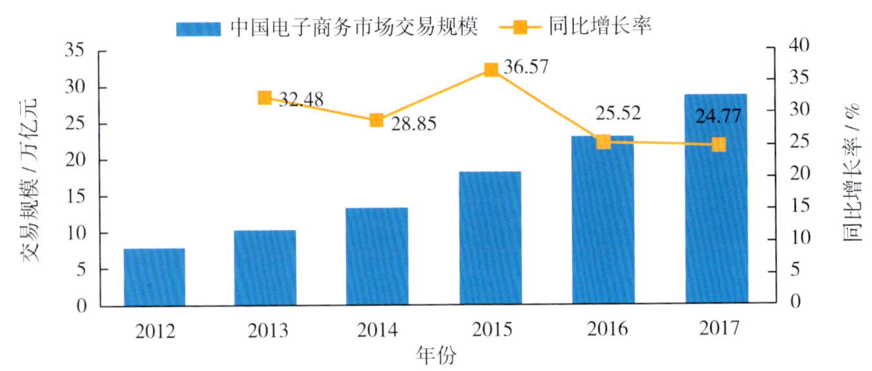

数据来源：中国电子商务研究中心

图 5.6 中国电子商务市场交易规模及发展趋势

2）新零售商业模式剖析

新零售的“新”表现在由技术变革和需求变革共同驱动的对零售业全要素、多维度、系统化的创新与变革。新零售最重要的就是以用户体验为中心的商业模式，核心是要满足消费者日益提升和变化的需求，同时兼顾内部员工与上下游的商业合作伙伴。

主要体现在 5 个方面的创新：①新零售情境下，组织商品交易的顺利完成只是零售主体的部分角色，零售主体“组织者”更在于成为消费者大数据资源的开发者，并利用自身强大的大数据分析处理能力和计算能力，为产业活动的参与者提供一体化的服务；②零售商的产出具有新的内容，建立持续互动“零售商—消费者”关系，强化多场景购物体验，提供消费数据服务；③出现了复合型、集合型，满足即时购买需求的经营形态；④在新零售中，商业关系被重新构建，各主体之间形成了以信任为基础的供需一体化的社群关系；⑤商业主体的价值排序实现了重构，满足消费者需求成为全部商业活动的价值起点，为消费者创造价值的“人本原则”成为新零售经营理念的基础。

3）新零售对物流的新需求

开展线上线下加供应链物流深度融合的新零售已是毋庸置疑的趋势，而如何加强供应链管理、提升现有物流服务水平则成为下一个有待解决的主要课题——构建新物流。

从企业的需求角度出发，新物流需要进行销售预测和库存管理，消灭库存，降低物流成本；从消费者的体验需求出发，新物流需要满足消费者个性化、碎片化需求，商品更加精准、快速送达，提供体验式服务；从数字化的角度出发，新物流需要基于行业全链条的大数据向智能化、自动化优化升级，利用智能化设备实现智能仓储、智能运输、智能物流等全方位服务（见图 5.7）。

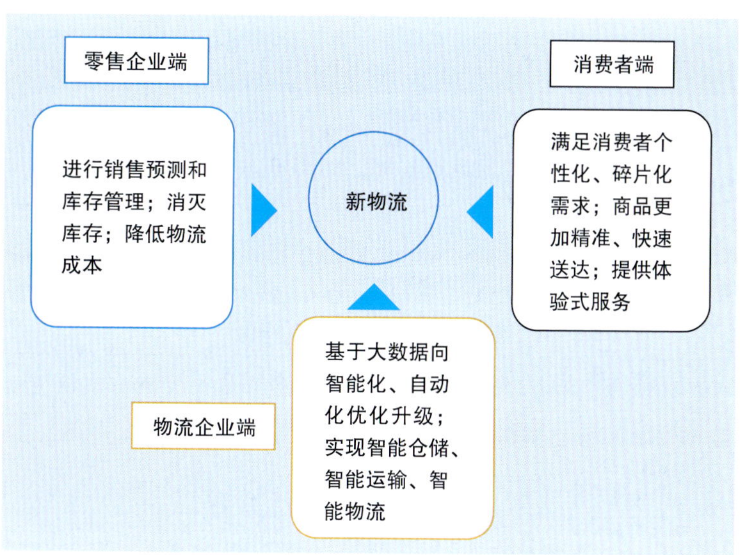

图 5.7 “新零售”各方的“新物流”需求

5.2.2 新零售下的新物流运作模式

在新零售的发展过程中，已有许多企业开始进行尝试和变革，本节针对已有的成功运用到新零售中的物流运作模式进行梳理，并分析其如何有效支撑新零售模式的发展。

1）线上线下一体化、店仓一体化

新零售的一个最突出的表现形式或者说运作模式就是传统电商向线下实体店扩张、向物流环节的掌控扩张。除亚马逊外，近年来中国、美国主要零售龙头都开始加速线上线下布局，延伸对物流服务掌控，全渠道融合是大势所趋（见表 5.3）。

表 5.3 近年来中国、美国主要零售龙头线上线下融合、延伸物流管理事件

国家	时间	事件
中国	2015 年 3 月	阿里巴巴开始布局盒马鲜生
	2015 年 8 月	①阿里与苏宁达成战略合作，苏宁云商认购阿里巴巴 1.09%股份，阿里投资约 283 亿元参与苏宁非公开发行，占苏宁总股本 19.99%；②京东入股永辉 10%
	2016 年 6 月	京东与沃尔玛达成深度战略合作
	2016 年 11 月	①阿里入股三江 32%；②易果受让联华 21.17%股权
	2017 年 1 月	阿里私有化银泰商业交易（完成从 2014 年首次投资的新零售改造标杆案例）
	2017 年 1 月	阿里巴巴与世界货运联盟就国际交易市场跨境电商货运领域达成合作
	2017 年 2 月	阿里与百联集团达成战略合作
	2017 年 5 月	①阿里受让易果转让的联华超市 18%股权；②沃尔玛官方旗舰店正式入驻京东
	2017 年 6 月	京东在北京开设线下生鲜店
	2017 年 9 月	阿里成都及其一致行动人杭州瀚云入股新华都，合计持有新华都总股本 10%
	2017 年 11 月	阿里投入约 28.8 亿美元，掌控欧尚、大润发母公司高鑫零售 36.16%股份
	2018 年 4 月	阿里联合蚂蚁金服对饿了么完成全资收购，收购金额为 95 亿美元

表 5.3(续表)

国家	时间	事件
美国	2015 年 8 月	沃尔玛实现对 1 号店全资控股
	2016 年 6 月	沃尔玛将 1 号店出售给京东,获得京东 5%股权,后续增持至 10%
	2016 年 8 月	沃尔玛收购电商公司 Jet.com
	2016 年 12 月	亚马逊拟开设无人超市 Amazon Go
	2017 年 1 月	沃尔玛相继收购电商 Shoebuy,Moosejaw,Modcloth
	2017 年 6 月	①亚马逊收购全食超市;②沃尔玛收购男装电商 Bonobos
	2017 年 10 月	沃尔玛收购“最后一公里”的物流平台 Parcel
	2018 年 3 月	亚马逊或收购玩具反斗城部分门店,扩展线下实体店零售业务

实现线上线下融合和向物流环节的延伸之后,店仓一体化则是这些新零售模式的另一个重要模块。店仓一体化是指门店集展示、仓储、分拣配送于一体,通过引入自动化物流设备、电子标签和终端配送提高配送效率,满足客户现场及线上业务快速体验(见图 5.8)。门店货架即为线上虚拟货架提升消费者体验度,保证急送服务。

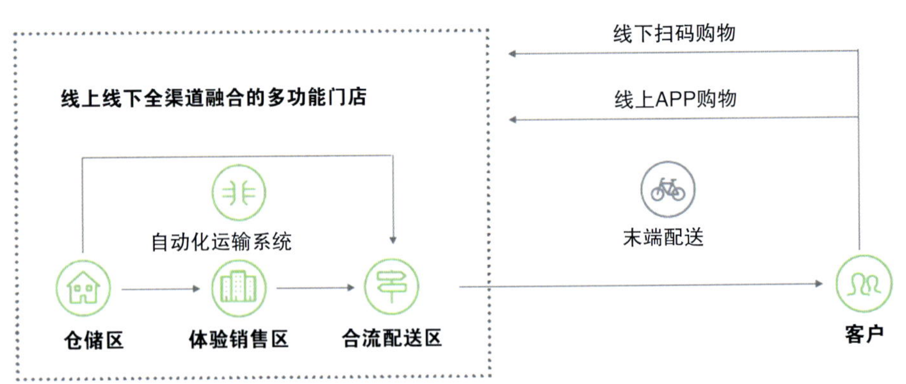

资料来源:德勤研究

图 5.8　店仓一体化运作模式

2)社会化多级分仓网络体系

就传统而言,完整的分仓网络需要设立三级的分仓体系,从区域配送中心(RDC)仓到配送中心(DC)仓再到快速分拨中心(TC)仓。在新零售背景下,分仓网络融入了更多的社会资源,变得更加复杂和多层,如阿里巴巴不断从“物流宝”和大仓储计划升级到菜鸟网络,社会化多级分仓网络体系可绘制成图 5.9 所示样式。强调从集采存储到仓储的调拨,再到分拣理货和配送,使各个仓储中心、仓储点达到网状协同,立体共享,使商品响应订单的速度达到最快。

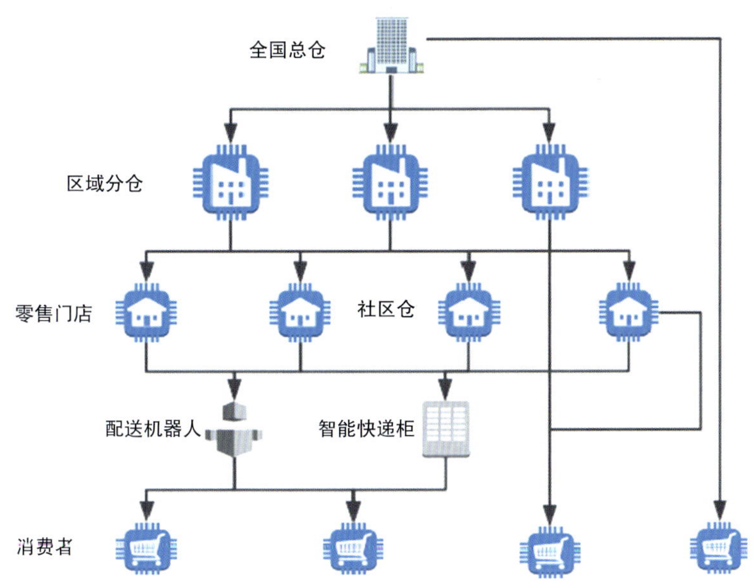

图 5.9　社会化分仓体系

3）智能算法、大数据分析与物流相融合

对整个商品流通体系来说，新零售极大提升了流通环节效率，节省了原有流通渠道中的交易成本，新兴物流技术极大节省了传统的物流费用。

如：盒马鲜生基于时效节点顺序、区块分布，在整个 POI 的位置上，打造出机遇线路的智能履约集单算法；盒马门店商品的货位和库存，实现了实时回传智能调度；针对订单实现配送智能调度；根据每个门店周边盒马会员的需求，做智能化的商品选品和库存分配，实现智能订货。

根据阿里巴巴提供的数据，菜鸟网络推出大数据智能算法来分配订单路由，实现快递公司包裹与网点的精准匹配，准确率达 98% 以上，分拣效率提高 50% 以上；2015 年，依托菜鸟网络进行的快递节点优化，包裹量增加且平均用时减少的线路占比高达 73.5%，极大地促进了整体商业效率的提升。

4）智能物流设备与物流运作环节融合

新零售作为 O2O 的升级版，不仅将线上线下全渠道融合，而且融入了人工智能以及移动支付的相关技术、仓储机器人、自动化系统等智能物流设备。

2016 年亚马逊推出无须排队结账的智能无人实体零售店“Amazon Go”，借助 AR/VR 等人工智能技术及传感器、摄像头、计算机视觉技术等的应用，帮助消费者扫码支付自动完成结账流程，节省了排队支付时间。对于亚马逊公司来说，这有助于其开辟线下消费场景，丰富数据采集渠道、完善用户画像、优化服务体验。

为了更好地助力新零售物流，菜鸟网络不断对全国的仓库网络进行自动化升级，不仅在全国范围内布局了总面积近 1 000 万平方米（峰值）的仓储网络，更是在上海、天津、广东、浙江、湖北等重点枢纽建立起机器人仓库群。全自动化的流水线，各种缓存机器人、播种机器人、拣选机器人，以及机械臂、AGV 矩阵等得到了大范围的应用。

5）逆向物流与售后服务融合

随着消费者更加全渠道、多样化消费，构建逆向物流和售后服务能力正成为开展新零售必不可少的一环。新零售中的逆向物流是指从消费者到卖家/厂商的物流业务，主要涵盖商品退换货和维修件返修。应对这种日益增长的需求，新零售企业需要提升逆向物流和售后服务能力：提供上门取件服务、管理智能标签提升客户满意度，提供维修完成后的发件和取件通知，提高自身服务对消费者的便利性；提供限时取件、加急运送等服务，提升服务的时效性；对高价值物品提供安保加强服务，建立完善的保价与专业理赔机制，确保服务的安全性。

6）“预约购买，按需生产”（C2M），向拉式供应链迈进

由于消费者需求日益个性化和异质化，大规模标准化的生产方式无法满足要求，生产方式逐渐朝着柔性化、定制化和灵活化的方向发展，加速进入后福特制生产方式。随着柔性化定制的发展，“拉式供应链”管理逐步成为可能。

哈雷戴维森利用高度网络化及数据驱动的制造工艺自动引导车辆，使工厂对个性化订单作出灵活响应，并可迅速调整制造设备；采用物联网的网络化制造系统，不仅可提供一系列为客户量身定制的方案以满足他们独特的需求，还可缩短生产时间；并且，新工厂允许哈雷戴维森不出工厂便可生产出完全量身定制的车辆。在实施了数字化智能制造解决方案后，哈雷戴维森的运营方式实现了全方位的改进：生产周期下降了数个数量级，客户定制车辆在新工厂仅需 6 小时完成，而以前要用 21 天完成；产能提升了 13%；固定资产生产率提升了 57%，工厂布置发生改变；人力成本节省了 1 亿美元/年。

类似的案例在中国也越来越多。以天猫和奥利奥的合作为例，天猫平台与奥利奥品牌合作，利用前者的消费者洞察，奥利奥将天猫平台上的交易流程改造开放，推出个性化定制活动，让消费者可以自己涂色、填色，参与到产品的定制环节，满足不同消费者的个性化需求。在活动的 3 天内，累计销售 4 万份定制款奥利奥，销售额接近 600 万元。

5.2.3　新零售下的新物流发展前景及启示

新零售催生的新物流最终将实现整个供应链的重构，将供应链由传统线性链条向智慧数字化网状供应链发展，形成环环相扣的数据交融方式、透明的数据流和可追溯的分析过程，形成以货物流通为基础的数据链接技术和各种智能化技术推动的服务支持体系（见图 5.10）。

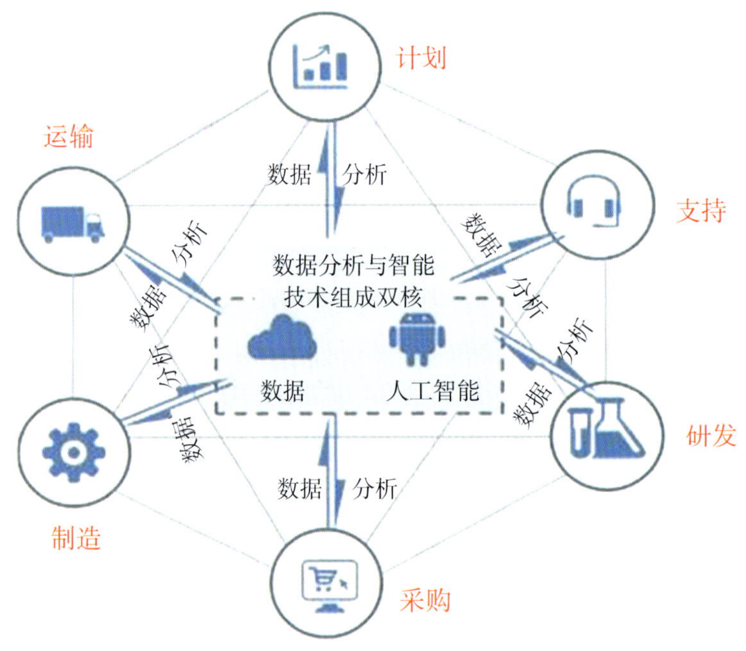

图 5.10　智慧数字化网状供应链

在这一发展前景下，物流企业可以尝试打破目前零售企业主导的局面，或者主动融入新零售的浪潮之中，提升自身竞争力，打造新零售下的新物流运作模式，提升企业盈利能力。

1）与零售巨头合作进行新物流运作

电商对线下零售的分流仍在持续，许多之前的电商巨头已进入互联网流量红利尾声，电商的发展接近天花板。近年来PC端、移动端访客数量增长十分缓慢，但单位用户浏览网站花费时间增多，交易数量的增速大于买家数量增速，单位买家花费及平均订单价值上升，表明现阶段规模进一步扩张的核心已从新用户的开拓转向存量用户的深度挖掘。物流企业可以通过与寻求突破转型的零售巨头、在线电商进行合作，推动新零售下的新物流业务发展。

2）关注五个重点领域的前提下，积极开拓其他领域合作商机

目前的新零售业务革新主要围绕服装、生鲜、餐饮、日用百货和家居等五大重点领域，这五大领域形成了五个万亿级市场。新零售的先驱们已经展开激烈的角逐，因为完成这个五大覆盖后就会实现对居民消费的吃穿用住四方面的基本覆盖。因此，新物流也应该重点关注这五个领域。在这个前提下，再去积极开拓其他领域的合作商机。

3）注重农村地区新物流建设，抢占先机

麦肯锡发布的《2016年中国数字消费者调研报告》显示，我国三线以下城市居民的消费者首次超过一二线城市。ThinkData 2018年1月5日最新发布的《2017年90后生活方式研究》显示，我国90后人群在三四线城市具有较高的集中度，其是新零售中占比最高（超过40%）的客户群，该人群的分布特征将带动三线以下城市的电商业务，特别是农村电商业务的蓬勃发展。事实上，物流企业、电商都已经开始布局农村物流，顺丰在2014年就启动了下沉网点计划，开始逐步覆盖更多的农村地区；不少村里已经开始有汇通、圆通等物流公司的网点；京东在2017年开设2万家京东家电专卖店，覆盖40万个行政村；阿里也已经开始着手在贵州贫困县铺设菜鸟物流，要打通“农村物流最后一公里”……但是农村市场容量十分大，而且新零售下新物流改造升级还未全面启动，物流企业可以在此领域寻求突破。

4）积极引入智能化设备，进行智能化改造

物流公司需要提前布局，成为技术型公司。新零售对于物流的智能化水平的需求还在不断提升，这就需要物流企业在无人驾驶、无人仓储、无人配送、物流机器人等前沿领域都要积极应用并努力参与技术突破环节。这不仅要求企业关注和应用自动化仓库设备、自动化搬运与输送设备、自动化分拣与拣选设备、电器控制和信息管理系统，还应关注并尝试应用更多先进的外延技术，包括人工智能、图像识别、红外通信、激光定位、计算机模拟仿真、无线电通信、网络技术、电磁导引、激光导航技术等。过去，物流业一直被视为劳动密集型行业，物流企业提前布局进行智能化改造，利用智能化降低人力投入将会降低大量物流运作成本，从而取得企业价值提升。

5）主动融入智慧数字供应链，接受技术和数据输入并形成无缝闭环

不论是物流企业还是其他企业，怎样快速响应客户需要，在数字化工业的基础上做到信息快速传递、响应和实现变得至关重要。

在当前的数字时代，供应链数据变得更加庞杂，企业能够获得的数据不限于以ERP为核心的结构化数据，还增加了许多半结构化数据和非结构化数据，这些数据来源于EDI的连接、供应商或消费者反馈、公共的交通服务信息等，也有了很多来自人工智能的数据。这些新型数据为供应链的实时可视化和信息共享提供了基础。物流企业至少要实现这些庞杂的数据的无缝连接，才能融入智慧数字供应链中。

6 前沿技术对物流业发展的影响

人类已经进入一个崭新的智能机器时代,在未来几年,人工智能和机器人给世界带来的影响将远远超过个人计算机和互联网在过去30年间对世界造成的改变。人工智能时代的物流业与新技术的融合将越来越迅速,使我们不能忽略前沿技术对物流业的影响。本章聚焦数字孪生、脑机接口、深度学习等前沿技术,重点剖析展望这些技术对物流业发展的影响。

6.1 数字孪生技术对物流业发展的影响

数字孪生是由密歇根大学的 Michael Grieves 博士定义的,将其应用在产品生命周期管理(PLM)中,对所生产的产品的虚拟展现,将之与工程设计对比而言,可更易理解产品的生产与设计,数字孪生可在设计与执行之间形成紧密的闭环。数字孪生的发展已经历几十年,自从有了诸如计算机辅助设计(CAD)等数字化的"创作(authoring)"手段,就已出现数字孪生的源头,有了计算机辅助工程(CAE)仿真手段,就让数字虚体和物理实体走得更近,有了系统仿真,可以让数字虚体更像物理实体,直至有了比较系统的数字样机技术。发展到现在,在数字世界里做了这么多年的数字设计、仿真结果,越来越虚实对应、虚实融合,数字虚体越来越赋能物理实体系统。数字孪生技术在海事领域应用示意见图6.1。

资料来源:http://mfame.guru/a-digital-twin-to-develop-blue-denmark/

图6.1 数字孪生技术在海事领域应用示意

本节将聚焦这一信息科学领域颠覆性技术,看看能给物流业未来带来什么改变。

6.1.1 数字孪生技术简介

随着新一代信息技术(如云计算、物联网、大数据等)与制造业的融合与落地应用,物理实体的数字化化身概念的重要性在最近几年得到了极大的关注。党的十九大报告提出"加快建设制造强国,加快发展先进制造业,推动互联网、大数据、人工智能和实体经济深度融合",其核心是促进新一代信息技术和人工智能技术与制造业深度融合,推动实体经济转型升级,大力发展智能制造。因此,如何实现制造物理世界与信息世界的交互与共融(见图6.2),是当前国内外实践智能制造理念和目标所共同面临的挑战。

资料来源：杨帆.基于数字双胞胎和工业物联网的工业应用实践[R].
北京：ANSYS18新产品发布会，2018.

图 6.2 数字孪生技术示意

数字孪生以数字化方式创建物理实体的虚拟模型，借助数据模拟物理实体在现实环境中的行为，通过虚实交互反馈、数据融合分析、决策迭代优化等手段，为物理实体增加或扩展新的能力。作为一种充分利用模型、数据、智能并集成多学科的技术，数字孪生面向产品全生命周期过程，发挥连接物理世界和信息世界的桥梁和纽带作用，提供更加实时、高效、智能的服务。

数字孪生的真正功能在于能够在物理世界与数字世界之间全面建立准实时联系。基于产品或流程现实情况与虚拟情况之间的交互，数字孪生能够创造更加丰富的模型，从而对不可预测的情况进行更加真实和全面的检测。而且随着计算能力提升和成本降低，可采用大量的处理架构和先进的算法分析该交互式检测结果，进而获得实时预测反馈，并开展离线分析。数字孪生的上述功能将引发设计和流程的根本性变革。

6.1.2 数字孪生技术的应用

数字孪生近期得到了广泛和高度关注。GARTNER 公司连续两年将数字孪生列为当年十大战略科技发展趋势之一。世界最大的武器生产商洛克希德马丁公司将数字孪生列为未来国防和航天工业六大顶尖技术之首；中国科协智能制造学术联合体在 2017 年世界智能制造大会上将数字孪生列为世界智能制造十大科技进展之一。此外，许多国际著名企业已开始探索数字孪生技术在产品设计、制造和服务等方面的应用。

6.1.2.1 产品设计

产品研发成本主要在概念设计阶段，通过利用数字孪生技术执行快速的“假设”分析，用户可在研发过程早期了解产品特性，避免在不切实际的设计上浪费时间，并且防止在验证阶段重新进行设计，从而实现设计产品的优化、确认和验证设计，以满足相关的需求。同时，可以构建精确的综合仿真模型来了解实际的产品性能，并持续创新。沃尔沃公司将 VOLVO 汽车发动机的物理实体资产与虚拟样机的设计比对（见图 6.3），在设计过程中注重的是从需求到制造的当前应用，可以反馈现实世界产品实际的质量、性能、使用的数据，以及物料清单（BOM）维护情况，甚至用户、环境以及其他系统的影响都可得到有效反馈。

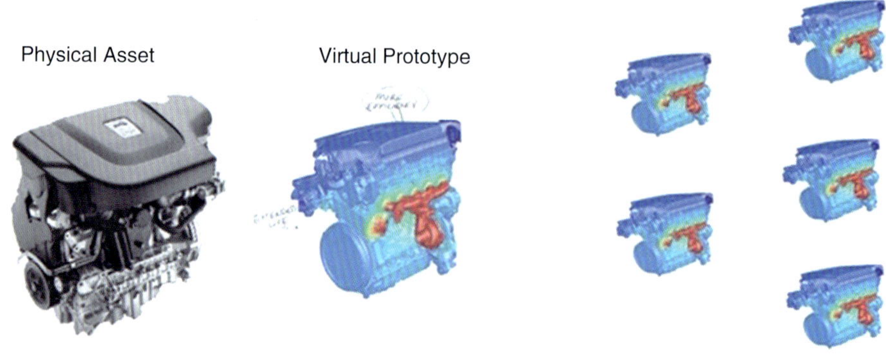

资料来源：http://www.ansys-blog.com/digital-twin-pump/

图 6.3　数字孪生用于产品设计

6.1.2.2　生产制造

将数字孪生应用于生产流程则能够产生功能强大的应用程序（见图 6.4），数字孪生对工厂环境中实际情况进行准实时虚拟复制。在实际生产流程中部署了数以千计的传感器，共同收集各个不同层面的数据，包括生产机械的行为特征、半成品（厚度、颜色、质地、硬度、转矩、速度等）以及工厂内部的环境状况等。该等数据不断传输至数字孪生应用程序，并由该程序完成数据聚合。数据孪生应用程序持续分析所输入的数据流。一段时间过后，该等数据分析可通过与一系列正常运行情况的对比，识别实际生产流程在哪些层面存在异常情况。企业可根据此类对比分析结果展开调查，并对实际生产流程进行一定改革。这一过程体现了数字孪生所具备的巨大潜力：数以千计的传感器持续开展重要检测，并向数字化平台传输数据。数字化平台进而开展准实时分析，通过比较透明的形式优化运营流程。

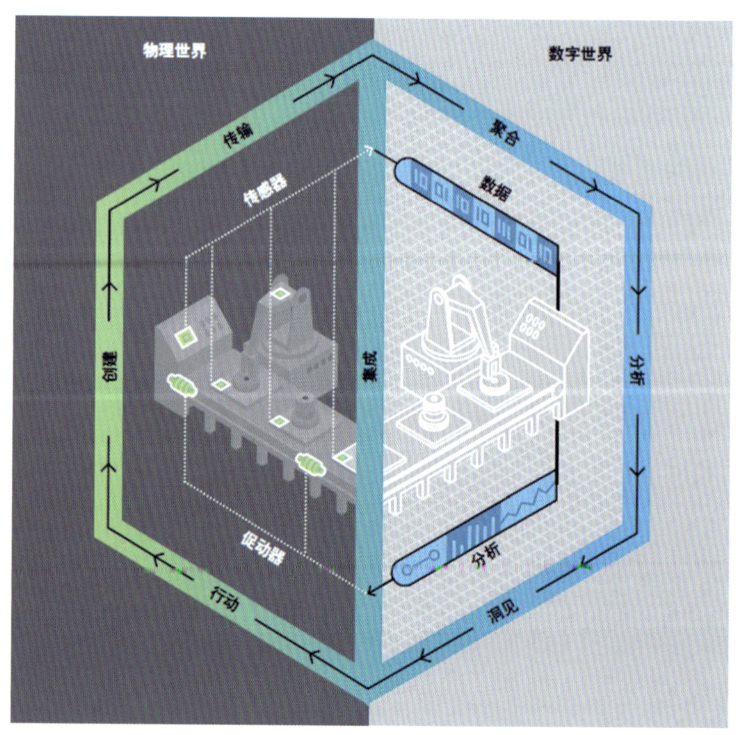

资料来源：https://www2.delottie.com/cn/zh/pages/consumer-industrial-products/articles/industry-4-0-and-the-digital-twin/.html

图 6.4　生产流程数字孪生模型

6.1.2.3 故障预测与健康管理

数字孪生是实际运行设备的实时虚拟版本，可用来提供产品的性能与维护信息。设备上的传感器将温度、振动、碰撞、载荷等各项数据发送到数字孪生，然后，数字孪生与机械工作环境的变化保持一致。数字孪生能够在出现状况前提早进行预测，以便在预定停机时间内更换磨损部件，避免意外停机。美国国家航空航天局（National Aeronautics and Space Administration，NASA）将物理系统与其等效的虚拟系统相结合，研究了基于数字孪生的复杂系统故障预测与消除方法，并应用在飞机、运载火箭等飞行系统的健康管理中（见图 6.5）。

资料来源：https://www.altoros.com/

图 6.5 基于数字孪生的飞机结构寿命预测模型

6.1.2.4 数字孪生车间

车间是制造活动的执行基础，为践行智能制造和智能生产理念，因此生产物流最重要的是可使用数字孪生车间（Digital Twin Shop-floor，DTS）（见图 6.6），利用数字孪生的个性化产线快速定制设计方法，将数字化模型与物理装备虚实同步，形成整线的数字孪生系统；提出生产过程中耦合优化问题的解耦算法，作为引擎驱动数字孪生；通过订单模拟投放与运行，进行整线性能评估与调控。还可以利用数字孪生思想将物联制造下的在线控制理念进行扩展，提出多系统联动优化控制思想、机制及定量优化方法，并应用于生产过程的精准计划、实时跟踪与动态控制等 3 个阶段。

6.1.3 数字孪生技术对物流业发展的影响

根据数字孪生技术在产品生命周期各阶段的应用，从物流服务的产前、产中、产后等 3 个阶段分析数字孪生技术对于物流业发展的影响。

1）预测物流作业，降低成本提高效率

将数字孪生技术引进整条物流生产作业系统（含运输、仓储）中，利用物理模型、传感器、运行历史数据等，建立整套物流系统的数字孪生模型，组成一个智慧化管理系统，这样就可以模拟和测试物流系统在不同场景下的运行情况。通过预测货物的波峰和波谷，不断优化作业流程，提高生产作业效率，实现作业流程柔性化与智能化的结合。特别是高度整合企业内部信息，使得企业内部能实时了解货物动态，并根据货物的特殊动态（“双 11”、春节旺季等）进行必要的物流控制，使特殊时期作业更加智慧、有效，降低成本提高效率。

资料来源：https://www2.deloitte.com/cn/zh/pages/consumer-industrial-products/articles/industry-4-0-and-the-digital-twin/.html

图 6.6　基于数字孪生的智能车间模型

2）联动生产物流，实现流程柔性化与智能化

利用数字孪生技术可以提前对各个方面问题进行系统规划，实现设计人员和建设人员的协同。一旦发生设计变更，可以在数字孪生中方便地更新施工建设流程，包括更新物料清单、创建新的工序，将完成各项任务所需的时间以及所有不同的工序整合在一起，进行分析和规划，直到产生满意过程方案。如果运行一段时间产生了新的变革性的需求场景，也可以借助数字孪生技术对其技术架构和功能进行智能化和柔性化调整。

3）增强运输仓储作业无缝化与透明化，实现高效精准配送

在孪生数据驱动下，通过物理实体与虚拟模型的真实映射、实时交互、闭环控制，实现物流的任务组合优化，运输路线规划、仓储过程控制等在物理世界、信息世界和上层物流服务系统之间的迭代运行，从而实现作业无缝化；同时实现物流透明化，将其由传统“黑箱”运输模式转变为物料、搬运载体等实时状态透明模式，可实时追踪和精准配送。

4）提升供应链质量，保证决策的战略性和科学性

利用数字孪生技术，连接后端的业务应用，在供应链运作（包括制造、采购、仓储、运输、物流、现场服务等）中实现业务成果，直接预测物流服务质量，识别供应链设计是否存在缺陷。在整条供应链环节出现问题并影响到服务质量的时候，可以对不同策略进行模拟仿真和评估，结合大数据分析和统计学技术，快速找出能达到最优解的供应链优化方案，实现服务质量和成本的再次优化，达到动态平衡，从而提升供应链管理质量，保证决策的战略性和科学性。

5）积累大数据，增加物流管理的灵活性

数字孪生技术将给物流带来重大颠覆性创新，如全程无人化智慧物流框架体系，将物流智能物件的

实体与数字孪生体进行物联，就能够建设智慧物流系统控制平台，操作数字孪生体就能实时控制全程无人化智慧物流系统，还能实时了解它们的工作状态、零部件的运作情况，方便今后的维修与使用。除了能够实时智能控制物流设备外，意义更深远的是，数字孪生模型能持续积累智能物流设备与产品设计和制造相关知识，实现持续性改进设计与创新。

6.2 脑机接口技术对物流业发展的影响

脑机接口技术（见图 6.7）在 2017 年迎来了发展的新起点，特斯拉创始人 Elon Musk 投资了将人脑信号与人工智能（AI）相结合的 Neuralink 公司，互联网领域领军企业 Facebook 宣布开始研发基于脑机接口的新一代交互技术。这些行动引起了公众巨大兴趣，《经济学人》称脑机接口技术为下一个风口技术。本节将聚焦脑机接口技术，看看它将给物流业未来带来什么改变。

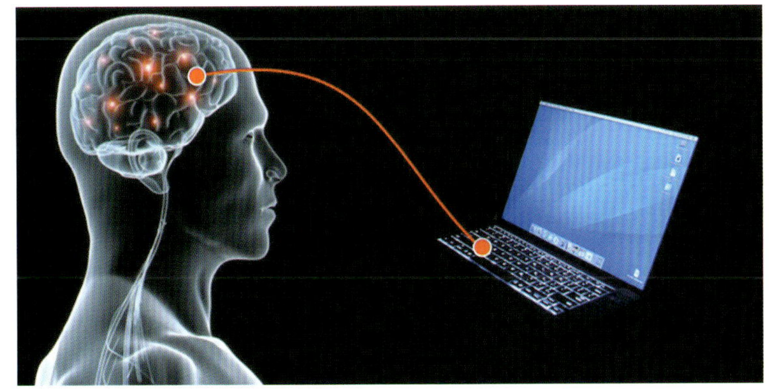

资料来源：https://aboveintelligent.com/brain-computer-interfaces-why-why-now-d02445090509，Sandip Kamat

图 6.7 脑机接口示意

6.2.1 脑机接口技术简介

脑机接口是一个有着三十多年历史的学科，它的起源是 1986 年 Apostolos Georgopoulous 等人在 *Science* 上发表的一篇跨时代文献，在这篇文章中，他们发现了神经元解码人类肢体运动方向的规律。这个规律非常简单：每个神经元都有一个“最喜欢的方向”，当手的运动方向正好是某个神经元最喜欢的方向上的时候，神经元的放电速率可以达到最大值（R）；当手的运动方向与神经元的“最喜欢的方向”中间有个夹角 θ 时，神经元的放电速率就是 $R \cdot \cos\theta$。这个定律告诉我们，只要知道了神经元的放电速率，原理上就可以解码出它们想要指示手往哪个方向走，这就是脑机接口的基本原理。

脑机接口（brain-computer interface，BCI；有时也称作 direct neural interface 或者 brain-machine interface），是在人或动物脑（或者脑细胞的培养物）与外部设备间创建的直接连接通路。在单向脑机接口的情况下，计算机或者接受脑传来的命令，或者发送信号到脑（例如视频重建），但不能同时发送和接收信号。双向脑机接口允许脑与外部设备间的双向信息交换。在该定义中，“脑”意指有机生命形式的脑或神经系统，而并非仅仅是“mind”（抽象的心智）。“机”意指任何处理或计算的设备，其形式可以从简单电路到硅芯片到外部设备和轮椅。“接口”等同于“用于信息交换的中介物”。“脑机接口”的定义等于“脑+机+接口”。即在人或动物脑（或者脑细胞的培养物）与外部设备间创建的用于信息交换的连接通路。脑机接口是一门多学科交叉的领域,核心的学科涉及认知科学、神经工程、神经科学等。

6.2.2 脑机接口技术的应用

6.2.2.1 脑机接口技术实现步骤

脑机接口基本的实现步骤可以分为四步:信息采集、信息解码处理、再编码和反馈。

1)信息采集

脑机接口的划分形式一般是看信息采集方式的,通常分为侵入式、部分侵入式、非侵入式(脑外)。

侵入式:此类脑机接口通常直接植入到大脑的灰质,因而所获取的神经信号质量比较高。但其缺点是容易引发免疫反应和愈伤组织(疤),进而导致信号质量的衰退甚至消失。

部分侵入式:接口一般植入到颅腔内,但是位于灰质外,其空间分辨率不如侵入式脑机接口,但是优于非侵入式。其另一优点是引发免疫反应和愈伤组织的概率较小,主要基于皮层脑电图进行信息分析。

非侵入式:不进入大脑,像帽子一样方便佩戴于人体,但由于颅骨对信号的衰减作用和对神经元发出的电磁波的分散和模糊效应,记录到信号的分辨率并不高,很难确定发出信号的脑区或者相关的单个神经元的放电。

2)信息解码处理

收集好足够多的信息后,就要进行信号的解码和再编码以处理干扰。脑电信号采集过程中的干扰有很多,如工频干扰、眼动伪迹及环境中的其他电磁干扰等。分析模型是信息解码环节的关键,根据采集方式的不同,一般会有脑电图(EGG)、皮层脑电图(ECoG)等模型可以协助分析。信号处理、分析及特征提取的方法包括去噪滤波、P300 信号分析、小波分析+奇异值分解等。

3)再编码

将分析后的信息进行编码,如何编码取决于希望做成的事情。比如控制机械臂拿起咖啡杯给自己喝咖啡,就需要编码成机械臂的运动信号,在复杂三维环境中准确控制物体的移动轨迹及控制力量都非常复杂。

4)反馈

获得环境反馈信息后再作用于大脑也非常复杂。人类通过感知能力感受环境并且传递给大脑进行反馈,感知包括视觉、触觉、听觉。

脑机接口实现这一步其实是非常复杂的,包括多模态感知的混合解析也是难点,因为反馈给大脑的过程可能不兼容。

6.2.2.2 脑机接口技术的应用领域

1)医疗

主要包括帮助患者与外界交流或控制外部设备的辅助脑机接口,以及帮助患者恢复神经功能的康复脑机接口。

2)游戏娱乐

在头戴式 VR 设备上安装脑机接口,与传感器的输入一起为用户提供更好的游戏体验。

3)消费电子

机器人、无人机、VR 等电子消费产品可将脑机接口,特别是非侵入式脑机接口作为新的人机交互界面。例如,佛罗里达大学举办了利用脑机接口控制的无人机比赛,16 位提前进行训练的无人机操作员利用脑电信号控制无人机进行了室内飞行比赛。

4）商业分析

可以帮助营销人员获取消费者大脑的定量信号，从而更好地了解客户需求。

5）军事国防

利用脑机接口实现大脑控制的机器人或无人机侦察、重型武器控制、军人之间的无声脑电交流等。

根据 Allied Market Research 的预测，脑机接口市场规模将在 2020 年达到 14.6 亿美元，届时，医疗和消费电子将是脑机接口的两大应用方向。

6.2.3　脑机接口技术对物流业发展的影响

脑机接口通过解码人类思维活动过程中的脑神经活动信息，构建大脑与外部世界的直接信息传输通路，在神经假体、神经反馈训练、脑状态监测等领域有广泛的应用前景。本节展望脑机接口技术对物流业发展影响。

1）机械外设备

从大脑内部，或者外部采集了脑电场或者磁场的信号，经过信号处理和特征提取，得到了一些数值的矩阵，这些矩阵经过机器学习训练，就可以解码出大脑所想的位置和方向，这些被解码的位置方向，就可以传输到机械手等外部设备上，这样你就可以凭意念控制机械手等外部设备。

物流从业人员可以冲破身体的阻碍，用自己的大脑控制任何外部设备。想象一下，你可以在办公室用大脑控制仓库里的机械手臂。

2）新零售

新零售时代，实体店面与网店将合二为一，数据互通，网络视频监控系统就是其中的桥梁。网络视频监控系统对于实体店铺一直以来都只以安保防损的角色出现，在新零售时代，越来越智能的网络视频监控系统承担起更为重要的角色——成为零售企业核心业务的一员，直接提升企业的经济效益，增强企业核心竞争力。

视频监控可以根据顾客在店内习惯性走动轨迹图，设计选购路径，改进店面布局，消除店面的布局瓶颈和“消费盲区”问题；根据货架上客户拿取商品的热度，安排货架布置和陈列以提升客户体验，并且可以根据数据变化对比，评估商业活动（如促销）的效果；甚至可以对顾客群体统计归类，以便未来有针对性地做市场宣传或推广。

视频监控系统的这一切，脑机接口技术也能做到，而且做得更好，想象一下，当你的大脑对某种商品产生喜好的时候，能更直接地反应，而不是通过在此物品前停留或者拿起该物品。

3）人机结合

现代物流的发展离不开高度智能化的物流系统和物流装备，如何通过智能系统和智能装备以提高生产及仓储环节的物流效率是现代物流业未来发展的重中之重。目前，物联网、云计算、智能机器人和可穿戴设备等新技术已经开始应用于物流领域，让机器人大量进入物流装备行业实现物流装备的自动化和智能化成为发展的主流。

人工智能的不断发展，已经让社会对此产生了警觉，如果未来是机器人的时代，那我们人类还能做些什么呢？不论是人工智能（AI）还是智能增强（Intelligence Augmentation，IA），在机器人大放光芒的时代，脑机接口技术将把人和物连接在一起。

6.3 深度学习技术对物流业发展的影响

近年来，许多领域的技术取得了跨越性的发展。机器翻译领域，如谷歌翻译现能提供包括宿务语、伊博语、祖鲁语在内的共103种语言的文字翻译；图像识别领域，如公安部的人脸识别系统已在多地火车站帮助警方抓获了多名通缉犯；语音识别领域，如智能手机的语音识别功能，可用语音命令手机进行多项操作……以上这些成就都得益于人工智能技术当中的深度学习技术。

6.3.1 深度学习技术简介

6.3.1.1 深度学习的概念及常用模型

深度学习是一种能够使计算机系统从经验和数据中得到提高的机器学习技术。深度学习的概念起源于人工神经网络的研究，旨在建立一个可以模拟人脑的神经连接结构的模型，在处理图像、声音和文本这些信号时，通过多个变换阶段分层（也称隐藏层）对数据特征进行描述，进而给出数据的解释（见图6.8）。隐藏层的优势之处在于，隐藏层可以在数据之中寻找特征，并允许下一层对特征进行操作，而不用处理大量的原始数据和噪声的干扰。

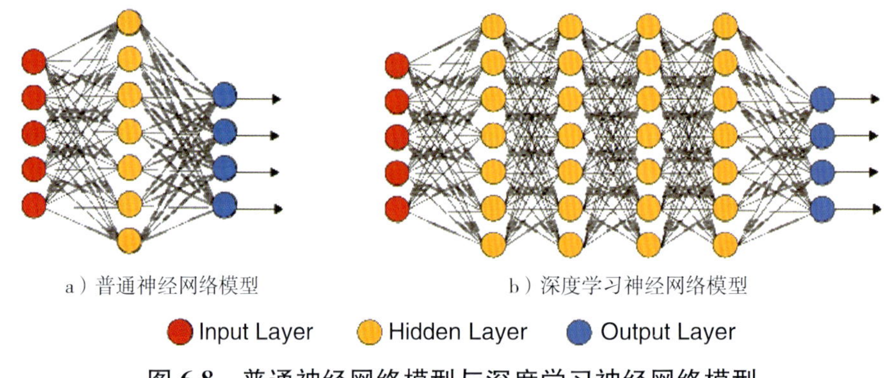

图 6.8 普通神经网络模型与深度学习神经网络模型

深度学习可依据不同的问题（图像、语音、文本）分为以下几种模型：

Convolutional Neural Networks（CNN），卷积神经网络；

AutoEncoder，自动编码器；

Sparse Coding，稀疏编码；

Restricted Boltzmann Machine（RBM），限制波尔兹曼机；

Deep Belief Networks（DBN），深信度网络；

Recurrent neural Network（RNN），多层反馈循环神经网络神经网络。

对于不同问题，需选用不同网络模型才能达到更好的效果。

6.3.1.2 深度学习的发展历程

深度学习的发展，可追溯到其前身人工神经网络，迄今已超过60年的历史，经历了三次发展浪潮。

第一阶段（1958—1969年）：1958年科学家Rosenblatt发明了首个神经网络算法感知器（perceptron）算法，即由输入层和输出层构成的无隐藏层神经网络，该算法能帮助机器学习识别简单的图像，但仅能处理线性问题，研究陷入停滞。

第二阶段（1986—1998年）：1986年科学家Hinton发明了适用于多层感知器（MLP）的BP算法，能有效解决非线性分类和学习的问题，但存在梯度消失问题，且无法对前层进行有效的学习，还属于浅层学习。

第三阶段(2006年—至今)：2006年Hinton提出了深度学习的理念,并利用深度学习解决了梯度消失问题。自此深度学习受到科研机构、工业界的高度关注。2011年开始,谷歌和微软的研究人员先后将深度学习应用于语音识别,使识别错误率下降20%~30%。2012年,Hinton课题组在图片分类比赛ImageNet中,使用深度学习打败了Google团队,深度学习使得图片识别错误率下降14%。

6.3.1.3 深度学习的市场前景

随着在计算机视觉、语言识别等领域的应用越来越多,深度学习的贡献将越来越大。各大公司都在深度学习技术与产品结合方面大力投入,如谷歌、微软、英特尔、英伟达、高通、IBM等都加大深度学习的硬件开发。据麦姆斯咨询报道,2018年全球深度学习市场规模估计在31.8亿美元,2023年底预计将达到181.6亿美元,2018—2023年复合年增长率为41.7%。

6.3.2 深度学习技术的应用

6.3.2.1 智能交通

交通运输是物流不可或缺的关键环节,而以深度学习为核心的信息技术正广泛应用于交通的各个领域。交通流预测领域：深度学习利用交通大数据,进行大量交通运行的规律性和相似性的分析和学习,建立交通流预测模型,可预知拥堵区域和时间,提前进行方案制定、信号调配、诱导信息发布等部署,从而提高车辆通行效率,节约物流时间成本。汽车驾驶辅助领域：深度学习结合计算机视觉技术,可对货运行车情况及司机面部特征进行识别,当判驾驶司机异常驾驶时,可及时发出警报提醒,保障物流运输的安全。无人驾驶领域：深度学习通过算法优化和大量样本学习,具备了物体识别、可行驶区域检测、行驶路径识别等功能,可让物流无人驾驶汽车适应任何环境(无论是在城市中或高速公路上)。

6.2.3.2 智能机器人

众所周知,人工智能的核心是深度学习,不需要精确编程,深度学习机器人能伴随时间的推移从数据和经验中学习,从而执行多种任务。物流仓储方面：深度学习机器人利用摄像头、图像处理和导航技术等,可根据订单将货架上的商品拿下来进行打包运输,实现物流仓储高度无人化。无人配送方面：深度学习机器人能实时规划并调整最优行走轨迹,利用机器视觉进行精准的行为预测、合理避障以及人脸识别判断收货人,实现物流配送无人化。咨询服务方面：深度学习机器人不仅拥有庞大的知识数据库,还可利用云平台数据实时更新以及通过实际工作情况不断学习,从而提供更好的咨询服务。

6.3.3 深度学习技术对物流业发展的影响

1）重构物流运作模式,整合优化工作能效

现代物流业的发展离不开信息技术的广泛应用,具备深度学习能力的智能工具正在逐渐替代或辅助现有的劳动力,改变着物流工作流程或运作模式,大大提升物流业的工作效能。《日本经济新闻》和《英国金融时报》就曾共同研究调查后指出：全部820种职业、2 069项业务(工作)中,约710项工作可被机器人替代。当前,已有应用深度学习机器人实现了物流仓储高度无人化和自动化,利用深度学习机器人实现了物流配送无人驾驶和无人配送等,传统的物流岗位逐渐被深度学习机器人取代,机器人维护、应用开发等新岗位不断产生。另外,深度学习还促进物流各个环节的优化整合,通过统筹规划,能碎片化地利用空闲资源和生产力,从而实现物流资源利用最大化,如阿里的菜鸟物流已在车辆路径规划中应用深度学习,合理安排车辆和路线以实现用车数量的减少或者距离的减少。

2）驱动物流业展开科技创新，引发技术变革

深度学习在机器视觉、语音识别、图像识别、自然语言等领域的应用和发展，将极大地促进物流业的科技创新变革，如利用深度学习智能设备实现工作无人化、物流各环节统筹优化整合等。深度学习最大的优势不是优异的算法，而是利用大量的样本数据不断自我学习改进并且持续进行，极大地拓展了 AI 的应用边界。例如，过去团队要花三年时间整合 107 种不同的优化技术编写集成算法以实现 Netflix 公司影碟推荐算法性能提高 10 个百分点，如今有人用一段不到 20 行的深度学习神经网络程序，经过 40 个 epoch 迭代，就达到差不多的效果。深度学习的应用，能重新定义和变革物流业现有工作岗位和运作模式，从而引发物流业新一波转型升级和技术创新。

7 重大事件影响下的物流科技发展策略

7.1 “中美贸易战”事件下的中国物流科技业发展策略

7.2 “自由贸易港”建设背景下的中国物流科技业发展策略

十九大以来，国内外环境空前复杂，外有“中美贸易战”，内有国内进一步改革开放的标志性探索——建设自由贸易港；重大事件下，中国物流业风险与机遇并存。本章聚焦“中美贸易战”重大事件、自由贸易港建设的国家战略对中国物流科技业带来的深远影响，并提出发展策略。

7.1 “中美贸易战”事件下的中国物流科技业发展策略

2018年，美国试图通过对涉及现代轨道交通装备、电动和其他新能源车辆等产品征收25%关税，引发我国高科技产业发展的深层次思考。本节聚焦“中美贸易战”事件下对物流供应链、科技创新方面的影响，进一步明确美国挑起贸易战背后深层次原因，提出中国物流科技业进一步强化技术创新、加大知识产权保护、构建智能供应链等应对策略。

7.1.1 “中美贸易战”事件概述

自1987年里根政府要求美国和外国缔结政府间科技合作协定时必须就知识产权保护达成协议，到2010年中美双方在WTO争端解决机制下磋商，美国分别在1990年、1991年、1994年、1996年、2010年五次启动对中国“301条款”①调查。2018年新一轮“中美贸易战”始于2017年8月18日美国对中国第六次发起“301条款”调查，该调查认定中国在技术转让、知识产权和创新等方面的政策行为不合理限制了美国企业。

2018年3月23日，美国宣布将对涉及先进信息技术产品、自动化机床和机器人、航空航天装备、海洋工程装备、现代轨道交通装备、电动和其他新能源车辆等产业的1 300种中国产品征收25%关税，总规模大约500亿美元。7月6日，美国开始向中国价值340亿美元的产品征收25%关税，另有价值160亿美元的产品清单在接受公众讨论，等待实施，发动了迄今为止经济史上规模最大的贸易战。同时，美国总统特朗普宣称，如果中国采取报复行动，美国将对2 000亿美元的进口中国商品征税。特朗普的威胁并未起到作用，中国政府立刻展开反击，在美方对中方片面施加的不公平关税措施生效后，中方对原产于美国的340亿美元进口商品加征关税措施立即生效。

7.1.2 “中美贸易战”事件对中国物流科技业发展的影响

“中美贸易战”的爆发，除了导致国际贸易再度陷入困境，诱发世界经济放缓甚至衰退之外，对产业创新发展而言亦面临严峻挑战。“中美贸易战”将会带来产业和企业技术合作难度加大、自主创新能力要求提高、供应链面临危机、科技竞争加剧、企业分化等不利影响，但也应清醒地认识到，“中美贸易战”为中国经济和高新技术产业发展敲响了警钟，将给中国产业和企业长远健康发展带来发展机遇。

（1）企业技术合作难度加大，自主创新能力要求提高。为了促进相关产业的发展，中国企业会投资一些美国具有优势的行业，比如制造业、信息技术业等，然而，随着“中美贸易战”的爆发，美国采取了限制中国企业对美投资、并购的措施。特朗普政府对中国贸易投资不断收紧，阿里、腾讯、华为、中兴等大企业对美投资屡屡受阻，特朗普担心并购会削弱美国在下一代移动技术上的竞争优势而阻止并购，几乎不给中国企业收购的机会。此举无疑对中国企业在信息技术领域的技术合作带来重大负面影响，对企业自身的自主创新能力带来挑战，一定程度上影响技术创新效率，因此，中国企业只能依靠自主研发或者寻求其他国

① “301”条款是对美国《1974年贸易法》第301条的称谓，实则包括301条至310条中涉及内容和程序的相关条款。“301”条款的大意在于应对外国的不公正贸易行为，即如果美国贸易代表认为，美国依据贸易协定享有的权利被否定，外国的立法、做法与协定不一致，或者外国做法不公正损害了美国利益，则美国贸易代表有权采取行动消除以上影响

家和地区的合作伙伴。信息技术研发的滞后,必将延缓下游应用领域的发展,例如物流业。

(2)全球产业供应链面临危机,亟需重组优化。"中美贸易战"通过进出口商品加税,将对全球供应链的格局产生深远影响。美国通过对国内制造业的减税,以及对原材料和进口产品的增税,不仅导致包括美国、中国在内许多国家总的供应链成本面临上升压力,还影响着全球产业供应链的结构布局。在中国企业走向国际化的过程中,特别是一些高新技术企业,其核心零部件的采购来源于美国,因而企业供应链体系面临各种各样的挑战,需要进一步优化。同时,这要求我们不仅要重视企业供应链体系,还应考虑国家供应链战略,从国家层面进行顶层设计。

(3)企业科技竞争加剧,分化加剧。新的贸易框架可能促进中国企业的分化。"中美贸易战"不仅限制了中国高新技术对美国的输出,还限制了中国对美国高新技术的引进,这对依赖高新技术输出和引进的企业势必会有影响,企业科技创新和竞争压力骤增。中国对美国出口受阻,可能使一部分传统出口企业面临生存挑战,但反过来看,可以进一步倒逼中国产业升级、重视和扩大内需,进一步优化企业创新环境、增加创新投入,提升企业自主科技创新能力,期待具有创新能力和潜力的企业成长为明日之星。

(4)知识产权服务需求增长,知识产权保护制度亟需强化。2017 年中国对外支付的知识产权使用费高达 286 亿美元,逆差超过 200 亿美元。其中,支付给美国的知识产权使用费同比增长 14%,中国的知识产权保护环境位居中等收入国家前列。中国每年付出高额的专利许可使用费,国内一些中低端、依靠模仿国外产品技术的企业生产经营成本高企,在"中美贸易战"背景下,企业知识产权保护意识将进一步增强,激发企业开展技术创新并加强知识产权服务需求,进一步强化中国知识产权保护制度。中美之间的高科技竞赛将使得知识产权与高科技服务业得到进一步淬炼、提升甚至迅猛发展。

7.1.3 "中美贸易战"事件下的中国物流科技业发展策略

"中美贸易战"的发展态势及对中国的多维影响短期取决于中国的反应、反制措施,长期取决于中国在战略新兴产业的科技发展。受"中美贸易战"事件的影响,中国物流科技产业发展深受波及,美国对中国高科技产业技术发展的遏制在一定程度上将延缓物流科技的创新、前端技术在物流业的应用。但从中国物流科技产业长期健康发展来看,应抓住机遇,采取积极有效的应对策略,制定战略、优化布局,提升中国物流科技业的核心竞争能力。

7.1.3.1 政府部门

(1)实施供应链安全战略。"中美贸易战"的爆发揭示了全球供应链安全的重要性,面对美国的全球供应链战略,中国也应有供应链安全战略,实施供应链安全战略,建立一个稳定、安全、高效和具有弹性的全球供应链系统,确保供应链及物流、资金流、信息流、商流的有效流动,并能在受外力侵犯中断时迅速恢复全球供应链系统。通过国内外整合,为政府注入活力,为经济获得新的效率,增强应付各种风险的能力,保障国家供应链安全。

(2)进一步强化知识产权的创造、保护和运用。美国启动针对高科技领域和高端制造业的贸易战,封杀"中兴"事件,让中国更加清醒地意识到核心技术受制于人的切肤之痛。中国不仅在高端核心领域缺乏自主技术及自主知识产权而导致被锁喉,在品牌商标、专利等领域也经常遭遇"伏击"。目前看来,中国已到了必须出手,实施严格的知识产权保护制度的关键时刻,要进一步"倡导创新文化,强化知识产权创造、保护、运用",全面提升专利质量水平,严格知识产权保护,加快知识产权运用,努力塑造新型营商环境,有力支撑物流业转型升级,从根本上促进物流企业拥有核心知识产权,进而提升中国物流业整体国际竞争力。

(3)提高关键核心技术创新能力。中国科技发展水平特别是关键核心技术创新能力同国际先进水平相比还有很大差距，面对国外一系列技术壁垒，中国物流业应从国家战略发展需要出发，优化物流业创新环境，切实增强技术创新紧迫感和危机感，按照需求导向、问题导向、目标导向，提升物流技术创新能力，加强物流基础研究，努力取得物流业重大原创性突破，掌握物流业关键核心技术。

7.1.3.2 物流企业

（1）强化技术创新，抢占技术制高点。中国的高科技企业多在核心零部件上严重依赖国外，容易因国际经济形势波动受到冲击，影响相关产业的发展。受“中美贸易战”的影响，今后的中国企业应该以此为戒，强化技术创新，锐意进取、迎头赶上。一方面通过增加投入，增强自主研发；另一方面要挖掘来自其他国家和地区的技术转让和合作机会。在关键核心技术领域（信息技术、人工智能、云计算等）取得突破，抢占技术制高点，争取国际话语权。

（2）保护知识产权，掌握发展主动权。知识产权为中国发展成为世界第二大经济体提供了重要支撑，也成为我国企业走向国际市场的竞争法宝。企业要意识到知识产权在贸易、投资和对外经济技术合作中的重要作用，要坚定不移地把自主创新放在突出位置，增加资金投入，努力研发更多具有自主知识产权的核心技术和产品，牢牢掌握发展的主动权。

（3）构建智能供应链。随着信息技术的发展，供应链已发展到与互联网、物联网深度融合的智能供应链新阶段。十九大报告中首次提出“现代供应链”，国务院办公厅 2017 年 10 月专门印发了《关于积极推进供应链创新与应用的指导意见》，国家对供应链的重视上升到前所未有的高度。企业要以供应链与互联网、物联网深度融合为路径，以信息化、人才培养等为支撑，高效整合各类资源和要素，提升物流业集成和协同水平，构建智慧供应链体系。

7.1.3.3 高等院校与科研机构

（1）高等院校和科研机构应以服务政府和物流业发展为导向，加强协同创新，聚焦物流业核心技术及相关前端技术基础研究；引导科技创新资源与物流业优势相结合，激发创新潜力，盘活成果资源，促进物流科技成果有效转化，助力产业转型升级；积极发挥智库功能，围绕物流产业竞争和发展需求，为政府决策提供科学依据和建议。

（2）高等院校和科研机构应加强云计算、大数据、人工智能领域高层次人才的培养，以适应智慧物流时代变革的需求。高校和科研机构可自主培养人才，亦可与企业、国外机构联合培养人才；加强智慧物流领域高层次人才的引进与合作，打造智慧物流人才“硅谷”。

7.2 “自由贸易港”建设背景下的中国物流科技业发展策略

2018 年 4 月 13 日，中共中央总书记、国家主席习近平在庆祝海南建省办经济特区 30 周年大会上宣布，在全岛建立自由贸易试验区，分步骤、分阶段建立自由贸易港。这意味着自由贸易港将实现物流、商流、信息流、资金流、人才流的自由高效流动，全球供应链巨头也必然将跨国企业的经营触角伸到这块“新大陆”，国内物流企业将面临空前的竞争压力。本节聚焦“自由贸易港”国家战略重大需求，明确供应链创新主攻方向和突破口，从而充分发挥科技创新在培育发展战略性新兴产业、促进经济提质增效升级、塑造引领型发展中的重要作用。

7.2.1 “自由贸易港”建设概述

7.2.1.1 中国“自由贸易港”建设历程

2017 年 10 月 19 日，习近平总书记在党的十九大报告中提出，“赋予自由贸易试验区更大改革自主权,探索建设自由贸易港"。各地纷纷响应,提出积极探索建设自由贸易港,已有多个城市形成建设自由贸易港的设想和初步方案,包括上海、天津、辽宁大连、广东汕头等(见图 7.1)。

图 7.1 全国各省市建设自由贸易港进程

自由贸易试验区和自由贸易港有着不同的战略定位,自由贸易试验区的定位是"试验田",在特定地区探索试验可复制推广到全国各地的经验,侧重于货物流通方面的开放,而自由贸易港则是全方位的开放,包括货物流通、商品流通、资金流通、人员流通、信息流通,以及更重要的法律和监管方面的全方位变革。

7.2.1.2 "自由贸易港"建设动因

(1)外贸形势严峻,亟需通过自由贸易港建设来应对。自由贸易港设立的主要目的,是在不影响对国内市场保护的前提下,以强调服务、减少对贸易阻碍为宗旨,最大限度地获取国际自由贸易给国家经济带来的好处,从而带动地区乃至全国经济发展。

(2)自由贸易港是引领产业转型升级,培育发展新动能的战略先导。自由贸易港便利化的贸易措施、高标准的贸易投资规则、自由化的监管模式、创新的金融模式等对引领我国传统产业转型升级,培育发展新动能,以对外开放促进国内改革和发展等具有重要意义。

(3)自由贸易港建设是发现与应对系统性风险的必然选择。在一个可控制的范围内,在不影响国家大局稳定的情况下,建设最高标准的自由贸易港,进行最高标准的贸易自由、金融自由、投资自由、运输自由、人员自由的制度探索和压力测试,形成发现和应对系统性风险的有效途径。

(4)自由贸易港是形成国家供应链体系的核心要素。随着全球供应链体系不断扩展和创造价值,供应链水平的高低已经成为衡量一个国家综合实力的显著标志之一。

(5)自由贸易港是建设世界级供应链枢纽城市的需要。随着全球自由贸易协定以及中国"一带一路"倡议、自贸区战略的不断推进,在形成新的全球贸易规则的同时,将重构全球供应链格局,继而催生若干中国的世界级供应链枢纽城市。自由贸易港将成为中国引领新格局、提供新方案的关键要素。

7.2.2 "自由贸易港"建设对中国物流科技业发展的影响

中国经济已由高速增长阶段转向高质量发展阶段,正处在转变发展方式、优化经济结构、转换增长动力的攻关期，建设现代化经济体系是跨越关口的迫切要求和中国发展的战略目标。探索建设自由贸易港，则适应了中国改革开放向纵深发展的需要，给物流业转型升级和供应链创新发展提供了更多更大的收益空间。

7.2.2.1 政策环境推动物流业降本增效

近年来，国家发布了促进物流业降本增效的各种政策，鼓励在"互联网+高效物流"和多式联运运营体系方面取得突破，2017 年 10 月更是将供应链创新与应用提高到国家战略层面。

物流业传统的条块分割管理模式导致衔接不畅和高本低效，许多利好政策很难在物流和供应链中短期见效，而"一关二检"的严格管控和国际衔接不畅也让多式联运的优化目标较难落地。

新的自由贸易港政策一旦落地，与以往业已落地的自由贸易试验区、保税物流中心、综合保税区、保税加工区及保税仓等各个层级的保税单元联动聚合，完全可以越过上述各种体制机制障碍，给物流业降本增效提供更多更大的收益空间。

7.2.2.2 竞争环境促使物流业转型升级

随着自由贸易港的确立，加之中国在全球经济和消费市场第二的位置将吸引全球最有竞争力的资本、人才、技术、商品和服务等资源在此汇集，也必然带来更为强劲和更为创新的竞争环境。其一，一线放开带来的自由度提升将会提高进出口交易额以及进出口通关效率，从而供应链服务业的业务量规模有望受益；其二，自由贸易港内金融、维修等增值功能的完善，将有利于物流业提供更全面、更高效的供应链服务，同时供应链也是港区完善自身功能必不可少的服务环节。

物流业转型与创新要向更加高级的形态进化，向分工更加复杂化、结构更加合理化前行，因此，物流向供应链转型是促进物流业可持续发展的关键所在。

7.2.2.3 战略环境促进供应链创新发展

自由贸易港是建成全球供应链核心枢纽城市的战略先导。其接轨国际的制度体系将提供国际化、法治化、便利化的营商环境，供应链优化需要的货物流、资本流、信息流和人才流可以科学精准地融合，增强供应链核心能力。

预计，以互联网、大数据和人工智能为技术支持的智慧物流将引领供应链变革。凭借靠近用户的优势，智慧物流带动互联网深入产业链上下游，以用户需求倒逼产业链各环节强化联动和深化融合，助推"协同共享"生态体系加快形成。

7.2.3 "自由贸易港"建设背景下的中国物流科技业发展策略

自由贸易港真正实现境内关外监管模式的改变和供应链要素的自由，除了物流综合运营环境外，国际竞争优势和跨界协同能力也将大大提高。物流业应高度关注全球价值链的高端，通过自由贸易港，提高供应链效率、降低供应链成本、争取供应链要素、优化供应链服务。

7.2.3.1 政府部门

（1）参与全球供应链规则制定。依托自由贸易港建设契机，积极融入全球供应链体系，促进不同国家和地区包容共享发展，形成全球利益共同体和命运共同体。在人员流动、资格互认、标准互通、认可认证、知识产权等方面加强与主要贸易国家的磋商与合作，推动建立有利于完善供应链利益联结机制的全球经贸新规则。

（2）开展供应链创新试点。在自由贸易港，制定供应链发展的支持政策，完善重点产业供应链体系；加快制定供应链产品信息、数据采集、指标口径、交换接口、数据交易等关键共性标准，加强行业间数据信息标准的兼容，促进供应链数据高效传输和交互；推动企业提高供应链管理流程标准化水平，推进供应链服务标准化，提高供应链系统集成和资源整合能力；培育一批供应链创新与应用全球领先企业，建设一批跨行业、跨领域的供应链协同、交易和服务示范平台。

（3）推动供应链金融服务实体经济。推动全国和地方信用信息共享平台、商业银行、供应链核心企业等开放共享信息。鼓励商业银行、供应链核心企业等建立供应链金融服务平台，为供应链上下游中小微企业提供高效、便捷的融资渠道。鼓励供应链核心企业、金融机构与中国人民银行征信中心建设的应收账款融资服务平台对接，发展线上应收账款融资等供应链金融模式。

7.2.3.2 物流企业

（1）应用供应链理念和技术，向供应链服务企业转型。建立供应链综合服务平台，拓展质量管理、追溯服务、金融服务、研发设计等功能，提供采购执行、物流服务、分销执行、融资结算、商检报关等一体化服务。向世界提供中国方案，打造基于供应链、服务产业链的枢纽型网络功能基地。

（2）以联动融合为突破口，促进供应链协同制造。积极推进与机械、航空、船舶、汽车、轻工、纺织、食品、电子等制造行业互动的供应链体系，加快人机智能交互、工业机器人、智能工厂、智慧物流等技术和装备的应用；推动感知技术在制造供应链关键节点的应用，促进全链条信息共享，实现供应链可视化，推动提升供应链的智能化和智慧化水平。

（3）建立互动环境，实现多方共赢。建立供应链上下游企业互动的活动环境，与上下游建立交互式沟通平台。通过多元渠道搜集客户的需求与市场信息，并利用现代信息科技将数据转化成信息，成为有助于企业改善的依据。通过不断地修正与反馈，让企业在谋求自身利益和创造价值时，还要在更大的价值网络内推进所有参与企业的共赢，创造更大的价值。因为价值共赢性特征是评价供应链升级的一个有效标准。

7.2.3.3 高等院校与科研机构

（1）依托国务院相关部门成立供应链专家委员会，建设供应链研究院。鼓励申报自由贸易港的地方建设供应链科创研发中心。支持建设供应链创新与应用的政府监管、公共服务和信息共享平台，建立行业指数、经济运行、社会预警等指标体系。

（2）科研机构需聚焦未来供应链技术的结构性改变——物联网、人工智能和区块链很有可能成为重塑供应链的三大核心技术。其中：物联网是供应链可视化的最佳解决方案；人工智能提供了数据决策，是供应链可感知的最佳解决方案；区块链去中心化的智能合约解决了供应链的刚性约束，让供应链具备动态的调节能力。

（3）高等院校和职业学校应设置供应链相关专业和课程，培养供应链专业人才。鼓励相关企业和专业机构加强供应链人才培训。创新供应链人才激励机制，加强国际化的人才流动与管理，吸引和聚集世界优秀供应链人才。

参　考　文　献

1. 黄有方.物流信息系统[M].北京：高等教育出版社,2010.
2. 黄有方.装备制造业虚拟库存管理及协同物流配送技术[M].北京：科学出版社,2014.
3. 丁俊发,黄有方.中国物流发展与人才需求研究报告[M].北京：中国物资出版社,2007.
4. 王之泰.新编现代物流学[M].北京：首都经济贸易大学出版社,2005.
5. 王之泰.物流工程研究[M].北京：首都经济贸易大学出版社,2004.
6. 王之泰.现代物流管理[M].北京：中国工人出版社,2002.
7. 何明珂.物流系统论[M].北京：中国审计出版社,2001.
8. 王波.世界银行物流绩效指数报告[M].北京：中国财富出版社,2014.
9. 姜旭.日本物流[M].北京：中国财富出版社,2014.
10. 2018 中国战略新兴产业发展报告[R].2018.
11. 迈克尔·波特.竞争战略[M].北京：华夏出版社,2005.
12. 罗杰斯.创新的扩散[M].北京：电子工业出版社,2016.
13. 中华人民共和国 2017 年国民经济和社会发展统计公报[N/OL].(2018 - 02 - 28)[2018 - 08 - 10]. http://www.stats.gov.cn/tjsj/zxfb/201802/t20180228_1585631.html.
14. 2017 年 12 月中国制造业采购经理指数为 51.6%[N/OL].(2017 - 12 - 31)[2018 - 08 - 10].http://www.stats.gov.cn/tjsj/zxfb/201712/t20171231_1568581.html.
15. 保罗沃尔克.时运变迁[M].北京：中信出版社,2016.
16. 2017 年物流运行情况分析[N/OL].(2018 - 02 - 13)[2018 - 08 - 10].http://www.chinawuliu.com.cn/lhhkx/201802/13/328754.shtml.
17. 华为：2018 年全球联接指数中国排名二十七[N/OL].(2018 - 05 - 29)[2018 - 08 - 10].http://www.199it.com/archives/729940.html.
18. 研报：中国物流科技发展报告出炉,你想知道的都在这里面了！[N/OL].(2018 - 03 - 29)[2018 - 08 - 10].http://www.sohu.com/a/226656508_343156.
19. 中华人民共和国商务部. 国务院办公厅关于深入实施“互联网+流通”行动计划的意见[N/OL].(2016 - 07 - 13)[2018 - 08 - 10].http://www.mofcom.gov.cn/article/b/g/201607/20160701358216.shtml.
20. 中华人民共和国中央人民政府. 国务院办公厅关于转发国家发展改革委物流业降本增效专项行动方案(2016—2018年)的通知[N/OL].(2016 - 09 - 13)[2018 - 08 - 10].http://www.gov.cn/zhengce/content/2016 - 09/26/content_5112169.htm.
21. 中华人民共和国中央人民政府. 国务院关于印发“十三五”现代综合交通运输体系发展规划的通知[N/OL].(2017 - 02 - 28)[2018 - 08 - 10].http://www.gov.cn/zhengce/content/2017 - 02/28/content_5171345.htm.
22. 中华人民共和国国家发展和改革委员会. 国家发展改革委关于印发《“互联网+”高效物流实施意见》的通知[N/OL].(2016 - 07 - 29)[2018 - 08 - 05].http://www.ndrc.gov.cn/gzdt/201607/t20160729_813595.
23. 中华人民共和国交通运输部. 交通运输部关于印发交通运输信息化“十三五”发展规划的通知[N/OL].(2016 - 04 - 19)[2018 - 08 - 05].http://www.mot.gov.cn/zhuanti/shisanwujtysfzgh/guihuawenjian/201702/t20170213_2163792.html.
24. 中华人民共和国商务部. 商务部等 5 部门关于印发《商贸物流发展“十三五”规划》的通知[N/OL].(2017 - 02 - 08)[2018 - 08 - 05]. http://www.mofcom.gov.cn/article/guihua/201702/20170202511705.shtml.
25. 中华人民共和国交通运输部. 综合运输服务业“十三五”发展规划[N/OL].(2016 - 07 - 27)[2018 - 08 - 05].http://www.mot.gov.cn/zhuanti/shisanwujtysfzgh/guihuawenjian/201703/t20170313_2175295.html.

26. 中华人民共和国国家邮政局. 解读《邮政业发展"十三五"规划》[N/OL].(2016-12-22)[2018-08-05].http://www.spb.gov.cn/zxft_15555/gjyzjjgsj/jdssw.

27. 中华人民共和国中央人民政府. 国家邮政局发表《快递业发展"十三五"规划》[N/OL].(2017-02-15)[2018-08-05]. http://www.gov.cn/xinwen.

28. 国务院关于印发《中国制造 2025》的通知(国发〔2015〕28 号)[N/OL].(2015-05-19)[2018-08-05].http://www.gov.cn/zhengce/content/2015-05/19/content_9784.htm.

29. 商务部办公厅关于确定智慧物流配送示范单位的通知[N/OL].(2016-07-01)[2018-08-05].http://www.mofcom.gov.cn/article/h/redht/201607/20160701365848.shtml2016.

30. LI N, CHAN F T S, CHUNG S H. Forecast-corrected production-inventory control policy in unreliable manufacturing systems [J]. European Journal of Industrial Engineering, 2017, 11(5): 569.

31. CHENG T C E, CHOY P W C. A study of the relationships between quality management practices and organizational performance in the shipping industry[J]. Maritime Economics & Logistics, 2013, 15(1): 1-31.

32. CHAN F T S, LI N, CHUNG S H, et al. Management of sustainable manufacturing systems-a review on mathematical problems [J]. International Journal of Production Research, 2017, 55(4): 1210-1225.

33. CHAN F T S, KUMAR N, TIWARI M K, et al. Global supplier selection: A fuzzy-AHP approach[J]. International Journal of Production Research, 2008, 46(14): 3825-3857.

34. SARKIS J, ZHU Q, LAI K H. An organizational theoretic review of green supply chain management literature [J]. International Journal of Production Economics, 2011, 130(1): 1-15.

35. GOVINDAN K, SOLEIMANI H. A review of reverse logistics and closed-loop supply chains: A journal of cleaner production focus[J]. Journal of Cleaner Production, 2017, 142: 371-384.

36. GOVINDAN K, KHODAVERDI R, JAFARIAN A. A fuzzy multi criteria approach for measuring sustainability performance of a supplier based on triple bottom line approach[J]. Journal of Cleaner Production, 2013, 47: 345-354.

37. DE A, KUMAR S K, GUNASEKARAN A, et al. Sustainable maritime inventory routing problem with time window constraints [J]. Engineering Applications of Artificial Intelligence, 2017, 61(C): 77-95.

38. XU S X, HUANG G Q, CHENG M. Truthful, budget-balanced bundle double auctions for carrier collaboration [J]. Transportation Science, 2016, 51(4): 1365-1386.

39. YOU F, TAO L, GRAZIANO D J, et al. Optimal design of sustainable cellulosic biofuel supply chains: Multiobjective optimization coupled with life cycle assessment and input-output analysis[J]. Aiche Journal, 2012, 58(4): 1157-1180.

40. GAO J, YOU F. Design and optimization of shale gas energy systems: Overview, research challenges, and future directions [J]. Computers & Chemical Engineering, 2017,106: 699-718.

41. JABER M Y, BONNEY M, JAWAD H. Comparison between economic order/manufacture quantity and just-in-time models from a thermodynamics point of view[J]. Computers & Industrial Engineering, 2017, 112: 503-510.

42. SARKIS J, DHAVALE D G. Supplier selection for sustainable operations: A triple-bottom-line approach using a Bayesian framework[J]. International Journal of Production Economics, 2015, 166: 177-191.

43. YOUSEFI-BABADI A, TAVAKKOLI-MOGHADDAM R, BOZORGI-AMIRI A, et al. Designing a reliable multi-objective queuing model of a petrochemical supply chain network under uncertainty: A case study [J]. Computers & Chemical Engineering, 2017, 100: 177-197.

44. CHEN W, WU F, GENG W, et al. Carbon emissions in China's industrial sectors[J]. Resources Conservation and Recycling, 2016, 117: 264-273.

45. ZAERPOUR N, YU Y, KOSTER R D. Response time analysis of a live-cube compact storage system with two storage classes [J]. IISE Transactions, 2017, 49(5): 461-480.

46. SHADRAM F, JOHANSSON T D, LU W, et al. An integrated BIM-based framework for minimizing embodied energy during

building design[J]. Energy & Buildings, 2016, 128: 592 - 604.

47. CASTRO P M, MOSTAFAEI H. Product-centric continuous-time formulation for pipeline scheduling[J]. Computers & Chemical Engineering, 2017, 104: 283 - 295.

48. Indian Institute of Technology Kharagpur . The Introduction of Industrial and Systems Engineering[EB/OL]. http://www.iitkgp.ac.in/department/IM.

49. University of Tehran. Faculty Members & Research Interests[EB/OL].2018 - 07 - 17. http://ut.ac.ir/en/page/337/faculty-members-research-interests.

50. Cheong-leung Andy YEUNG. Welcome to the Department of Logistics and Maritime Studies [EB/OL].2018 - 07 - 17.https://www.polyu.edu.hk/lms/en/about-lms/welcome-message/.

51. The Hong Kong Polytechnic University. Welcome to the website of the Department of Industrial and Systems Engineering[EB/OL].2018 - 07 - 17. https://www.polyu.edu.hk/ise/about/head-s-message.

52. RAI H B, VERLINDE S, MERCKX J, et al. Crowd logistics: An opportunity for more sustainable urban freight transport?[J]. European Transport Research Review, 2017, 9(3): 39.

53. AZADEH A, SHAFIEE F, YAZDANPARAST R, et al. Evolutionary multi-objective optimization of environmental indicators of integrated crude oil supply chain under uncertainty[J]. Journal of Cleaner Production, 2017, 152: 295 - 311.

54. 付中静.WoS 数据库收录论文文献级别用量指标与被引频次的相关性[J].中国科技期刊研究,2017,28(1): 68 - 73.

55. 刘雪立,方红玲,苗媛,等.我国 5 种眼科学核心期刊 2004—2008 年高下载量论文统计与分析[J].中国科技期刊研究,2010,21(4): 459 - 462.

56. MARTÍNEZ M A,HERRERA M, CONTRERAS E, et al. Characterizing highly cited papers in Social Work through H-Classics[J]. Scientometrics, 2015, 102 (2): 1713 - 1729.

57. GUERRERO-BOTE V P, MOYA-ANEGÓN F. Relationship between downloads and citations at journal and paper levels, and the influence of language[J] . Scientometrics, 2014, 101 (2): 1043 - 1065.

58. MOED H F, HALEVI G. On full text download and citation distributions in scientific-scholarly journals [J].Journal of the Association for Information Science and Technology, 2016, 67 (2): 412 - 431.

59. WANG X W, FANG Z C, SUN X L.Usage patterns of scholarly articles on Web of Science: A study on Web of Science usage count[J]. Scientometrics, 2016, 109 (2): 917 - 926.

60. 李华锋,袁勤俭.基于 2006—2015 年 NSFC 立项数据的管理科学资助分析[J].科技管理研究,2017,37(6): 21 - 28.

61. 梁伟波,李宝奕.基于国家自然科学基金资助项目分析的物流学术图书采访策略研究[J].图书馆杂志,2016,35(11): 72 - 76.

62. 何超. 我国管理科学学科演进的知识图谱研究[D].长沙: 湖南大学,2012.

63. 刘秉镰,刘玉海,梅冠群.中国物流学研究现状分析、热点探视及趋势展望——基于 1999—2010 年三大基金立项项目的总体评论[J].中国流通经济,2011,25(11): 41 - 45.

64. 林坦,刘秉镰.从近年来的基金项目看我国物流的研究趋势[J].中国流通经济,2011,25(8): 31 - 35.

65. 冯芷艳.我国工商管理基础研究十年回顾[J].南开管理评论,2010,13(6): 4 - 12.

66. 刘作仪.我国供应链管理研究进展与分析——基于自然科学基金项目[J].中国管理科学,2009,17(2): 185 - 192.

67. 朱庆华.基于绿色供应链的产品生态设计模型与方法研究[J].管理学报,2008(3): 360 - 365.

68. 徐福缘,何静,林凤,等.多功能开放型企业供需网及其支持系统研究——国家自然科学基金项目(70072020)回溯[J].管理学报,2007(4): 379 - 383.

69. 胡祥培,黄敏芳.基于运筹学知识表示理论的电子商务物流配送调度 Agent——国家自然科学基金项目(7017040)回溯[J].管理学报,2007(2): 152 - 156.

70. 杨德礼,胡祥培,张醒洲.电子商务环境下管理理论与方法研究回顾[J].管理学报,2005(6): 631 - 636.

71. 赵春. 我国高速铁路的发展概况与趋势探析[J]. 科技创新与应用, 2014(1): 200.

72. 敖付勇. 国内外高速铁路的发展概况及前景[J]. 中国科技博览, 2009(12): 197.

73. 黄鲁成, 高姗, 吴菲菲, 等. 基于专利数据的全球高速铁路技术竞争态势分析[J]. 情报杂志, 2014(12): 41 - 47.

74. 闫晓苏, 李凤新. 我国高速铁路的技术创新之路——基于专利数据的统计分析[J]. 科学观察, 2013, 8(5): 56 - 64.

75. 牟崇辉, 贺文爱. 中国高速铁路技术领域专利发展态势分析[J]. 企业科技与发展, 2017(2): 7 - 9.

76. 王春芳. 中国高速铁路知识产权现状、风险及对策研究[J]. 铁道建筑技术, 2016(2): 1 - 4.

77. 冯灵, 余翔, 张军荣. 基于专利信息的高铁技术机会分析[J]. 情报杂志, 2015(12): 95 - 100.

78. 党晓捷. 我国高铁技术专利预警分析[D]. 北京: 北京理工大学, 2016.

79. 艾润, 赵忠胜, 杨琰河, 等. 国际化竞争中专利运用分析[J]. 技术与市场, 2015(5): 320 - 321.

80. 李昱晓, 黄玉烨. 中国高铁驶出国门的专利战略研究[J]. 科技管理研究, 2015, 35(22): 134 - 138.

81. 周高伟, 刘颖, 王晗. 浅谈我国高铁装备行业智能制造发展方向[J]. 装备制造技术, 2017(11): 5 - 6.

82. 高姗. 基于专利的提升我国高铁技术竞争力研究[D]. 北京: 北京工业大学, 2015.

83. 乔方园, 杨萌萌, 汪雪锋, 等. 纳米技术领域的关键词共现分析研究[J]. 情报杂志, 2013, 32(5): 150 - 154.

84. 李泽南. "中国芯"寒武纪, 发布全新 AI 芯片产品[N/OL]. (2018 - 05 - 03)[2018 - 08 - 05]. https://www.huxiu.com/article/242652.

85.Compass Intelligence. Top AI Chipset Companies Announced, Including NVIDIA, Intel, NXP, IBM, and AMD based on CompassIntel.com Research[EB/OL]. (2018 - 04 - 10)[2018 - 08 - 16]. http://www.prweb.com/releases/2018/04/prweb15389316.htm.

86. 海康威视新一代搬运机器人亮相: 自主激光 SLAM 导航[EB/OL]. (2017 - 11 - 07)[2018 - 08 - 16]. http://tech.ifeng.com/a/20171107/44748379_0.shtml.

87. 图森未来发布全球首个无人集卡车队港内测试视频[EB/OL]. (2018 - 04 - 03)[2018 - 08 - 16]. http://www.sohu.com/a/227188937_455835.

88. Zipline's new drone can deliver medical supplies at 79 miles per hour[EB/OL]. [2018 - 08 - 16]. https://newsalley.net/ziplines-new-drone-can-deliver-medical-supplies-at-79-miles-per-hour/.

89. 工业 4.0 技术: 京东的 AGV、立体库、机器人自动化仓库! [EB/OL]. (2017 - 06 - 19)[2018 - 08 - 05]. https://www.sohu.com/a/150260078_177747.

90. 任芳. 京东物流昆山无人分拣中心成功运行[J]. 物流技术与应用, 2017(10): 96 - 100.

91. 任芳. 无人仓需求在望技术有待突破[J]. 物流技术与应用, 2017, 22(1): 58 - 61.

92. 国家邮政局: 2017 年全国快递业务量累计完成 400.6 亿件[EB/OL]. (2018 - 01 - 15)[2018 - 08 - 05]. http://www.cet.com.cn/wzsy/sjks/1999430.shtml.

93. 王清华. 基于博弈论的菜鸟物流与快递企业的合作关系研究[D]. 成都: 西南石油大学, 2017.

94. 陈婧. 基于供应链管理思维的第四方物流发展必要性研究——以菜鸟物流为例[J]. 鸡西大学学报(综合版), 2016, 16(4): 75 - 77.

95. 邓爽. 京东物流运营模式现状调查及发展分析[D]. 成都: 四川师范大学, 2016.

96. 从行健. 浅析自动化技术在智能物流系统中的应用——以京东无人仓库为例[J]. 中国战略新兴产业, 2018(4): 53.

97. 徐翔. 京东: 重释仓储新价值[J]. 中国储运, 2017(11): 48 - 49.

98. 张锦, 陈义友. 物流"最后一公里"问题研究综述[J]. 中国流通经济, 2015(4): 23 - 32.

99.贾倩倩, 康海燕. 快递"最后一公里"配送新模式[J]. 北京信息科技大学学报(自然科学版), 2018(2): 25 - 29.

100. 李燊林. 电子商务物流"最后一公里"研究综述[J]. 福建质量管理, 2016(17).

101. 环球电商连线.愚人节来真的! 阿里巴巴重磅消息,要大伙躺着就能收快递? [EB/OL]. (2018 - 04 - 02)[2018 - 6 - 29].https://zhuanlan.zhihu.com/p/35196511.

102. 孙辉.区块链技术在航运业的应用前景[J].水运管理,2018,40(5): 1 - 3.

103. 詹立宏.区块链技术在航运业的应用[J].中国海事,2018(4): 33 - 34.

104. 杨望,王虹珊.区块链技术在供应链的应用及发展[J].金融博览,2018(4):54-55.
105. 鲁维维.区块链技术在供应链管理中的应用研究[J].当代经济,2017(29):98-99.
106. 文雪峰.区块链技术在航运领域的应用前景分析与挑战[J].中国水运,2017,17(9):99-101.
107. 曹锋.区块链驱动供应链创新[J].中国物流与采购,2017(15):31-33.
108. 张偲.区块链技术原理、应用及建议[J].软件,2016,37(11):51-54.
109. 袁勇,王飞跃.区块链技术发展现状与展望[J].自动化学报,2016,42(4):481-494.
110. BROSS P. The potentials of Blockchain technology in logistics[D]. Sweden: JÖNKÖPING UNIVE RSITY, 2017.
111. Accenture, DHL.BLOCKCHAIN IN LOGISTICS[R/OL]. [2018-07-08]. https://www.logistics.dhl/content/dam/dhl/global/core/documents/pdf/glo-core-blockchain-trend-report.pdf.
112. Marissa Oude Weernink. The Blockchain Potential for Port Logistics[R/OL].[2018-07-08]. http://smart-port.nl/wp-content/uploads/2017/06/Bijlage-6_White-Paper-Blockchain.pdf.
113. BADZAR A. Blockchain for securing sustainable transport contracts and supply chain transparency-An explorative study of blockchain technology in logistics[D]. Lund: Lund University, 2016.
114. FRANCISCONI M. An explorative study on blockchain technology in application to port logistics[D]. Delft : Delft University of Technology, 2017.
115. SADOUSKAYA K. Adoption of Blockchain Technology in Supply Chain and Logistics[D]. Finland: Kaakkois-Suomen Ammattikorkeakoulu Oy, 2017.
116. CHINA D. Transformation of traditional retailer in the era of New Retail[R/OL]. (2017-10-20)[2018-07-08]. https://www2. deloitte. com/content/dam/Deloitte/cn/Documents/cip/deloitte-cn-cip-omni-channel-retail-white-paper-en-171107.pdf.
117. Asia Distribution and Retail. Navigating the New Retail Landscape in China[R/OL]. (2017-11-01)[2018-07-08]. https://www.fbicgroup. com/sites/default/files/Navigating_the_New_Retail_Landscape_in_China-A_guide_for_businesses.pdf.
118. CHATURVEDI N, MARTICH M, RUWADI B, et al. The future of retail supply chains[EB/OL]. (2013-02-21)[2018-07-08]. https://www.mckinsey.com/~/media/mckinsey/dotcom/client_service/retail/articles/future_of_retail_supply_chains.ashx.
119. 张睿.物流与新零售的全面融合——流通业供给侧改革的基座[J].商业经济研究,2018(12):109-111.
120. 谢君,李宇."新零售"趋势下生鲜电商平台O2O模式研究——以京东到家为例[J].价值工程,2018,37(17):117-119.
121. 曾紫萱.盒马鲜生新零售战略SWOT分析[J].企业研究,2018(5):26-28.
122. 袁敏敏,黄家冰.新零售的形成及发展趋势分析[J].科技经济导刊,2018,26(13):170-171.
123. 梁睿.新零售业态下的智慧物流[J].起重运输机械,2018(4):44.
124. 孙亮.船体结构设计方式的分析[J].科技风,2018(1):14.
125. 2017年脑机接口研发热点回眸[N/OL]. 2018-06-26.http://zhigu.news.cn/2018-02/06/c_129806777.htm.
126. 中美首份8 000字长文深度解析全球热点脑机接口[N/OL]. 2018-06-26.http://tech.sina.com.cn/d/i/2017-06-26/doc-ifyhmtek7770655.shtml.
127.《经济学人》:脑机接口技术是下一个风口[N/OL]. 2018-06-26.http://finance.sina.com.cn/stock/usstock/c/2018-01-12/doc-ifyqnicm0440316.shtml.
128. 未来已来,脑机接口是一门怎样的科技? [N/OL]. 2018-06-26.https://36kr.com/p/5116055.html.
129. 2017脑机接口研发热点回眸 [N/OL]. 2018-06-26.http://zhigu.news.cn/2018-02/06/c_129806777.htm.
130. 张小敏.未来战场如何"脑洞大开"[N].解放军报,2018-05-25(011).
131. 周富佳.脑机接口技术控制排爆机器人可行性分析[J].价值工程,2018,37(16):137-138.
132. 钱童心.脑机接口技术初探商业应用[N].第一财经日报,2018-03-09(A08).

133. 雷煜.脑机接口技术及其应用研究进展[J].中国药理学与毒理学杂志,2017,31(11):1068-1074.

134. 脑机接口技术是下一个风口[J].首席财务官,2018(3):8.

135. 孔丽文,薛召军,陈龙,等.基于虚拟现实环境的脑机接口技术研究进展[J].电子测量与仪器学报,2015,29(3):317-327.

136. 李勃.脑机接口技术研究综述[J].数字通信,2013,40(4):5-8.

137. 王新光,邹凌,段锁林,等.脑机接口技术的研究与进展[J].中国组织工程研究与临床康复,2008(39):7722-7724.

138. 高诺,鲁守银,张运楚,等.脑机接口技术的研究现状及发展趋势[J].机器人技术与应用,2008(4):16-19.

139. 沈敏.脑-机接口技术综述[J].重庆邮电大学学报(自然科学版),2007(S1):147-150.

140. 何庆华,彭承琳,吴宝明.脑机接口技术研究方法[J].重庆大学学报(自然科学版),2002(12):106-109.

141. 陶飞,刘蔚然,刘检华,等.数字孪生及其应用探索[J].计算机集成制造系统,2018,24(1):1-18.

142. 王继祥"数字孪生"究竟是什么样的物流"黑科技"?[EB/OL].(2017-12-21)[2018-5-28].https://www.sohu.com/a/211847302_757817.

143. Robert Plana. 工业新宣言:数字孪生与生态系统[J]. 软件和集成电路,2017(8):92-93.

144. 德勤:工业 4.0 与数字孪生,制造业如虎添翼[EB/OL].2018-06-20. https://www2.deloitte.com/cn/zh/pages/consumer-industrial-products/articles/industry-4-0-and-the-digital-twin.html.

145. CLARK L . Elon Musk Wants To Merge Man And Machine With Neuralink.[EB/OL].(2017-04-03)[2018-08-08].http://www.awaken.com/2017/04/elon-musk-wants-to-merge-man-and-machine-with-neuralink/.

146. GEORGOPOULOS A P. Neuronal population coding of movement direction [J]. Science,1986,233(4771):1416-1419.

147. WODLINGER B, DOWNEY J E, TYLER-KABARA E C,et al. Ten-dimensional anthropomorphic arm control in a human brain-machineinterface: Difficulties, solutions, and limitations[J] . Journal of Neural Engineering,2015, 12(1):1-17.

148. NISHIMOTO. Reconstructing visual experiences from brain activity evoked by natural movies[J]. Current Biology,2012, 21(19):1641-1646.

149. MITCHELL T M, SHINKAREVA S V, CARLSON A,et al.Predicting human brain activity associated with the meanings of nouns[J].Science,2008,320(5880):1191-1195.

150. HUTH A, Wendy D H, THOMAS L G, et al. Naturalspeech reveals the semantic maps that tile human cerebral cortex[J]. Nature, 2016, 532(7600):453-458.

151. BENGIO Y. Learning deep architectures for AI[J]. Founations and Trends in Machine Learing,2009,2(1):1-127

152. SERRE T, KREIMAN G, KOUH M, et al. A quantitative theory of immediate visual recognition[J].Progress in Brain Research, 2007,165(6):33-56.

153. DAHL G, YU D, DENG L. Context-dependent pre-trained deep neural networks for large-vocabulary speech recognition[J]. IEEE Transactions on Audio, Speech, and Language Processing, 2012,20(1):30-42.

154. 刘建伟,刘媛,罗雄麟.深度学习研究进展[J].计算机应用研究,2014,31(7):1921-1942.

155. 多维度分析深度学习市场的趋势走向[EB/OL].(2017-05-22)[2018-08-01].http://www.sohu.com/a/142449685_116235.

156. 麦姆斯咨询.深度学习市场-2018 版[EB/OL].(2018-04-12)[2018 08 01].https://www.sohu.com/a/228024772_406495.

157. 深度学习在金融领域的应用[EB/OL].(2017-05-18)[2018-08-01].http://www.sohu.com/a/141433959_804770.

158. 郑义.深度学习进阶之路(二)[EB/OL].(2016-07-12)[2018-08-01].http://rdcqii.hundsun.com/portal/article/553.html.

159. 拣抓取机器人:实现无人仓储的重要一步[EB/OL].(2016-04-14)[2018-08-01].http://www.xzlrobot.com/c4783.html.

160. 腾讯也在测试配送机器人[EB/OL].(2018-06-11)[2018-08-01].http://www.sohu.com/a/235073367_313745.

161. 吴江英.绍兴：机器人“智小蓝”创新人工智能普法模式[N].人民公安报,2018-4-30.

162. 人工智能时代下物流企业的变革发展[EB/OL].（2017-04-26)[2018-08-01]. http://www.sohu.com/a/136510606_390599.

163. 胡浩源.深度学习在阿里菜鸟网络物流领域的应用[EB/OL].（2017-05-22)[2018-08-01]. http://wemedia.ifeng.com/16376636/wemedia.shtml.

164. 刘英. 美国对华贸易战：背景、影响与应对[J]. 国际经济合作,2018(5)：4-11.

165. 罗文丽,闫雪. 霍建国.中美贸易战或将破坏全球供应链体系[J]. 中国物流与采购,2018(9)：42-43.

166. 沈雁飞. 试析中美贸易战背后的知识产权分歧[J]. 中国商论,2018(19)：90-91.

167. 贸易战“加速升级”：2 000 亿美元征税清单的打击与反制[EB/OL].(2018-7-12)[2018-08-01].https://www.bbc.com/zhongwen/simp/business-44792594.

168. 贸易战正式打响,中国这样强势反击！三点深刻启示[EB/OL].(2018-07-06)[2018-08-01].http://www.xinhuanet.com/2018-07/06/c_1123088706.htm.

169. 贸易战将加速中国全球贸易价值链重构[EB/OL].（2018-04-09)[2018-08-01].https://www.yicai.com/news/5413352.html.

170. 中美贸易战背后的知识产权暗战及其未来的影响[EB/OL].(2018-03-27)[2018-08-01].http://www.iprdaily.cn/news_18574.html.

171. 国务院办公厅关于积极推进供应链创新与应用的指导意见(国办发〔2017〕84 号)[EB/OL].(2017-10-13)[2018-08-01].http://www.gov.cn/zhengce/content/2017-10/13/content_5231524.htm.

172. 贸易战中供应链战略如何关系企业的生死存亡？[EB/OL].（2018-05-09)[2018-08-01]. http://www.sohu.com/a/230920894_100134321.

173. 蔡进.推动现代供应链创新发展[EB/OL].(2017-11-24)[2018-08-01].http://views.ce.cn/view/ent/201711/24/t20171124_26982781.shtml.

174. 习近平在庆祝海南建省办经济特区 30 周年大会上发表重要讲话[EB/OL].(2018-04-13)[2018-08-01].http://www.xinhuanet.com/politics/leaders/2018-04/13/c_1122680106.htm.

175. 十九大报告透露的八大改革着力点[EB/OL].(2017-10-22)[2018-08-01].http://www.xinhuanet.com/politics/19cpcnc/2017-10/22/c_1121838914.htm.

176. 供应链展望：三大技术重塑未来供应链[EB/OL].(2017-10-22)[2018-08-01].https://www.sohu.com/a/217029000_100051236.

177. 搜狐网.中国物流与采购联合会会长何黎明：中国智慧物流新未来[EB/OL].(2017-05-28)[2018-08-01].http://www.sohu.com/a/144217440_214426.

178. 搜狐网.黄有方：自由贸易港或改善我国物流综合营运环境[EB/OL].(2017-12-22)[2018-08-01]. http://www.sohu.com/a/212140647_265147.

附录 A 图目录

附录 B 表目录